LES OUBLIÉS DE LA GUERRE D'ALGÉRIE

Raphaël DELPARD

LES OUBLIÉS DE LA GUERRE D'ALGÉRIE

Michel LAFON

DU MÊME AUTEUR

Les Enfants cachés,
Éditions Jean-Claude Lattès, prix WIZO 1993

Le Guide de la sexualité masculine
(en collaboration avec le Dr Gérard Sellem), Éditions Mazarine, 1999

20 Ans pendant la guerre d'Algérie,
Éditions Michel Lafon, 2001

L'Histoire des pieds-noirs d'Algérie (1830-1962),
Éditions Michel Lafon, 2002

La minute où l'on tombe amoureux,
Éditions Page après Page, 2002

L'Armée juive clandestine en France, 1940-1945,
Éditions Page après Page, 2002

7-13, boulevard Paul-Émile-Victor, île de la Jatte.
92521 Neuilly-sur-Seine Cedex

À la mémoire de Jacques Derogy

PRÉSENTATION

Avec la profusion de livres, d'études historiques et de biographies consacrés à la guerre d'Algérie, il nous semblait que celle-ci avait livré tous ses secrets et qu'il ne subsistait plus aucune zone d'ombre sur cette période. Or l'enquête menée pendant plusieurs années démontre le contraire.

Les premiers oubliés sont les jeunes Français que le FLN a faits prisonniers. Le silence entourant leur douloureuse expérience incombe en priorité aux acteurs eux-mêmes. Après leur libération, aucune instance officielle ne s'est intéressée à leur sort. Croyant que ce qu'ils avaient vécu ne méritait pas d'être évoqué, les appelés se sont tus. Quand ils sortaient de détention, on les priait de ne pas révéler ce qu'ils avaient vu. Car, s'ils parlaient, c'était la vie de soldats toujours prisonniers qu'ils mettaient en danger...

Quarante ans après, la manipulation fonctionne toujours. Ce qui revient à dire que ces gens ont été doublement prisonniers. En Algérie, puis en France, pendant quarante ans.

Les anciens appelés du contingent prisonniers du FLN parlent dans ce livre pour la première fois. Nous allons les suivre depuis la minute où les soldats algériens les ont emmenés jusqu'à l'instant tant attendu de leur libération, survenue des mois, voire des années plus tard.

Durant leur détention, soumis à des épreuves inhumaines que les nazis n'auraient pas désavouées, ils furent parqués dans des grottes, des trous insalubres, vivant dans le noir absolu. Entassés à quinze, parfois plus, dans des pièces de trois mètres sur quatre privées de lumière. Couchant à même le sol, se partageant une couverture pour deux, restant des mois sans pouvoir se laver. Des prisonniers ont été torturés, enchaînés comme du bétail, utilisés à des travaux de bagnards, obligés d'enterrer les camarades assassinés, subissant chaque jour d'odieux sévices ou fouettés jusqu'à l'évanouissement.

L'autre partie de l'enquête concerne des dossiers laissés volontairement dans l'ombre par tous les gouvernements de la République depuis quarante ans. Il s'agit, à compter du 19 mars 1962, de l'enlèvement par le FLN de vingt-cinq mille Français militaires et civils sans que l'armée puisse intervenir, entravée par les accords d'Évian. À quel mobile répond leur kidnapping ?

Nous découvrirons l'incroyable vérité et le combat mené par les familles des disparus frappant à toutes les portes dans l'espoir que l'on veuille bien répondre à leurs légitimes interrogations. Comment ont été organisés l'odieux abandon des harkis et leur livraison aux bourreaux de Ben Bella par des fonctionnaires français, sachant que cent cinquante mille d'entre eux mourront dans des conditions dont les mots sont impuissants à rapporter l'horreur.

Cet ouvrage dévoile également le complot, ourdi par le gouvernement français et les nationalistes algériens, qui a conduit au massacre de milliers de Français le 5 juillet 1962 à Oran. Ce jour-là, comme par hasard, les soldats étaient consignés dans les casernes.

Auparavant, la fusillade qui a eu lieu le 26 mars 1962, où une unité de l'armée française a sciemment tiré sur des manifestants pacifiques, a eu pour bilan quatre-vingts morts et deux cents blessés. Depuis quarante ans, les autorités refusent l'ouverture d'une enquête réclamée par les familles afin de déterminer les responsabilités.

Nous mettrons en lumière l'imposture des accords d'Évian, les relations secrètes établies entre Paris et les représentants du FLN. Leur plan avait pour objectif de terroriser les Français afin qu'ils partent au plus vite et qu'ils laissent leurs biens vacants aux Algériens impatients de les récupérer. Enfin, nous verrons comment une classe politique se mobilise autour de son chef pour satisfaire les ambitions de celui-ci.

En regard de ces révélations, nous suivrons le travail des associations et l'admirable dévouement de leurs dirigeants. L'entretien que m'a accordé l'avocat mandaté par les familles des disparus nous permettra de comprendre les rouages du dépôt de la plainte contre X, pour crimes contre l'humanité, qu'elles ont déposée.

Que les personnes dont les témoignages ne figurent pas dans les pages qui suivent ne m'en tiennent pas rigueur. Des choix ont été nécessaires. Un livre est une matière vivante qui impose son propre fonctionnement.

L'enquête clôt le travail de mémoire entrepris avec deux précédents ouvrages, *20 Ans pendant la guerre d'Algérie et L'Histoire des pieds-noirs d'Algérie.* En m'attachant à restituer les réactions humaines plutôt qu'un pesant étalage historique des faits, j'ai retrouvé le même écho de souffrance et d'interrogation des victimes devant le silence du pouvoir. Et, devant cette souffrance perpétuelle, je me suis demandé si l'on pouvait un jour espérer une réponse à cette simple et naïve question : pourquoi et jusqu'à quand ce silence ?

– Enquête 1 –

LA JEUNESSE FRANÇAISE DES ANNÉES ALGÉRIE

Le 1er novembre 1954, des bombes artisanales explosent à Alger. Elles donnent le signal d'un conflit qui durera huit ans.

Selon leur habitude, à Paris les politiques minimisent l'importance de l'événement. Étrangers depuis toujours à la réalité de la province nord-africaine, cette fois plus que jamais leur absence de jugement sera le creuset d'erreurs qui se révéleront fatales. L'objectif des insurgés n'est pas la énième revendication d'accession à la citoyenneté française. Le combat qui commence a pour but l'indépendance de leur pays.

L'Algérie est un vaste territoire, cinq fois plus grand que la puissance coloniale. L'armada militaire française traditionnelle, trop lourde dans ses déplacements, ne sera d'aucune efficacité, en particulier dans le bled, avec ses terrains escarpés et ses zones inaccessibles. Sans compter qu'une autre difficulté apparaît : l'armée de libération n'existe pas encore, les soldats qui la composent ressemblent au premier venu. Cette guerre s'annonce aussi pénible que la campagne d'Indochine. Mais cette fois politiques et militaires sont d'accord sur un point. Il faut la gagner ! Pour y parvenir, beaucoup d'hommes seront nécessaires. L'état-major réfléchit à l'envoi d'une force supplétive. Son rôle serait de renforcer les unités de l'armée et les effectifs de la police, de la gendarmerie et des gardes mobiles. Le contingent constituera cette force d'appoint.

La campagne d'Indochine s'achève à peine, la France profonde est traumatisée par la défaite de Diên Biên Phu. Onze ans séparent la victoire du monde libre sur le nazisme, les familles n'ont pas terminé de soigner leurs blessures et de pleurer leurs morts. Or annoncer tout de go que l'on va envoyer leurs jeunes en Algérie, et pour y faire la guerre, cela risque à coup sûr de provoquer des remous au sein de la population. La classe ouvrière est puissante, le monde rural l'est tout autant. Le Parti communiste représente 26 % du corps électoral. Dès lors, un seul mot d'ordre circule dans les couloirs des ministères : « Ne pas affoler les couches populaires, et ne rien faire qui puisse amener une nouvelle crise politique. » Les crises politiques, la France de la IVe République en est percluse.

La main sur le cœur, on promet que les jeunes Français feront du maintien de l'ordre et rien d'autre ! À compter de ce mensonge, le premier d'une longue série, pendant huit ans, et des années après la fin du conflit, le mot « guerre » ne sera jamais prononcé. On parlera plutôt, avec un air gêné, des « événements ».

Les têtes pensantes agissant dans les officines ministérielles inventent un second mensonge – on dirait un « concept » en 2003 – tout aussi dénué de sens que le précédent, surtout lorsqu'on connaît la réalité de la situation : la « pacification ». Personne n'aura alors la curiosité de poser la question. En cent trente ans de présence en Algérie, si la France n'a pas pacifié les populations qui se sont ralliées à son drapeau, alors qu'a-t-elle fait ?

Au milieu des querelles byzantines qui asphyxient la capitale, combien sont-ils de journalistes et de politiques à s'émouvoir de la participation du contingent aux opérations ? Parmi ses confrères de la presse écrite, Claude Bourdet est probablement le seul à réagir. Il le fait en écrivant un article qui paraît le 6 septembre 1955 dans le journal *France Observateur* : « Or voici une des guerres les plus méprisables, les plus révoltantes pour un homme libre, une guerre contre les peuples qui revendiquent leur liberté, et qui ne la revendiquent les armes à la main que parce que nous avons bafoué toutes leurs aspirations pacifistes, une guerre où la fusillade collective est de règle, où les Oradour sont légion, une guerre où nos jeunes soldats sont appelés à commettre tous les crimes pour lesquels on jugea les SS, une guerre inexpiable, sans protection d'aucune sorte, où la cruauté appelle la cruauté, et on voudrait y envoyer autre chose que des volontaires ? N'y a-t-il pas, parmi ces ministres et ces généraux, un seul homme qui ait honte de l'artifice indigne par lequel, en refusant le nom de "guerre" à cette guerre la plus atroce de toutes, on envoie les jeunes soldats du contingent à une mort que le règlement n'a pas prévue ? »

L'appel de Claude Bourdet n'est pas entendu. De 1954 à 1962, plus de deux millions de jeunes Français partent vers l'Algérie.

La jeunesse française des années algériennes est née légèrement en amont du conflit de 1939 et juste après la débâcle de 1940 pour l'autre partie qui la compose. Les récits des tranchées du grand-père durant la Première Guerre mondiale bercent son enfance, et les exploits du père dans la Résistance son adolescence. Sans oublier la campagne d'Indochine largement relatée à la radio. On peut voir dans l'environnement guerrier où elle baigne depuis la petite enfance son adhésion au credo que l'on répète à satiété : la fraternité entre les peuples.

Majoritairement ouvrière et rurale, un rien naïve, la jeunesse adhère à la panoplie des valeurs qu'on lui a inculquées : justice, honnêteté, courage ; le travail est une vertu. Peu politisée, c'est vrai ! Son refus de s'intéresser aux grands événements internationaux n'est pas l'expression d'un rejet de la société mais découle de son éducation. La politique est le domaine réservé des parents, sous-entendu des adultes ; sachant que ce statut sera un jour le sien, dès lors elle ne montre aucun empressement à brûler les étapes. Ses ambitions sont simples : devenir un citoyen responsable, un ouvrier qualifié, un bon exploitant agricole, un instituteur conscient de sa mission éducatrice.

On peut alors imaginer dans quel état d'esprit le jeune Français part pour l'armée, sachant qu'au terme de sa formation militaire ce sera l'Algérie, lointaine et mystérieuse, tapie derrière l'horizon. Le départ est un arrachement à la famille, aux amis, au village ou au quartier. C'est aussi l'aventure. On voyage peu à cette époque, certains – parmi les ruraux – prennent le train pour la première fois.

La découverte de la réalité en Algérie est un choc pour le jeune appelé. On lui a menti : ce n'est pas du maintien de l'ordre qu'il va faire ici, mais la guerre ! Le soldat est confronté à la violence – l'air algérien en est imprégné –, à la peur, à la torture et à la mort.

La rencontre avec la mort commence avec celle du copain de chambrée. Au cours d'une opération, foudroyé par une balle, celui-ci tombe la poitrine éclatée. Puis vient sa mort à lui, il la sent comme programmée. Alors, se pliant aux règles de l'école de la guerre, il apprend à tuer afin de ne pas prendre le risque de l'être à son tour.

En Algérie il connaît la faim, la soif, la fatigue, le manque de sommeil, mais tout cela n'est rien comparé à la peur. Elle occupera la première place dans sa mémoire. « Celui qui prétend ne jamais avoir eu peur en Algérie, énonce Jean-Louis Nageotte, n'est pas sincère, ou alors c'est un inconscient. »

La peur se vit à tout instant de la journée. La femme portant un fagot de bois sur son dos peut dissimuler une arme sous ses robes. La fillette vient mendier des pièces de monnaie aux soldats avec, dans sa poche, une grenade dégoupillée. Jusque dans les moments d'intimité. Un soldat se retire pour satisfaire un besoin que l'on dit naturel. Il pose son arme à l'écart, un rebelle embusqué dans les taillis la saisit, le tue à bout portant, puis s'enfuit avec le fusil. Durant les gardes de nuit, la peur se mue facilement en terreur. Avec le battement du sang aux tempes coulant à vive allure dans les veines. La nuit, théâtre où les ombres deviennent vivantes et où se condensent les angoisses, donne une sonorité inquiétante au moindre bruit. Le vent dans les arbres, la chute d'une orange, le vol d'un oiseau, tout est suspect.

Une heure de garde se révèle incroyablement longue. Le monde est en apnée, baignant dans une sorte d'irréalité. Les nerfs sont mis à rude épreuve. L'apparition d'un chat inoffensif auquel on ne s'attend pas peut provoquer une trouille bleue. L'imagination donne libre cours à des récits qu'elle bâtit le plus souvent à partir d'histoires entendues. Le frère aîné de Marcel Barbeau, qui avait fait l'Algérie, lui a recommandé : « Si une pierre roule à tes pieds, dis-toi que les fellaghas ne sont pas loin. C'est le moyen de tester ta vigilance. »

Le jeune Barbeau monte la garde pour la première fois. Un caillou roule jusqu'à ses pieds. Saisi de peur, il se met à trembler. Un autre caillou vient frapper le bout de son godillot. Ça y est, les fellaghas l'entourent, il en est persuadé. Il se voit déjà mort, émasculé, avec ses attributs sexuels dans la bouche. Les nerfs chauffés à blanc, il tire une rafale de mitraillette. Ses camarades accourent, le chef du camp en tête. Ils font le tour du campement et ne voient rien qui leur semble suspect.

Louis Guerre, dans son livre intitulé fort à propos *Un soldat dans la nuit*[1] , donne de cette garde une définition d'une vérité saisissante :

« Harassante, difficile, dangereuse et surtout angoissante. » L'auteur raconte le retour d'un camarade au campement après une nuitée de garde : « Je dois vous dire que j'ai eu beaucoup d'angoisses, la nuit était sombre… Et puis, il y a eu des bruits bizarres, sûrement étaient-ils amplifiés par la nuit. Je voyais bouger les branches des arbres, alors qu'il n'y avait pas de vent. J'ai essayé de me maîtriser pour m'empêcher de “gamberger”. Je n'ai pas quitté ma mitraillette, je la serrais si fort entre mes mains que mes doigts en sont meurtris. »

Au retour d'Algérie, ce n'est qu'indifférence, personne ne lui pose la moindre question. La population en est restée au maintien de l'ordre ou à la pacification, et s'il veut parler de « sa guerre » c'est le désaveu au sein même de sa famille. Un témoin m'a confié que ses parents et ses amis lui disaient : « Il n'y a jamais eu de guerre, tu nous racontes des histoires pour te faire valoir. » Qu'a-t-il à raconter pour les convaincre ? Les exécutions sommaires de fellaghas, les villages incendiés sur ordre, la violence dont il a été le témoin, et l'acteur parfois. Comme le jour où il a craqué devant la dépouille atrocement mutilée d'un camarade. Ce qu'il refoulait depuis son départ de l'Afrique du Nord le frappe maintenant au visage : il a fait une sale guerre.

1. Éditions des Écrivains, 2001.

Dès lors, devant la froideur et le désintérêt généralisés, l'ancien d'Algérie n'a pas d'autre choix que de se taire, et le repli sur lui-même.

Après avoir réussi à les convaincre de la nécessité de parler, j'ai fini par les rencontrer, ces hommes au silence profond, au regard interrogateur. Ils ont parlé, fondu en larmes, avoué leur détresse. Dans le chaos de leur souffrance, image fugace, j'ai vu le jeune homme d'autrefois. Tandis qu'il attend pour embarquer sur le quai du port de Marseille, il se demande en tirant nerveusement sur sa cigarette : « Comment ce sera, la vie, quand je reviendrai ? »

La jeunesse des années algériennes n'avait qu'une seule ambition : vivre une vie modeste et rien d'autre.

– Enquête 2 –

L'EMBUSCADE

Aucune étude n'a jamais été menée sur les conditions de vie des soldats français faits prisonniers. Si la lecture des journaux de marche des unités donne des renseignements, ceux-ci font l'impasse sur différents aspects, notamment les réactions humaines au moment de l'affrontement avec l'ennemi. Nous pourrons nous apercevoir au fil des témoignages combien elles sont restées présentes dans le souvenir des anciens prisonniers. Quant aux archives détenues par la Croix-Rouge, à Genève, et qui regroupent les dossiers des soldats confiés à l'organisation internationale par le gouvernement de Georges Pompidou en 1963, on ne peut toujours pas les consulter en 2003, pour des raisons mal expliquées...

Les informations sur les embuscades et les attitudes des soldats affrontant le danger consignées dans ce livre viennent exclusivement des témoignages et de la consultation des documents qui m'ont été fournis par des associations d'anciens combattants.

Dans le parcours des appelés prisonniers du FLN, il faut distinguer deux périodes. La première va du commencement du conflit en 1954 jusqu'au cessez-le-feu, le 19 mars 1962. La seconde période s'intéresse aux soldats du contingent, mais également aux officiers d'active qui ont été faits prisonniers après le 19 mars 1962. Un grand nombre d'entre eux ont disparu.

La guerre d'Algérie a eu ses propres façons de tuer, des façons que l'Europe n'avait pas connues avec le nazisme durant la Seconde Guerre mondiale ; des façons sournoises, pour tout dire. Il ne s'agit pas d'un affrontement ordinaire avec un ennemi clairement désigné et reconnaissable : dès le début des hostilités, les Algériens pratiquent l'attentat et la guérilla. L'embuscade est l'expression de cette guerre subversive.

Une embuscade ne ressemble pas à une autre. Chacune a son caractère, son rythme, sa structure narrative militaire, et sa théâtralité. Chaque embuscade a son histoire. D'unité en unité, de caserne en caserne, les soldats se les racontent. Elles sont la littérature orale de l'appelé du contingent. Pour le jeune Français fraîchement débarqué en Algérie, la première embuscade est le lieu de la révélation du mensonge. Contrairement à ce que l'on n'a eu de cesse de lui répéter durant la préparation militaire, ce n'est pas du maintien de l'ordre qu'il est venu faire dans ce pays, mais bel et bien une guerre.

En une seconde, tout bascule.

La compagnie est à terre, le nez dans la poussière. Ce qu'il avait pris pour des vols de frelons, ce sont des balles bien réelles. Le rideau se ferme sur le théâtre de son enfance. Disparues à jamais, les parties de cow-boys et d'Indiens. La précarité de la vie apparaît au jeune soldat dans toute son évidence. Notion qui ne va plus le quitter jusqu'à la fin du séjour sur la terre nord-africaine.

Dans son affolement, Charles Jacquemin prend sa gourde d'eau pour le chargeur de balles. Il essaie de l'introduire dans le fusil. « Un copain se trouvant à côté de moi s'est mis à hurler : "Mais qu'est-ce que tu fous ?" Ça m'a réveillé. »

Celui-là, voulant coller à une image véhiculée depuis l'enfance par les récits des exploits guerriers du grand-père ou du père, affronte l'ennemi en se mettant à découvert. L'officier doit le ramener au plus vite à la raison. D'autres pleurent ou appellent leur mère. Il arrive qu'un soldat se laisse aller et défèque sous lui.

Un homme tétanisé est traîné par ses camarades qui veulent lui éviter une mort certaine.

L'attitude générale consiste à tirer au hasard, l'important étant de faire du bruit avec son arme. Le crépitement des balles évacue la frousse.

Dans cette ambiance de peur immédiate, Yves Sudry découvre une dimension mystique jusqu'alors inconnue de lui. « À cet instant précis, j'ai vécu une expérience mystique. J'ai éprouvé pendant une seconde, ou une fraction de seconde, une sensation qui a envahi tout mon être, et que j'ai de la peine à exprimer. C'était comme un voile qui se serait levé et m'aurait laissé entrevoir la réalité divine dans toute sa transcendance et son infinie grandeur. Il n'y eut plus de place en moi pour la peur et l'angoisse, mais seulement une aspiration sereine et profonde, de toute mon âme, vers cet infini divin qui m'était révélé, et dans lequel je pensais à cet instant que j'allais me fondre. »

L'Armée de libération nationale (ALN) est la branche armée du Front de libération nationale (FLN). En dépit de la faiblesse de sa structure militaire, elle possède un vivier de jeunes sympathisants qui seront largement utilisés en qualité de geôliers, car elle n'hésite pas, dès le début des événements, à faire des prisonniers français.

Le 17 février 1955 a eu lieu une embuscade. Le conflit ayant commencé depuis une année, en l'absence d'éléments contradictoires – archive officielle ou témoignage –, je la considère comme étant la première d'une longue série.

La patrouille est composée de huit soldats, d'un maréchal-chef et de Claude Gabet, brigadier-chef. Elle rejoint tranquillement sa base.

Claude Gabet raconte.

– À cette époque, les embuscades étaient rares, et les prisonniers encore plus. En tous les cas, je n'en avais jamais entendu parler.

Les soldats traversent un oued (autrement dit un cours d'eau) à sec tout en sifflotant et en bavardant. L'ambiance est détendue.

La première balle atteint à la tête un soldat nommé Malet. Il meurt sur le coup. Les balles se mettent à crépiter, traçant dans la terre des entailles brûlantes. L'ennemi surplombant la troupe est en position de force.

– On se planque comme nous le pouvons, précise Claude Gabet.

C'est alors que le maréchal-chef est touché à son tour. Une rafale de mitraillette lui éclate la poitrine.

– Dans vos rangs, est-ce l'affolement ?

– Il est total !

– Avez-vous eu peur ?

– Oui et non. Nous vivions dans une sorte d'irréalité. Pour la première fois nous tombions dans une embuscade, et c'était la première fois aussi que l'on nous tirait dessus.

L'impression d'irréalité, tous les témoins l'ont évoquée. Survient l'instant irrépressible du basculement dans une dimension nouvelle, inconnue jusqu'alors. Une gaze se déploie autour du soldat, occultant la réalité. Dès lors tout devient comme impalpable : les bruits ont une sonorité mate, les gestes se font au ralenti. Des détails prennent une place et une importance qu'ils n'auraient pas lors d'une action ordinaire. La peur tapie au fond de chaque soldat n'est pas lisible dans l'enchaînement des minutes qui suivent, elle fera son apparition des heures après l'événement. Alors le jeune homme verra son visage se noyer de larmes et sera impuissant à en interrompre le flot.

L'instinct de survie n'est pas désactivé, il ordonne au soldat de trouver un moyen d'échapper à la mort.

Jean-Maurice Melous fait partie des hommes pris dans cette embuscade.

– Dès les premiers coups de feu, le copain qui marchait à mes côtés, croyant qu'il s'agissait d'une autre partie de notre unité qui se trouvait au-dessus de nous et qui nous faisait une blague, a immédiatement répondu par une rafale de mitraillette. Riposte des fellaghas, le copain est touché au foie et s'écroule.

Il est intéressant d'observer ce que la mémoire individuelle restitue d'une situation appartenant au passé. Dans son témoignage, Claude Gabet évoque un militaire qui, lors du premier échange de tirs, prend une balle dans la tête. De son côté, Jean-Maurice Melous indique, comme nous venons de le lire, qu'il s'agit de Malet, touché au foie. Il n'y a pas de polémique, juste le souci de mettre en évidence les pièges que nous réserve la mémoire. Car en fait il s'agit du même soldat.

Soudain la mémoire de Jean-Maurice Melous est assaillie par une évidence.

– Pendant la préparation militaire, nos instructeurs nous avaient appris la manière de tendre une embuscade, mais jamais le moyen pour s'en sortir.

– Alors qu'avez-vous fait ?

– Dans un premier temps, je me suis mis à courir droit devant moi. Puis j'ai vu un buisson, il m'a semblé que je pourrais m'y dissimuler.

Se camoufler, disparaître, se fondre dans la terre, devenir invisible au regard de l'ennemi. Chacun a sa technique pour y parvenir.

Jean Coulos, pris dans une embuscade le 18 janvier 1958, voit ses camarades tomber les uns après les autres.

– Nous étions coincés au fond d'un oued que les fellaghas avaient bloqué aux deux extrémités. Impossible de sortir. Les copains, ne sachant comment il fallait s'y prendre pour se dégager, se sont précipités vers l'une des sorties. Les autres les attendaient.

– *Combien sont morts ?*

– Quarante.

– *Et vous, comment vous y êtes-vous pris pour échapper au massacre ?*

– Je suis monté dans un arbre et j'ai attendu.

– *Aviez-vous peur ?*

– Tout va trop vite, on n'y pense pas. L'échange de balles s'est arrêté. Les fells [*contraction de fellaghas*] sont venus me chercher. Je me suis dit : « Mon tour est arrivé »...

Jean Coulos descend de son perchoir. Le sol est jonché de corps, ses camarades morts. Il est contraint de les enjamber.

Jean-Maurice Melous se croit en sécurité dissimulé derrière son buisson. Il n'en est rien. Une balle lui passe sous le ventre sans faire de réels dégâts : seule la fermeture Éclair de son pantalon est abîmée. Mais la seconde lui endommage sérieusement la main, faisant éclater les chairs et exploser un doigt.

– Un tireur se trouvait devant moi, un autre derrière. L'un et l'autre pouvaient m'allumer à tout moment, je ne pouvais plus rien faire. Je me suis levé.

– *À cet instant, est-ce que vous vous êtes dit : « C'est fini » ?*

– Je mentirais si je vous répondais que je n'ai pas eu

peur. C'est la vision de ma famille qui s'est imposée. En une fraction de seconde j'ai revu mon père, ma mère...

Parmi les témoins que j'ai interrogés, tous n'avaient pas la vision de leur famille, mais tous se sont vus morts. L'un d'eux m'a raconté :

– À force de redouter la mort, c'est vrai qu'on finissait par se voir crever. L'image est si puissante et s'impose à vous avec une telle force qu'il est impossible de la chasser.

Un autre m'a apporté la précision suivante :

– Si le soldat avait déjà entendu parler de l'émasculation pratiquée par les Algériens, il craignait de se voir infliger la même torture ou de mourir la gorge tranchée. Ces deux réminiscences prenaient une dimension incroyable sous les balles de l'ennemi. Revenus à l'unité, de quoi parlaient les soldats ? D'émasculation ou de gorge tranchée.

Les soldats algériens dépouillent Jean-Maurice Melous de sa montre, son argent, ses bijoux et ses papiers. Claude Gabet subit le même sort. Le vol des objets de valeur se retrouve dans tous les témoignages. Parfois ce sont le pantalon ou les rangers (chaussures militaires) que les soldats sont contraints de donner à l'ennemi.

S'il est arrivé à l'armée française de torturer, comme cela a été dit et longuement commenté, les Algériens, eux, se sont livrés à des actes d'une grande sauvagerie sur les militaires morts. Rarement le corps humain a été autant massacré. Il faut remonter loin dans l'histoire de l'humanité pour trouver trace d'une telle barbarie.

Égorger, éventrer, émasculer, démembrer, la mort du soldat ne semble pas leur suffire, le corps doit être supplicié. À quel ordre mystique répond le besoin de sortir les entrailles d'un mort et de bourrer son ventre de cailloux ? À croire que la mort d'un combattant ne peut réussir à apaiser la haine amassée pendant cent trente ans de colonisation. Le corps de l'ennemi doit porter les stigmates des rancœurs.

Devant des actes aussi ignobles, qui n'ont plus rien à voir avec les « règles » de la guerre, reconnaissons qu'il est difficile de ne pas accuser les fellaghas de s'être comportés comme des bouchers.

Comment ne pas crier d'indignation face aux accusations de torture et d'exécutions sommaires portées contre l'armée française alors qu'on oublie de dénoncer, dans le même temps, des actes aussi graves commis par le camp adverse ? « Il est vrai, énonce l'écrivain Pierre-Henri Simon, que si le civilisé, pour lutter contre la barbarie, se fait lui-même barbare, c'est que la barbarie a déjà gagné. »

L'embuscade du 17 février 1955 prend fin. Les fellaghas font prisonniers les six survivants et massacrent les blessés avec une sauvagerie exemplaire devant les soldats français impuissants.

*
* *

Maurice Lanfroy participe à la surveillance du réseau électrifié courant le long de la frontière entre l'Algérie et le Maroc. Le système doit en principe empêcher les soldats du FLN venant du Maroc d'entrer sur le territoire algérien.

– C'étaient des groupes de fellaghas formés au Maroc, précise Maurice Lanfroy. Il s'agissait de katibas [*unités comptant cent sept hommes*] que nous étions chargés d'intercepter.

Le 13 juillet 1959, Maurice Lanfroy revient d'une reconnaissance des pistes.

– Au retour, nous sommes tombés dans une embuscade. C'était une unité qui regroupait quatre cents hommes.

Les deux véhicules se trouvant en tête de la colonne sautent sur des mines.

– Le reste du convoi s'est immobilisé et les premiers tirs ont commencé. Comme toujours en pareille circonstance, les premiers tués sont les chauffeurs des camions. Ce qui a eu pour effet d'arrêter totalement la colonne.

– *Les fellaghas étaient-ils puissamment armés ?*

– Oui. Ils avaient des mitraillettes et des fusils-mitrailleurs. Dès le commencement de l'échange de feu, je me suis planqué sous un camion afin de prendre la mesure de la situation et de voir comment il était possible de riposter.

– *Si je comprends bien, les Algériens avaient truffé le terrain de mines ?*

– Exact.

– *Dans ce cas, vous planquer sous un camion, n'était-ce pas prendre le risque de sauter sur une mine ?*

– Non, parce que certains véhicules étaient équipés de tapis anti-mines, en particulier celui sous lequel je me trouvais. Nous nous sommes battus pendant une heure. Mais c'était intenable. Nous n'étions pas assez nombreux. Nous n'étions plus que quatre survivants, dont un blessé, face à quatre cents. Ensuite les grenades lancées par les assaillants ont explosé autour de nous, elles soulevaient des gerbes de sable qui enrayaient nos armes.

Ne sentant plus la moindre résistance dans les rangs des Français, les fellaghas approchent.

– Ils nous ont fait sortir des camions et nous ont demandé de lever les bras en l'air.

Craignant l'attaque de l'aviation venant en appui, prévenue par radio, les Algériens poussent les soldats en direction d'un maquis.

– Ils mettent le feu à nos camions sans se préoccuper des soldats blessés qui s'y trouvent.

– *Ils ont volontairement fait brûler les blessés ?*

– Nous entendions nos camarades qui hurlaient. On les voyait brûler, mais nous ne pouvions pas intervenir.

– *Combien de soldats étiez-vous au moment de l'attaque ?*

– Quatre-vingt-dix. Nous sommes restés quatre, dont un blessé.

*

* *

Lucien Louvet fait du bouclage. Il s'agit de ratisser une région et d'empêcher les rebelles de se déplacer.

– C'était le calme plat, pas un fellagha à l'horizon. Le détachement s'est installé sur un piton pour y casser la croûte.

C'est à ce moment qu'une compagnie de cent cinquante fellaghas tombe nez à nez avec les Français.

– *Combien étiez-vous ?*

– Je ne m'en souviens plus avec précision. À peu près six ou sept. En tout cas pas assez nombreux pour leur tenir tête.

Lucien Louvet se met en position de tir et résiste tant bien que mal. S'apercevant qu'il n'a plus de munitions, il jette la culasse du fusil-mitrailleur dans les fourrés, pour que l'arme ne soit pas récupérée par l'ennemi.

– *Quand les soldats algériens vous entourent, ont-ils des actes de violence ?*

– Non. Ils nous ont pris nos montres, notre argent et nos papiers.

– *Aviez-vous peur ?*

– Pas à ce moment-là. J'ai eu peur lorsque je me suis aperçu que je n'avais plus de munitions. Je me suis recroquevillé sur moi-même dans l'espoir de me faire oublier.

– *Combien étiez-vous de prisonniers ?*

– Deux.

*

* *

Un réseau électrifié composé de herses court le long de la frontière tunisienne. Son objectif est de dissuader les rebelles de passer en Tunisie ou de revenir en Algérie. Or le réseau est constamment endommagé.

Dans la nuit du 6 au 7 mai 1961, il est 2 heures du matin quand Jean-Claude Saillet reçoit un appel l'informant qu'une herse a été coupée. On lui donne l'ordre de se rendre sans tarder à l'endroit où cela s'est produit.

– Aucune crainte particulière. C'était la routine.

Lorsqu'il arrive sur les lieux, en pleine nuit, tout va très vite. Les deux camions sont immédiatement attaqués à la grenade et à la roquette. De plus, les Algériens y mettent le feu.

– Les soldats à l'intérieur étaient pris au piège, ils brûlaient et hurlaient de terreur. De mon côté, j'ai sauté du véhicule où je me trouvais, dans l'espoir de m'échapper. Impossible de me repérer. Les balles venaient de partout, c'était un enfer.

À peine a-t-il fait vingt mètres qu'un Algérien lui braque une lampe-torche en pleine figure et lui ordonne de se redresser, puis de placer les mains au-dessus de sa tête.

– Je me suis exécuté, et lui en a profité pour me bourrer la figure de coups de poing. Pendant qu'il me cassait la gueule, un autre me liait les poignets. Ils m'ont fait avancer. J'ai vu un fellagha tuer un soldat français qui faisait partie de mon escorte.

– Combien étiez-vous de prisonniers ?

– J'étais le seul.

Les autres ont été tués.

*

* *

Dans la nuit du 20 au 21 janvier 1961, c'est encore un réseau électrique qui est coupé par des fellaghas. Raymond Protsch, tout comme ses camarades, doit rétablir le courant électrique au plus vite.

– Nous avons été accueillis par un feu nourri à l'arme automatique.

– *Avez-vous pu répondre ?*

– Impossible. Pour atteindre l'endroit où la coupure avait été faite, il fallait traverser en crapahutant un couloir de huit mètres de large. Je n'avais que mes outils pour réparer la panne.

– *Vous avez assisté à l'échange en spectateur ?*

– Oui. Seulement, j'ai pris un éclat de roquette au bas du dos. [*Il soulève le pan de sa chemise et me montre un dos couturé.*]

– *Que ressent-on ?*

– Une brûlure intense. Imaginez le passage d'un fer à repasser sur votre peau. J'étais groggy. Un soldat algérien est arrivé sur moi. Pour une raison que je n'ai toujours pas réussi à élucider, il s'est mis à me parler en italien, puis en français, et il m'a demandé : « T'es un appelé ? » J'ai répondu par l'affirmative, alors il s'est tourné et a fait signe à deux brancardiers. Ils m'ont déposé sur la civière et nous sommes partis. Je ne me souviens plus pendant combien de temps nous avons marché. À l'occasion d'une pause, un brancardier m'a retourné et, d'un coup sec, il a arraché l'éclat de la roquette qui était fiché dans mon dos. Il a posé un gros pansement sur la blessure et nous sommes repartis.

*

*   *

Le 26 février 1956, un détachement de vingt-huit soldats, parmi lesquels se trouve Jean Dziezuk, tombe dans une embuscade.

– Notre mission consistait à réceptionner un convoi.

– *Depuis que vous étiez en Algérie, était-ce la première fois que vous tombiez dans une embuscade ?*

– Oui. Auparavant il nous était arrivé d'être accrochés par une bande de fellaghas, mais à chaque fois nous avions réussi à les mettre en déroute.

Plutôt que de raconter ce qui s'est passé, Jean Dziezuk m'a confié le journal de marche et des opérations consignant le déroulement de l'embuscade.

8 h 30. Au cours de son mouvement, aux environs du PK-15, ce détachement tombe dans une embuscade rebelle disposant d'armes automatiques. Dès son débarquement du GMC [*camion militaire*] de tête, la première pièce FM [*fusil-mitrailleur*] de la section est violemment prise à partie par le feu adverse.

Le caporal Jeandel André, chef de pièce, et le tirailleur Herrgott Gérard, chargeur, trouvent une mort glorieuse.

Le tirailleur Bouzergata Mabrouk, voltigeur, est très grièvement blessé à la face par une rafale.

Le tirailleur Ouali Ali est porté disparu, présumé prisonnier.

Le conducteur du half-track [*camion équipé de chenilles arrière*], le soldat Gondoin Marcel, du 519e BTAP, dont les deux mitrailleuses Reibell se sont enrayées, et le conducteur du GMC de tête, le tirailleur Obeid Cheikh de la CCAS/3 du 3/22e RTA, sont blessés à la poitrine par balles. Tous deux continuent néanmoins à remplir leur mission, assurant la sauvegarde de leur véhicule et de l'armement lourd qu'ils transportent, le tirailleur Obeid Cheikh ne quittant les lieux que sur ordre et réussissant à amener son camion au poste de Gueltet-Sidi-Saad malgré ses blessures, perdant connaissance à l'arrivée.

Simultanément, les rebelles donnent l'assaut au deuxième GMC, dont trois pneus ont été crevés par balles.

Le sergent-chef Fournier François, adjoint au chef de section, le sergent Medles Ali, les caporaux Dziezuk Jean et [...] Mohamed Ben Ahmed, les tirailleurs de 1re classe Jacquey Yvon et Mezgaldi Aek, les tirailleurs de 2e classe Rebbas Mohamed, Meziani Boukalfa et Boulaksa Lakdar, de la 10e compagnie, et le brigadier-chef Poitrot Gaston, conducteur du GMC du GT-543, pris à revers, sont portés disparus, présumés prisonniers.

Le tirailleur Fitas Lakdar, pourvoyeur de la deuxième pièce, trouve une mort glorieuse.

8 h 40. Le lieutenant Desquaires et la 2e section de la 10e compagnie arrivent en renfort sur les lieux de l'embuscade, ayant quitté leur position fixe, sur les gorges au PK-12, sur ordre du commandant de compagnie. Cette section se fait à son tour accrocher par des tirs d'armes automatiques rebelles.

Le lieutenant Desquaires Guy est légèrement éraflé à l'épaule droite par une rafale et le tirailleur Martin Joseph, tireur au FM de la 2e section, est blessé à la jambe droite par balle.

Les rebelles décrochent devant la vive riposte de la section.

En dépit des renforts qui se mettent à la poursuite des Algériens, le sort des prisonniers est déjà scellé. Ils sont emmenés à l'écart, dépouillés de leur montre, de leur argent et de leur portefeuille.

– *Ont-ils fait preuve de violence ?*

– Pas à ce moment-là. Les coups viendront plus tard.

– *La question peut vous paraître naïve, mais leur avez-vous demandé ce qu'ils comptaient faire de vous ?*

– Pas eu le temps, tout allait trop vite.

*

* *

Tous les soldats qui tombent dans une embuscade ne sont pas systématiquement faits prisonniers. Certains s'en sortent – à l'exemple de Samuel Poly – mais ne reçoivent pas forcément les remerciements de l'armée.

Le 16 janvier 1958, la section à laquelle appartient Samuel Poly revient d'une mission. Les soldats algériens portent un foulard jaune accroché à l'épaulette de leur veste : c'est la réplique de celui que portent les Français.

Il me semble nécessaire d'apporter une explication quant à l'usage du foulard ou du mot de passe. Il faut se souvenir que l'Armée de libération n'est pas identifiable, les soldats portant des tenues qui ressemblent en tout point à celles des Français. Lors d'une opération, il est souvent impossible de voir la différence entre une unité algérienne rebelle et une unité française. Surtout lorsque des fellaghas parviennent à se glisser dans une patrouille, et si le déploiement d'hommes est conséquent.

Au cours d'une opération, Marcel Barbeau a des doutes sur la présence de fellaghas :

– Nous les avons interpellés ; ils ont fait la sourde oreille et, d'un coup, ils ont pris la fuite, avec un démarrage foudroyant.

On ne peut compter sur le faciès pour faire la différence car il peut s'agir de harkis – force supplétive composée d'Algériens favorables à la France depuis des années – ou de fellaghas récemment ralliés à l'armée française.

Dans le but de déjouer l'infiltration, une initiative est mise en place et pratiquée par toutes les unités. Juste au moment de quitter la base, chaque soldat noue un foulard à l'épaulette de sa chemise ou de sa veste. Pourtant, cela ne change rien, comme nous pouvons le lire dans le journal de marche d'Yves Sudry : « À ce moment-là, le lieutenant M. nous a rejoints sur les bords du lac, accompagné de quelques soldats. Il s'était heurté à un fort groupe de rebelles portant notre foulard jaune de reconnaissance. Il n'était pas tombé dans le piège, il avait envoyé une rafale de mitraillette dans le tas. »

Quelle que soit l'initiative, celle du foulard ou du mot de passe, le fellagha omniscient sait tout, voit tout, entend tout, et tue à son heure.

Les rebelles algériens qui ont trompé Samuel Poly et ses camarades en portant le même foulard jaune sont puissamment armés. Ils utilisent un fusil-mitrailleur de fabrication allemande et dont la puissance de feu est de mille cent coups à la minute. Les militaires français ont pour riposter des armes révolues et, de surcroît, ils sont limités en munitions. L'échange inégal tourne rapidement en faveur des rebelles. Les camarades de Poly sont fauchés avant d'avoir eu le temps de réagir. De son côté, Samuel Poly tente une sortie. Mais l'initiative est risquée, les fellaghas maîtrisant parfaitement le terrain à l'exception d'une trouée dans leurs rangs.

– Je m'y suis précipité tête en avant. C'est de cette manière que j'ai pu sauver ma peau.

Le soir, au campement, les minutes tragiques de l'embuscade défilent dans sa tête. Il revoit ses camarades tomber les uns après les autres.

– C'est ce soir-là que m'est venu un sentiment de culpabilité. Pourquoi étais-je vivant et eux morts ?

L'état-major décide de mener une enquête. La perte en hommes semble moins intéresser le commandement que la perte des armes.

– Dans la bagarre, j'avais perdu mon fusil.

Le règlement est formel, un soldat ne doit jamais abandonner son arme. Poly est rétrogradé et muté dans une autre unité. Il ne participera plus à aucune opération.

Le lendemain de l'embuscade, accompagné de camarades, Samuel Poly retourne sur les lieux.

– Nous sommes revenus pour ramasser les corps. Mes camarades avaient été égorgés et éventrés. Certains avaient été brûlés, les corps étaient carbonisés. C'était atroce. Le bilan était lourd : trente-quatre tués, sept ou neuf – je n'ai jamais su le chiffre exact – ont été faits prisonniers. Depuis, il ne se passe pas un seul jour sans que je revoie les corps massacrés de ces jeunes Français.

Avant de nous quitter, comme nous arrivions sur le perron de sa maison, Samuel Poly m'a fait une confidence. Bien que n'étant pas croyant, chaque année il se rend à Lourdes. Au plus fort de la bagarre, il s'était juré que, s'il s'en sortait, il s'y rendrait en pèlerinage jusqu'à la fin de sa vie.

*

* *

Les unités françaises ne sont même pas à l'abri d'une trahison. Un harki séduit par la révolution rejoint les rangs des rebelles. Un soldat du FLN qui a infiltré une compagnie française la livre à ses amis dès qu'il en a l'occasion. Un soldat ou un officier français, à l'exemple de l'aspirant Henri Maillot, disparaît avec le camion bourré de centaines d'armes qu'il convoie, poussé par une idéologie marxiste, et livre son unité au FLN.

Robert Bonnet, lui, est trahi par un sergent algérien.

– J'étais de garde à l'entrée du poste.

Il s'agit d'une maison située au sud-ouest de M'Sila, dans la région de Sétif. À la petite garnison étaient venus se joindre quelques jours auparavant des dépanneurs et des gardes forestiers musulmans.

Le 4 février 1958, il est environ 18 heures, les deux pièces utilisées en qualité de réfectoire sont pleines. C'est la fin de la journée et chacun se détend en se restaurant.

– Le sergent est venu me voir et m'a dit : « Bonnet, je prends la suite de la garde. » Ainsi, se retrouvant seul à l'entrée, il lui était plus facile d'accueillir ses amis.

À peine Robert Bonnet a-t-il rejoint ses camarades au réfectoire que des fellaghas revêtus d'uniformes français surgissent armes pointées sur les occupants.

– Je n'avais pas encore eu le temps de déposer mon fusil. Immédiatement j'ai tiré dans leur direction, blessant grièvement l'un des agresseurs à la joue.

C'est la confusion. Les militaires qui étaient en train de dîner se lèvent de table et veulent saisir leur arme… Le nombre des assaillants augmente de seconde en seconde.

– Ils n'étaient pas loin de deux cents. Dans ces conditions, il était impossible de leur tenir tête. Avec une poignée de militaires, je me suis réfugié au premier étage.

S'organise une farouche résistance. Devant la détermination des soldats, les fellaghas mettent le feu à la bâtisse.

– Nous avons été rapidement asphyxiés.

Dès lors, la reddition s'impose. Le bilan est terrible.

– Nous avons découvert des soldats égorgés, et d'autres qui avaient été assassinés d'une façon ignoble. Les fellaghas nous ont faits prisonniers. Nous étions dix-sept.

*
* *

Une mission comprenant soixante soldats dont des harkis. Maurice Borel raconte.

– Nous devions surveiller un village. L'un des harkis s'est enfui sans que nous nous en apercevions et, soudain, trois cents fellaghas nous ont encerclés.

– Avez-vous essayé de résister ?

– Difficile. Notre mission était de surveiller les mouvements de la population d'un village. Nous n'avions pas de mitraillette, juste des fusils. Je vous rappelle qu'ils étaient trois cents et nous soixante. Enfin, une autre information qui ne manque pas d'intérêt : la majorité des soldats étaient des bleus [*de jeunes recrues*] sans aucune expérience de la guérilla.

– *Avez-vous craint qu'ils vous émasculent ?*

– Oui.

– *Quel est le bilan ?*

– Un massacre parmi les harkis ; le lieutenant a été assassiné, selon moi, parce qu'il était pied-noir. Faites le compte : lorsqu'ils ont emmené les prisonniers, nous étions vingt-trois sur soixante hommes que comptait l'unité au départ.

L'embuscade de Palestro

Le 18 mai 1956, une embuscade fait la une des journaux. Vingt et un rappelés du contingent, dont quatre pères de famille, ont trouvé la mort dans un village de Kabylie, à quatre-vingts kilomètres d'Alger, dans une des plus belles régions qui soient : Palestro, avec ses vallées profondes, sa nature luxuriante et la vivacité de ses couleurs. C'est là qu'est née la révolution algérienne.

Cette région sent la mort et les assassinats y sont monnaie courante. Cinquante-sept colons y furent assassinés en 1871. Au mois d'avril 1956, sept colons sont tombés sous les balles des fellaghas.

Khodja, un puissant rebelle, contrôle les villages et commande une katiba. Il est déterminé et rêve d'un nouvel exploit : il vient d'être approvisionné en armes. Des mois auparavant, il a attaqué avec succès une section française de tirailleurs et a pu échapper aux soldats lancés à ses trousses grâce à sa parfaite connaissance du terrain.

La section de rappelés se trouve sous le commandement du sous-lieutenant Hervé Arthur. Cas exceptionnel, celui-ci a été rappelé sur sa demande, alors qu'il préparait une agrégation de philosophie. Il a trente ans et est originaire de Casablanca. Son dynamisme, sa gentillesse, sa bonne humeur plaisent aux soldats.

Le détachement a une mission prioritaire : la protection de l'axe routier Alger-Constantine. La surveillance ne passionne pas Arthur. La pacification et le contact avec la population le motivent davantage. Les succès remportés auprès des villageois qu'il rencontre et qui l'accueillent avec bienveillance l'incitent à poursuivre plus loin encore ses contacts, en dépit des conseils de prudence, vers des zones jugées dangereuses.

Le 18 mai 1956, à l'aube, Arthur prend la tête de la patrouille. Aux soldats laissés au PC de la section, il dit qu'il sera de retour avant la fin de la matinée. D'ailleurs, les hommes qui l'accompagnent n'emportent que de l'eau, aucune ration de nourriture.

La montée est rude, les soldats soufflent : ce sont des rappelés, ils ont perdu l'habitude de l'exercice.

Vers 8 heures, ils font halte au douar (village) Amal. Les sergents Chorliet et Bigot, les caporaux-chefs Galleux et Aurousseau, les caporaux Poitreau et Hecquet, les soldats Desruet, Dufour, Caron, Dobeuf, Gougeon, Carpentier, Serreau, François, Villemaux, Chicandre, Nicolas, Daigneaux, David-Nillet cassent la croûte avec les villageois. Et aussi Pierre Dumas : il sera l'un des deux survivants du massacre.

À 10 heures, Arthur repart à la tête de ses hommes. Il a envie de pousser jusqu'à Ouled-Guergour, un village qui se trouve dans une zone considérée comme dangereuse par l'état-major.

Pierre Dumas raconte.

– Nous approchions d'une ligne de rochers en surplomb du sentier lorsque la fusillade a éclaté. Les rebelles étaient à trente mètres à peine devant nous, à l'abri dans la pierraille. Ils tiraient au fusil de chasse et à l'arme automatique.

» Le sous-lieutenant Arthur et le radio sont tombés les premiers. C'était l'enfer. Je me suis jeté à terre. Le tireur au FM a mis en batterie, mais il a été touché aussitôt. J'ai pris l'arme et j'ai lâché quelques rafales vers les rochers. Mais on ne voyait pas grand-chose.

» J'entendais les copains à l'agonie qui râlaient. Je n'avais plus de munitions, j'ai donc été obligé de me rendre. Nous avons vu arriver la population du douar Ouled-Guergour qui a commencé à ramasser les armes et les équipements. Puis les fellaghas sont apparus. Ils nous ont entraînés à trois cents mètres des lieux de l'embuscade et ont pris tout ce que nous avions sur nous, du portefeuille au couteau de poche. Les jeunes étaient durs. Une chance qu'il y ait eu un gars, celui qui les commandait, qu'ils appelaient mon lieutenant. [*Était-ce Khodja ? Dumas ne le précise pas.*] Si ce gars n'était pas venu, je ne serais pas là, les jeunes [*les fellaghas*] m'auraient tué tout de suite. Il a sorti son pétard et leur a dit : "Prisonniers, prisonniers, le premier qui les touche, je le tue !" [*On notera que les rebelles s'expriment en français.*]

» Puis nous sommes partis pour le village. Caron ne pouvant plus suivre, les rebelles l'ont laissé sur la piste. Après une brève halte dans une mechta où nous avons abandonné Aurousseau, Serreau et Chorliet, la marche a repris. Sous un bouquet d'arbres, les fellaghas ont procédé à un échange d'armes. Des civils leur ont apporté à manger. Ils ont partagé leur repas avec nous. De la section, les deux seuls survivants étaient David-Nillet et moi.

Au PC de la maison forestière, le reste de la section s'inquiète de ne pas voir revenir la patrouille. À 13 heures, le chef de poste, n'y tenant plus, donne l'alerte. À 18 heures, une compagnie de soldats parvient sur les lieux de l'embuscade. Un horrible spectacle les attend.

Je dois la suite de l'histoire au journaliste Jacques Taousson (numéro spécial sur l'embuscade de Palestro, revue *Historia* n° 343) : « Deux cadavres mutilés gisent dans les buissons. Les yeux sont crevés, les corps vidés de leurs entrailles et bourrés de cailloux. Les testicules ont été coupés. Les pieds dépouillés de leurs chaussures sont zébrés de coups de couteau. Dans leur démence, les assassins ont oublié un fellagha grièvement blessé qui, avant de mourir, va donner des renseignements : Khodja a monté le piège avec la complicité de la population. Depuis plusieurs jours, les emplacements de tir avaient été préparés, et les barbelés tendus de part et d'autre de la piste pour empêcher les soldats de décrocher. Il ajoute que la bande devait se rassembler au douar Amal. Les soldats s'y rendent. Sur le chemin, ils découvrent le cadavre de Caron, qui a été achevé. Sur les rochers qui entourent le village, comme un suprême défi, les corps suppliciés de quinze soldats français.

» Pendant cinq jours, sept bataillons vont attaquer le commando rebelle dans le quadrilatère formé par Souk-el-Haad, Bahara et la route Ménerville-Alger. »

Voulant obtenir des informations quant à la détention de Pierre Dumas et de son compagnon David-Nillet, et connaître par la même occasion les circonstances de leur sauvetage, j'ai pris contact avec Pierre Dumas. Son état de santé ne lui a pas permis de me recevoir. Il est décédé le 29 septembre 2002. Une semaine auparavant, un hommage lui avait été rendu par ses amis de la FNACA[1] de l'Essonne à l'occasion de son élévation au grade d'officier dans l'Ordre national du mérite. Il avait été fait chevalier de la Légion d'honneur en 1982.

Je citerai donc l'interview que Dumas avait accordée en 1974 au journal *L'Ancien d'Algérie*, mensuel édité par la FNACA. Son dynamique rédacteur en chef, Michel Sabourdy, avait mené l'entretien.

> Pendant cinq jours, les deux prisonniers ont été correctement traités mais trimbalés dans tous les azimuts au fur et à mesure des déplacements tactiques de leurs geôliers. Puis le 23 mai, un mois jour pour jour après le rappel de Dumas sous les drapeaux, le bouclage des éléments de deux unités de parachutistes se resserre. Repliée dans les grottes de Tifrène, la bande rebelle est accrochée.
>
> – Il y avait des soldats partout. Les gars passaient au-dessus de nous. Alors les copains qui étaient en face disaient : « Il y a des trous, regardez, peut-être qu'il y a des gars là-dedans. » Les autres répondaient : « On a regardé, il n'y a personne. » Et nous, on était dans le trou avec le type qui nous gardait…
>
> – *C'étaient des bérets verts des paras de la Légion qui étaient là ?*
>
> – Oui. Ils ratissaient le secteur. À un moment donné, ils se sont éloignés de la grotte. Puis ils sont revenus. Il y a un gars plus gonflé qui a vu une crevasse. Il est entré. Il a trouvé le type qui nous gardait, et là, il a tiré. J'ai crié : « Je suis français, nous sommes prisonniers. » Il a encore envoyé une giclée car il croyait à une ruse. Je suis tombé car j'étais blessé à la jambe. Le légionnaire a appelé son chef, son chef s'est amené, et il m'a sorti. L'infirmier m'a fait une piqûre, et j'ai perdu connaissance. De là j'ai été transporté à Alger, à l'hôpital Maillot, en hélicoptère.
>
> Quant à Jean David-Nillet, l'infortuné compagnon de Pierre Dumas, il a été retrouvé mort dans la grotte, à côté du gardien.

1. Fédération nationale des anciens combattants d'Algérie, du Maroc et de Tunisie.

La consultation des journaux de l'époque, quarante ans après le tragique événement, nous mène à un constat surprenant : la société française a fait preuve d'un immobilisme flagrant. Les ténors de la politique prennent alors leur plume pour dénoncer un « crime odieux, perpétré par des irresponsables ». Une commission d'enquête est mise sur pied. A-t-elle seulement œuvré ? Nul n'en lira jamais le rapport.

La presse, en faisant de l'embuscade de Palestro un sujet national, avertit inconsciemment la population française que la jeunesse de France meurt sur la terre algérienne. Elle meurt dans quel but ? Pour servir quels intérêts ? La mort des premiers rappelés – qui comptent parmi eux des pères de famille – est, semble-t-il, l'occasion de sortir la métropole, comme on vient de le faire avec le Maroc et la Tunisie, de la suzeraineté coloniale dans laquelle elle s'entête à s'enfermer en Algérie. Il faut quand même savoir que cent trente ans après la conquête, la population arabo-berbère vit dans une situation tiers-mondiste. Ce n'est que dans le dernier quart d'heure de la guerre que le gouvernement demande à l'armée de faire de l'alphabétisation dans les villages !

Une solution équitable pour chaque groupe est écartée. Les Européens en Algérie campent sur leurs positions, les politiques à Alger et à Paris sont le reflet de la société des années cinquante : inconscients, gourmés, frileux, accrochés à leurs intérêts personnels et partisans. « Des Ponce Pilate », dit le Pr Jean-Charles Jauffret. La moindre hostilité aux événements de l'Algérie est perçue comme de la propagande communiste téléguidée par Moscou.

Avec une telle défaillance du personnel politique, et avec une population montrant peu d'intérêt pour ce qui se passe de l'autre côté de la Méditerranée – sauf si un fils ou un père s'y trouve –, les appelés du contingent n'ont d'autre recours que de s'en remettre à eux-mêmes, en faisant appel à leur courage et à leur volonté de survivre.

– Enquête 3 –

PRISONNIERS NOMADES

En l'absence d'une structure carcérale pouvant accueillir les prisonniers, l'Armée de libération algérienne pratique la nomadisation, une technique que ses cadres ont apprise en Indochine lorsqu'ils combattaient dans les rangs de l'armée française.

Dès la reddition des militaires français, on l'a vu, les fellaghas les dépouillent des objets de valeur qui sont en leur possession. Les vêtements sont changés, les rebelles récupèrent le treillis et les Pataugas qu'ils remplacent par une djellaba et des sandales dont la semelle a été fabriquée à partir d'une bande de pneu de voiture. À propos de ces semelles, Maurice Lanfroy m'a raconté que les chaussures de ses gardiens en étaient pourvues. « Afin que l'on ne puisse pas les suivre. L'empreinte laissée sur le sable n'indique aucune direction. »

Maurice Borel a les yeux bandés, ses gardiens lui enlèvent ses chaussures, l'obligeant ainsi à marcher pieds nus – durant des jours et des jours – sur des terrains souvent peu praticables. C'est également le cas pour Jean-Claude Saillet et Georges Duplessis.

Au gré des témoignages, on constate cependant une absence de régularité dans le traitement des prisonniers. On leur entrave les chevilles ou uniquement les poignets. Ou l'on compose une colonne avec un gardien, un prisonnier, un gardien, et ainsi de suite... Des témoins m'ont affirmé qu'ils n'avaient jamais été attachés. Avec les mains liées dans le dos, le moindre déséquilibre est fatal : impossible de se rattraper à une branche d'arbre, la chute est inévitable. Et l'on peut imaginer le calvaire de ceux qui ont les yeux bandés...

Commence pour la plupart d'entre eux une vie de nomade. Les prisonniers marchent pendant des jours, des semaines et des mois. Un témoin dit avoir marché durant une année. Les distances quotidiennement parcourues donnent le vertige. Jean Coulos estime qu'il faisait au minimum quarante kilomètres par jour. Quant à Lucien Louvet, il aurait parcouru en quelques mois mille deux cents kilomètres.

Les soldats marchent sans avoir la moindre idée de leur destination. Claude Gabet s'aperçoit à des détails qu'il tourne en rond depuis trois mois.

Absence totale d'hygiène. Pas une goutte d'eau pour se laver. En individu habitué au confort, j'ai posé une question pratique, empreinte de naïveté, je l'avoue. Après avoir déféqué, comment s'y prenaient-ils pour s'essuyer ? Jean Dziezuk m'a répondu :

– Avec ce que l'on trouvait, des cailloux ou de l'alpha [*une herbe*] si on avait de la chance.

Une poignée de semoule et une galette constituent l'essentiel des repas. Mais, à la vérité, les prisonniers restent le plus souvent des jours et des jours sans avaler une goutte d'eau et sans rien manger. Ce qui oblige Claude Gabet à boire de l'eau croupie dans des trous où flottent des crottes de chameau.

– C'est étonnant, nous n'avons pas attrapé de maladies ni d'amibes.

Jean Dziezuk souffre d'une rage de dents. N'en pouvant plus, il finit par demander à un camarade de procéder à une extraction.

– Ils s'y sont mis à deux. Après avoir entouré la dent avec un fil que nous avions trouvé, chacun a tiré de son côté. Et « clac ! », elle s'est cassée. La scène s'était déroulée devant les gardiens. Quelques jours plus tard, en plein Sahara, est arrivé un dentiste algérien. Il avait une valise qu'il a posée sur le sable. À l'intérieur, c'était un mini-cabinet médical. Quand il l'a ouverte, les outils sont tombés dans le sable. N'étant plus stérilisés, j'ai eu la frousse qu'il les utilise. Je me suis empressé de lui déclarer que la rage de dents était passée.

Raymond Protsch a reçu un éclat de bazooka au bas du dos. Devant le peu d'amélioration de la blessure, ses geôliers le conduisent dans un endroit secret.

– À l'intérieur d'une maison au milieu de nulle part, il y avait une salle d'opération entièrement équipée.

Des unités françaises trouveront des hôpitaux souterrains avec toute l'infrastructure nécessaire pour pratiquer des soins et des opérations.

Jean-Maurice Melous a eu les chairs d'une main arrachées par une balle. Un doigt tient encore miraculeusement.

– Je souffrais. Les Algériens m'ont donné un onguent à base de poudre de piment que je devais appliquer sur les os à vif. L'alcool à 90°, à côté de cette mixture, je vous assure que ce n'est rien. Un jour j'ai vu arriver un jeune médecin, un Algérien naturellement, il m'a donné un tube de pommade cicatrisante. Dès que je l'ai appliquée, les chairs de ma main ont commencé à repousser.

– *Malgré tout, vous deviez continuer de souffrir ?*

– Oui. J'avais des élancements en permanence.

– *Avez-vous craint la gangrène ?*

– Je pense que je suis passé tout près d'elle. Un soir, je

me suis aperçu que ma main avait doublé de volume. Il y avait une poche de pus, je l'ai incisée avec les moyens du bord. À compter de ce moment, je n'ai plus jamais eu la main enflée.

De jour en jour, les soldats se déconnectent de la réalité. Ne sachant rien de leur destination, ils avancent tels des somnambules et ne survivent que par automatisme.

– Ça finissait par devenir traumatisant, dit Claude Gabet.

Les repères chronologiques font défaut.

– Nous n'arrivions plus à nous rappeler la moindre date. Tout se mélangeait dans notre tête, ajoute Jean-Maurice Melous.

– Ce qui était terrible, enchaîne Jean Dziezuk, c'est que même notre passé semblait disparaître.

S'ils marchent, c'est qu'ils sont vivants. Être vivant, c'est prendre le pari de l'être encore le lendemain. Et les jours comme les nuits s'enchaînent ainsi.

La violence n'est pas systématique, que ce soit pendant la période de nomadisation ou ensuite, en prison. J'ai rencontré des témoins qui n'ont pas reçu le moindre coup. En revanche, d'autres, à l'exemple de Robert Bonnet, de Maurice Borel, de Georges Duplessis et de Jean-Claude Saillet, ont été torturés.

Jean-Claude Saillet est contraint de marcher les mains liées et les yeux bandés.

– Lorsque nous nous arrêtions, les gardiens m'enlevaient le bandeau et me déliaient les poignets, mais pour m'attacher aussitôt les poignets à la branche d'un arbre. Pendant des heures je restais les bras levés au-dessus de ma tête.

– *Ce devait être épuisant ?*

– Oui. Lorsqu'un gardien passait à côté de moi, il ne manquait jamais de me donner un coup.

Lors d'une halte, Saillet est obligé de se mettre à quatre pattes : il est attaché dans cette position à un pylône électrique.

Une autre fois...

– C'était le 10 mai 1961. Je me souviens du jour parce que de Gaulle parlait à la radio. Quand il a eu terminé, les fellaghas m'ont attaché les bras et les poignets dans le dos, puis ils m'ont poussé dans une grotte où je suis resté des heures.

– Pendant les jours pénibles durant lesquels vous marchiez les poignets entravés et les yeux bandés, arriviez-vous à penser ? Et à quoi pensiez-vous ?

– À mon enfance. Je revoyais chaque moment vécu avec mes parents.

– Sur votre sort, étiez-vous fataliste ou au contraire révolté ?

– Je me disais qu'il m'arriverait ce qui devait m'arriver.

Comme nous le verrons plus loin, les fellaghas possèdent des bases arrière situées au Maroc et en Tunisie. Une collusion parfaite existe entre des éléments de l'armée royale marocaine et sa consœur algérienne. Sur la demande des Algériens, des militaires marocains arrêtent le capitaine Moureau.

Le capitaine Moureau, officier des Affaires indigènes, est enlevé le 22 juin 1956 à Bou-Izakar. Il est odieusement mutilé par ses ravisseurs et, pendant des mois, ils le promènent sur un bourricot de souk en souk, de douar en douar, le laissant à la merci des invectives, des crachats et des coups. Le corps de l'officier a été découvert émasculé, les poignets brisés et les yeux crevés.

Le journaliste Jean Hourcade, dans le journal *L'Aurore* du 8 février 1957, rapporte la dernière conversation qu'il a eue avec Moureau à Bou-Izakar, petite ville des confins marocains située à l'embranchement de la route de Goulimane et de la piste impériale qui, par Foum-el-Assan, rejoint Tindouf en Algérie.

Le capitaine Moureau était là, tout seul, sans armes, en manches de chemise et saroual bouffant, souriant de nos alarmes et des questions que nous lui posions.

– Armé ?... Je ne le suis pas... À quoi bon ?... Que pourrais-je faire tout seul, si « ça se gâtait » ?

Et aussitôt, il ajoutait : « Ici, je ne risque rien... Je connais tout le monde... »

Puis encore :

– Des hommes ?... Mais non, je n'en ai plus... Je suis tout seul... Vous savez bien d'ailleurs que le corps des officiers des Affaires indigènes est dissous...

– Alors que faites-vous là ?

– J'attends des ordres... Il faut bien que quelqu'un reste... Il n'y a aucune autorité marocaine depuis Agadir... Alors quand il y a quelque chose qui ne va pas, ils viennent me trouver.

C'était en juin 1956... Quelques jours plus tard, le capitaine Moureau était enlevé.

Maurice Borel marche pieds nus, poignets attachés, relié à un autre prisonnier, Georges Fillieux. Quand ils traversent des villages, les habitants leur assènent des coups de bâton et les abreuvent de bordées d'injures dont ils ne comprennent pas le moindre mot. Le visage menaçant des hommes, des femmes et des enfants leur fait craindre le pire.

– Nous avions peur qu'ils nous lynchent.

Robert Bonnet est enchaîné avec les autres prisonniers. Poignets liés, ils sont regroupés par quatre ou cinq. Si l'un d'entre eux tombe, c'est toute la colonne qui chute. Le rythme de la marche est souvent soutenu. Ceux qui ne tiennent pas la cadence sont exécutés sur place. Michel Didier a vu deux de ses amis de détention, Guy Leloz et Louis Millet, abattus de cette façon.

Il arrive qu'une colonne de prisonniers croise une unité française en opération. Interdiction de bouger et encore plus de parler. Si le détenu tente d'alerter ses compatriotes, sa mort est certaine.

Michel Didier témoigne à nouveau de la brutalité des geôliers.

– Coups de crosse, coups de bâton, gifles, coups de pied dans le dos et dans le ventre.

Robert Bonnet et ses camarades sont terriblement éprouvés par les marches sous la pluie, dans le froid ou par fortes chaleurs. Lors des haltes, les journées se passent à effectuer des corvées de toutes sortes : porter de lourdes charges de bois, creuser des tranchées, aller chercher de l'eau jusqu'à l'oued avec des seaux qu'il ne s'agit surtout pas de renverser, sinon les coups redoublent. Il ne passe pas une journée sans être battu. Coups de poing, coups sur le dos avec la crosse du fusil, tel est le régime habituel. Les prisonniers sont affamés, ils mangent ce qu'ils trouvent sur leur chemin : ail sauvage, pissenlit, etc.

Certains ont la raison qui vacille, ils glissent dans la démence. Les Algériens les abattent. D'autres meurent de gangrène, d'épuisement, de dysenterie. Robert Bonnet et son camarade Ingénio Devésa sont chargés de creuser les tombes des soldats morts : Suire (Robert Bonnet ne se souvient plus du prénom), Pierre Andreux, Marc Compte, Riwat (comme pour Suire, Bonnet en ignore le prénom), Michel Champignou, Louis Mondino et un civil (identité oubliée).

Robert Bonnet a passé quinze mois dans cet enfer.

*

*   *

Le lieutenant Olivier Dubos – trente-cinq ans, originaire de Paris et père de trois enfants –, qui avait été enlevé par le FLN, a été exécuté. Épinglé sur sa vareuse, un papier où figure la mention suivante : « Condamné à mort par le FLN » ; le morceau de papier et l'acte de condamnation ont été remis à la Croix-Rouge internationale. La mère du lieutenant affirme que, si la presse américaine n'avait pas révélé l'assassinat de son fils, jamais personne n'aurait su les circonstances de sa mort. Les autorités françaises s'acharnaient à garder le secret.

Robert Bonnet a bien connu le lieutenant Olivier Dubos.

– Il faisait partie de notre groupe de prisonniers. Un jour, les gardiens sont venus le chercher et nous ne l'avons jamais revu. Ce n'est que des années plus tard que j'ai appris son exécution. Par la Croix-Rouge j'ai su que sa famille était parvenue à récupérer le corps et, selon mes informations, il serait enterré dans les environs de Bordeaux.

*

* *

Des souffrances psychologiques sont également infligées aux prisonniers. Par exemple, des simulacres d'exécution. Canon du fusil pointé sur la tempe du jeune Français, les geôliers l'emmènent à l'écart. Là, ils le font mettre sur les genoux, mains jointes et, avec le plus grand sérieux, ils lui proposent de réciter sa prière préférée. Le prisonnier s'exécute et, la prière dite, il ne se passe rien. Parfois les Algériens l'obligent à attendre une heure ou plus dans un silence complet avant de le remettre dans le groupe.

Les gardiens de Michel Didier lui ordonnent de creuser sa tombe et lui affirment que sa famille est en danger.

– Ils me disaient que des « gens » allaient s'occuper d'eux. C'était l'époque où sévissaient des attentats en métropole. Je croyais à la menace.

À une autre occasion, les gardiens organisent un tribunal en pleine nature. Jean-Maurice Melous raconte.

– Un jour a eu lieu un grand rassemblement. Nous étions dans la montagne. Ils étaient entre cent cinquante et deux cents. Nous attendions le verdict à quelques mètres du soi-disant tribunal. Le débat auquel on ne comprenait pas un seul mot était animé. Un jeune avocat parlant parfaitement le français a pris la parole. Il était chargé de présenter notre défense. Il leur a dit que nous étions des soldats appelés, que nous n'avions ni tué, ni torturé. En conséquence le tribunal se devait de ne pas nous condamner à mort. Un type est venu nous voir et, aussi simplement que je vous le dis, il nous a déclaré : « On ne vous tuera pas aujourd'hui. » Mais comme nous étions méfiants, nous avons pensé que ce n'était que partie remise.

– *Vous avez dû vous sentir soulagés ?*

– Oui.

– *À compter du verdict, avez-vous eu encore à craindre pour votre vie ?*

– Difficile de répondre. Ils pratiquaient également la provocation. Ainsi, un gardien laissait son fusil et s'en éloignait de quelques mètres. Il demandait ensuite à un prisonnier de le lui apporter...

Un gardien fatigué par les longues marches monte sur le dos d'un prisonnier et lui ordonne de le porter.

Jean Dziezuk, lui, de son plein gré, porte un fellagha blessé.

– Pendant l'embuscade, il avait reçu une balle dans un pied. Il ne pouvait plus avancer, ses copains voulaient le tuer. Avec un autre prisonnier, nous l'avons porté. Et pourtant il m'avait dénoncé lors de l'embuscade, au moment où j'avais essayé de fuir.

*
* *

Pour éviter d'être repérés par une patrouille française en train de ratisser une zone, les fellaghas imposent aux prisonniers de se déplacer de nuit et de rester à l'abri pendant le jour, souvent dans une grotte.

– La première fois qu'ils nous ont fait pénétrer dans une grotte, raconte Claude Gabet, j'ai eu la trouille qu'après ça ils balancent des grenades à l'intérieur.

Enfermé dans un noir complet, souvent les poignets liés, le prisonnier doit affronter les araignées, les poux et livrer un combat sans merci avec les rats. Et on le laisse parfois des jours sans manger ni boire.

Il n'est pas toujours facile de s'allonger. La place manque ou le sol est humide. Dès qu'une patrouille française est annoncée dans les parages, Jean-Claude Saillet et ses camarades doivent passer par une trappe et se cacher dans un trou très profond. À cause d'une nappe d'eau, il est impossible de s'asseoir. Les prisonniers sont contraints de rester debout pendant des jours et des nuits, le dos contre la paroi, sans bouger et sans dormir, tenant serrée contre leur poitrine la maigre couverture qui leur sert habituellement de matelas.

– Enquête 4 –

L'ÉVASION

Quand on n'a pas connu une situation comparable à celle qui fut réservée à ces jeunes Français, gavés comme nous le sommes de séries de télévision qui constituent notre seule référence, on se dit que la décision de s'évader s'est imposée à l'esprit de chaque prisonnier. Pourtant les témoignages apportent une réponse différente.

La nomadisation leur fait perdre la notion de l'espace dans lequel ils évoluent, à quoi s'ajoute la difficulté de se situer géographiquement.

– Pour s'évader, dit un témoin, encore aurait-il fallu savoir dans quelle direction s'enfuir.

Apparaît une autre attitude, maintes fois observée en pareil cas.

– Fuir, c'était prendre le risque d'être rattrapés par les gardiens et, par voie de conséquence, en représailles, d'être fusillés. Ou de tomber en chemin sur une patrouille fellagha, ce qui revenait au même…

– Et puis, dans notre état d'épuisement physique, nous ne serions pas allés très loin, ajoute-t-on parfois.

Une autre réaction constatée chez les détenus n'est guère éloignée du syndrome de Stockholm. Le prisonnier touché par ce syndrome finit par adhérer aux thèses de son geôlier. Chez les appelés d'Algérie il ne s'agit pas d'adhésion, mais du refus de fuir par crainte que le gardien ait à pâtir de l'évasion. Un témoin rencontré à Limoges m'a tenu ce propos :

– Vous comprenez, il [*le gardien*] ne nous faisait aucun mal. Nous ne pouvions pas lui faire ça !

En dépit du total dénuement, la routine s'est installée. Chaque jour, l'accomplissement des mêmes gestes rassure. S'échapper, c'est se jeter dans un vide nouveau où il faudra inventer de nouvelles attitudes.

Les avions français qui passent au-dessus de leur tête sans jamais les apercevoir servent également d'alibi.

– Puisqu'ils n'arrivaient pas à nous repérer, à quoi bon s'évader ? Ils [*les Français*] ne nous auraient pas mieux vus, si nous avions fui !

Jean-Maurice Melous et Claude Gabet sont dans le même groupe. On se souvient que Melous a eu les chairs d'une main arrachée. Gabet est sous-officier. Par prudence, il a jeté ses galons. Les fellaghas exécutent plus facilement un gradé.

L'un et l'autre revendiquent l'initiative de leur évasion. Sans entrer dans la polémique, voici comment l'action s'est organisée pour les deux soldats.

Il y a d'abord une occasion manquée. Des années après, l'anecdote suscite toujours la même colère de la part de Jean-Maurice Melous.

– Un prisonnier est allé faire pipi, et il s'est aperçu que le gardien était endormi. Croyez-le, il l'a réveillé !

– À quel moment la décision de vous évader vous est-elle venue ?

– Dès l'instant où j'ai été fait prisonnier.

– Les autres hésitaient ?

– Gabet, je ne crois pas. Mais les autres, ça oui.

Un soir, dans la grotte où ils sont terrés, Claude Gabet et Jean-Maurice Melous entendent des avions.

– J'ai écouté, dit Jean-Maurice, et j'ai localisé la direction.

Le récit de Claude Gabet est identique.

– J'ai entendu les avions. J'ai interrogé les gardiens. Ils m'ont fait comprendre qu'il s'agissait de la base de Ferkanne. Mais eux croyaient qu'elle était encerclée.

– Est-ce la présence des avions et le fait qu'une base française se trouvait à proximité qui vous ont décidés à vous évader ?

– Difficile de répondre avec précision. La décision a été assez rapide, malgré tout. Mon problème – j'étais sous-officier –, c'est que je ne pouvais pas partir seul en abandonnant les autres. J'avais réussi à conserver une sorte d'apparence militaire. Chaque jour nous faisions le point sur ce qui s'était passé dans la journée.

– Lorsque vous leur proposiez de s'évader, que vous répondaient-ils ?

– On est bien ici.

– Alors qu'en réalité vous viviez dans...

– Dans la merde !

Et puis un jour, c'est le déclic. Jean-Maurice Melous et Claude Gabet sentent chacun de leur côté que le moment propice est arrivé.

– On nous avait changés de gardiens, précise Jean-Maurice Melous. Il y avait un vieux, un jeune et un autre. Celui-là n'était pas un gardien, seulement un ami des deux autres. Il lisait le Coran.

Il faut agir vite. Chaque minute qui passe est précieuse. Gabet bourre ses poches de sable. Melous s'approche d'un gardien.

– Son fusil était posé en travers de ses cuisses. Je le lui ai piqué, et avec la crosse je lui ai assené un coup sur le crâne.

De son côté, Claude Gabet balance des poignées de sable dans les yeux des deux autres Algériens dans le but de les aveugler.

– J'ai récupéré le fusil de l'un et je me suis battu avec les deux types en même temps.

Le gardien sur lequel Melous a tapé s'enfuit. Il le poursuit pour une raison à laquelle on ne s'attend pas.

– Il me fallait ses chaussures, les miennes avaient rendu l'âme. Je ne pouvais pas aller pieds nus.

Une nouvelle lutte s'engage entre les deux hommes. Melous parvient à lui prendre les chaussures tant convoitées. L'Algérien terrorisé se sauve.

De son côté, Claude Gabet finit par avoir le dessus sur les deux gardiens avec lesquels il luttait.

– Les avez-vous tués ?

– Aucune certitude, mais je le pense.

Sans attendre, il fait sortir ses camarades de la grotte où ils attendent la suite des événements.

– Ils tremblaient de peur. Nous sommes partis à fond la caisse.

Jean-Maurice revient vers ses camarades et constate avec amertume qu'ils sont partis sans l'attendre. Il interprète leur départ comme une sorte d'abandon.

– Vous leur en voulez toujours ?

– Oui.

Claude Gabet donne sa version des faits.

– Le temps tournait. J'attendais, je ne le voyais pas revenir, il devenait dangereux de rester plus longtemps au même endroit.

Jean-Maurice Melous fonce droit devant lui, filant comme une flèche. Il marche jusqu'à la tombée de la nuit puis, trouvant un trou, il s'y installe. Là, soufflant et récupérant ses forces, il introduit une cartouche dans le chargeur du fusil.

– À quoi devait-elle vous servir ?

– Je ne voulais pas retomber entre leurs mains.

– Vous aviez décidé de vous supprimer s'ils vous reprenaient ?

– Oui.

Il se remet en route et serre les dents contre les assauts de la fatigue. Sans prendre une seule minute de repos, il marche ainsi jusqu'au lendemain après-midi. C'est ainsi qu'il arrive le premier à la base militaire. Il est au bord de l'épuisement, incapable de faire un pas supplémentaire. Des militaires sont obligés de le porter.

Claude Gabet va plus lentement. Ses camarades ralentissent la progression. Ils sont constamment persuadés d'apercevoir des poursuivants. Pour les rassurer, Claude Gabet les autorise à se reposer dans des grottes autant qu'il le peut. Quand la confiance est revenue, le groupe se remet en route. Au petit matin, les Français traversent un village.

– Craignant de me perdre ou de tourner en rond, j'ai rencontré le chef du village. Je lui ai demandé de me donner un guide. Il m'a dit : « Vous venez de chez les fellaghas ? » Je lui ai répondu que oui. Que pouvais-je dire d'autre ? On avait leur carabine, nous étions habillés avec des vêtements arabes. Quant à notre allure, nous étions dégueulasses, pas rasés ni lavés depuis trois mois. J'étais torse nu et couvert de sang.

– Le chef du village ou le guide auraient pu vous trahir ?

– L'idée m'a effleuré. J'ai misé sur la chance.

Le guide ne les trahira pas : il les conduira jusqu'à la base militaire.

– Enquête 5 –

L'ENFERMEMENT

Après la terrible période nomade, les Français se retrouvent en prison. Il s'agit le plus souvent d'une maison très ordinaire. Une pièce de trois mètres sur quatre fait office de cellule où s'entassent au minimum quinze détenus. Absence de mobilier, pas de lit ; les prisonniers dorment à même le sol, sur une couverture ou enroulés dans une djellaba. Les volets sont clos en permanence, le jour ne pénètre jamais.

L'hygiène varie d'un lieu à l'autre. Certains sont pourvus de latrines, mais sans lavabo, ailleurs c'est exactement le contraire. Des témoins sont restés des mois dans une cabane fabriquée avec des branches d'arbre et posée à même la terre battue. Jean-Claude Saillet a vécu un mois entier dans une cave et au milieu d'un noir complet.

Jean Coulos et neuf camarades sont incarcérés dans une villa où se trouvent une cuisine et des chambres. Les gardiens leur octroient des cigarettes et des journaux. Hormis ce cas exceptionnel, les témoins font tous état d'une hygiène déplorable.

La vie s'organise. Elle est ponctuée le matin par le café au poivre, un abominable souvenir pour Jean Dziezuk. S'ensuit l'entretien de la « cellule » avec les moyens du bord, c'est-à-dire avec rien. Puis vient le déjeuner, avec son invariable couscous. Le soir, le menu est composé d'une soupe claire et d'une galette.

Mais au fond, en quoi consiste une journée ? Maurice Lanfroy répond avec un seul mot, « attendre ». Les prisonniers occupent les longues heures à jouer aux cartes et à des jeux de société qu'ils inventent. À se remémorer l'embuscade. À lire et relire de vieux journaux qu'ils ont trouvés en arrivant.

L'instant le plus pénible est celui qui précède le sommeil. Le jeune Français essaie de reconstituer son passé, il revoit le visage des êtres qui lui sont chers.

L'arrivée d'un nouveau est source de curiosité et d'intérêt. L'occasion de reprendre pied avec le monde extérieur. Gérard Palisse, bandeau sur les yeux, est poussé dans une pièce. On lui dégage la vue. Dans la pénombre, il distingue des ombres, ses futurs camarades de captivité : ils le dévorent du regard.

– Comme j'avais l'habitude de parler fort, ils m'ont tout de suite fait « chut », en insistant pour que je baisse le ton. Ensuite, ils se sont approchés et m'ont assailli de questions.

Lorsque des civils sont jetés en prison, c'est encore l'occasion de s'abreuver de nouvelles venues du monde qui pulse derrière les volets éternellement clos. Maxime Picard est l'un de ces civils.

Il est instituteur, et directeur de l'école de Djemaa-Sahariod, en Grande-Kabylie. Il revenait de Tizi-Ouzou, où, à l'hôpital de la ville, il avait fait admettre un élève, lorsqu'il a été arrêté.

– Un tournant en épingle à cheveux... Une ligne droite... Je ralentis : devant moi une section de goumiers en file indienne. Je double. Deux cents mètres plus haut, un nouveau virage, puis la pente s'accentue, m'obligeant à rester en seconde. Soudain, à vingt mètres devant moi, un militaire saute sur le talus et me fait signe de ralentir. Sans doute est-ce l'avant-garde de la patrouille qui, ayant coupé à travers champs, s'apprête à traverser la route. Plus j'approche du militaire, plus son uniforme me paraît bizarre. La couleur marron n'a rien de commun avec celle des treillis français. Je comprends que je suis en présence d'un soldat de l'ALN.

Picard a toutes les peines du monde à le convaincre qu'il est instituteur. Les rebelles croient qu'il est un militaire déguisé.

– J'ai compris plus tard qu'ils prêchaient le faux pour savoir le vrai.

Malgré tout, l'instituteur se retrouve avec les poignets liés dans le dos. On lui donne l'ordre d'avancer sur le chemin boueux de neige. Nous sommes le 10 décembre. Les hivers sont rudes en Grande-Kabylie, la neige tombe abondamment et se maintient longtemps au-delà de la saison hivernale.

Au bout de quelques kilomètres, les militaires acceptent de défaire les liens qui lui enserraient les poignets. Le convoi fait une halte dans un village et, dans l'une des maisons, gardiens et prisonnier en profitent pour prendre un peu de repos et se restaurer.

– Les militaires inspectèrent minutieusement mes papiers. Après examen, à l'évidence j'étais instituteur et directeur de l'école. Entre-temps la pluie s'était mise à tomber. Avant de sortir, ils me couvrirent les épaules d'un imperméable. L'un des soldats attacha à mon bras une grosse ficelle dont il prit l'autre extrémité. Je ressemblais à un animal que l'on conduit aux abattoirs.

La longue marche commence.

Le djebel kabyle est une épreuve pour un marcheur occasionnel, avec ses sentiers escarpés, étroits et glissants. L'exercice auquel est soumis le prisonnier est rendu plus difficile encore car il se déroule de nuit. Maxime Picard finit par subir le stress que ressentent tous ceux, militaires ou civils, qui tombent entre les mains des fellaghas : « Que va-t-il advenir de moi ? »

La réponse lui parvient à l'occasion d'une halte dans une maison perdue dans la montagne. Il s'agit d'un centre de regroupement – un PC – que les Algériens nomment la « boîte ». Les combattants y viennent pour se reposer, se restaurer et y prendre les ordres. Deux soldats parlent avec véhémence en kabyle devant l'instituteur. Vivant parmi la population kabyle dans le village où il enseigne, il croit saisir l'expression « condamné à mort ».

– Mon imagination s'est mise à travailler, aidée sans aucun doute par l'état de stress et de lassitude dans lequel je me trouvais.

Quelques minutes après, des hommes entrent. L'un d'eux, vidant ses poches, dépose sur la table un rasoir-couteau.

– À la vue de l'instrument, franchement j'ai cru que mon compte était bon ; je pensais sincèrement que les deux hommes venaient pour m'exécuter.

Il n'en est rien. L'homme au couteau s'allonge sur une paillasse et s'endort aussitôt, foudroyé par la fatigue.

Plus tard dans la journée, d'autres soldats expliquent à Picard qu'ils ne le tueront pas, sans pour autant lui fournir plus de détails quant à leur décision, ni sur le sort qui lui est réservé.

Après quatre jours de marche, l'instituteur se retrouve dans un camp dissimulé au cœur d'une forêt. Les gardiens le poussent dans une pièce construite à l'aide de rondins. Elle est plongée dans le noir. Il distingue très vaguement des occupants et, après quelques secondes d'une observation muette, comprend qu'il est en présence d'autres prisonniers. « Nous sommes comme toi, lui lance un homme dans la cinquantaine en lui montrant ses poignets liés par une chaîne. Six civils et six militaires. »

Picard se souvient.

– Je dus raconter ma capture et, à mon tour, j'interrogeai les autres prisonniers. Tous les civils avaient, comme moi, été pris sur la route, au volant de leur voiture ou de leur camion. Quant aux militaires, quatre d'entre eux étaient des spahis : Pierre, Ingénio, Michel, Robert [*il s'agit de Robert Bonnet et de ses amis*]. Ils avaient été capturés dix mois plus tôt dans un poste du Sud-Constantinois que trois cents rebelles avaient assiégé et investi.

Le lendemain, Maxime Picard se familiarise avec la vie du camp et celle de prisonnier. La durée de chaque sortie ne dépasse pas cinq minutes. Comme les autres détenus, il est soumis aux corvées, les mêmes que Robert Bonnet a décrites dans le chapitre précédent.

– Les journées étaient interminables. Nous demeurions constamment allongés ou assis sur des sacs de toile. Le matin nous attendions le soir, le soir nous attendions le jour. Nous restions parfois des heures sans rien dire.

Un témoin m'a confié qu'il restait dix-sept heures sur vingt-quatre allongé à ne rien faire. Dans de telles conditions, l'inactivité devient plus exténuante que le travail.

Maxime Picard fait une fois de plus le constat que les hommes, quelle que soit la situation dans laquelle ils se trouvent, continuent de se montrer individualistes. Le fameux « chacun pour soi ».

– J'aurais cru que la camaraderie régnait au sein du groupe de prisonniers. Il n'en était rien. Chacun de nous vivait son existence personnelle, se souciant peu de celle du voisin. C'était assez démoralisant. Je pense que cette situation provenait d'une cause peut-être mesquine, mais qui avait cependant son importance : la nourriture.

Aux heures des repas, les prisonniers sont divisés en deux groupes qui se répartissent autour du plat. Les cuillers plongent dans le couscous ou dans le bouillon au même rythme. Si l'un des prisonniers mange plus rapidement que ses camarades, il se fait vertement rappeler à l'ordre.

– Les cuillers de couscous étaient tassées, énormes ; il fallait se décrocher la mâchoire pour pouvoir les faire entrer dans la bouche. Et l'on était toujours à reprocher au voisin de manger trop vite ou de « charger sa cuiller comme un wagon ».

Maxime Picard est libéré après des mois de détention. Il ne connaîtra jamais le motif exact de son arrestation. Y en avait-il seulement un ? Il retrouve son école et ses élèves avec émotion. Il appelle son épouse et sa fille au téléphone. Elles étaient parties pour la métropole une semaine avant sa triste et pénible aventure. Son épouse le questionne afin de connaître ses intentions pour l'année prochaine. Picard lui répond avec calme : « Nous serons ici, en Algérie, pour la rentrée scolaire. »

*
*   *

Pour les prisonniers qui ont été maltraités, les années n'arrivent pas à effacer les sévices endurés.

Michel Didier, dans son témoignage, fait état de blessures et de lésions multiples causées par les gifles, les coups de pied et de bâton. Fractures du nez et des coudes, écrasement d'un doigt, douleurs lombaires, déformation des pieds et troubles de la vue.

Georges Duplessis est torturé à la gégène jusqu'à l'évanouissement.

– Ou alors, ils [*les gardiens*] nous attachaient à un poteau et nous écrasaient des cigarettes sur le corps. Pendant la durée de la détention, mes camarades et moi-même n'avons jamais eu le droit d'être soignés. Ce qui est incroyable, c'est que nous arrivions à guérir sans médicaments. Lorsque j'ai été fait prisonnier, je pesais soixante-quatorze kilos ; à ma libération, la balance en accusait quarante-neuf.

Les lieux de détention sont hétéroclites. Mais que dire de l'endroit dans lequel Marcel Cinquini est resté onze mois ?

Le 20 décembre 1958, pour se rendre en permission de nuit à Sétif, Marcel Cinquini utilise un taxi. À peine le véhicule a-t-il parcouru dix kilomètres qu'il se heurte à un barrage de l'ALN, la branche armée du FLN. Les soldats font prisonniers Cinquini et le caporal-chef musulman qui l'accompagne.

La violence est immédiate. Coups de crosse de fusil et coups de poing pleuvent, accompagnés d'insultes : « Sales Français, on vous aura », etc. Marcel Cinquini sait que parlementer ne servirait à rien. Poignets liés, bras au dos, il est transporté sur un mulet. Après quelques heures, le convoi fait une halte dans une mechta pour se restaurer. Les habitants ont un regard haineux envers les Français. Leur attitude trahit une envie de les rouer de coups. On montre à Marcel Cinquini des femmes que des soldats français auraient sauvagement mutilées. Il comprend l'accès de haine des habitants à son égard.

– Elles étaient sacrément amochées.

– *Ressentiez-vous de la honte devant l'étalage de ces atrocités ?*

– En tout cas, je pouvais comprendre que l'on nous en veuille.

– *Quelle certitude aviez-vous ? Qu'il s'agissait bien de Français qui avaient mutilé ces malheureuses, et non pas du résultat d'un règlement de compte entre deux factions de fellaghas ?*

– Vous avez raison, je n'avais aucune preuve que c'étaient des Français.

À l'issue de quatre jours de vie nomade, ils sont poussés dans une grotte.

– Auparavant, un fell m'a placé la lame de son poignard sur la gorge et m'a dit : « Maintenant, tu peux dire adieu à la France et à ta famille. »

Marcel Cinquini et son compagnon se faufilent dans un boyau. On leur donne l'ordre de s'arrêter vingt mètres plus bas. Les Français découvrent un groupe de combattants algériens qui se reposent.

– Ils attendaient pour ressortir « quelque part ». La grotte s'étendait sur deux kilomètres carrés. Ça, je l'ai appris après ma libération.

Deux ou trois jours plus tard, les geôliers lui donnent un autre ordre. Ils doivent descendre encore plus bas. Marcel Cinquini et le caporal-chef se retrouvent ainsi à quatre-vingts mètres sous terre.

Les deux prisonniers vivent dans le noir total. Pour se déplacer, ils utilisent un morceau de charbon enflammé posé dans le couvercle d'une boîte de conserve. L'espace du sol au plafond est d'un mètre vingt. Impossible de se tenir debout.

– Nous n'avions pas d'autre choix : soit ramper, soit aller à quatre pattes. Nous dormions et vivions sur un tapis d'alfa. C'est une herbe sauvage.

– Ce qui veut dire que vous viviez en permanence allongé ?

– Oui.

– Vous deviez manquer d'air ?

– Certains jours, nous respirions difficilement.

Les prisonniers se battent contre les rats, les poux qui

leur envahissent le corps et, plus pénible encore, des nuées de moucherons. Pour leurs besoins naturels, ils s'octroient un coin. Pour la nourriture, il leur faut remonter, tête baissée, jusqu'à l'entrée de la grotte. Certains jours, mais rarement, un gardien parcourt la moitié du chemin.

Si une opération se déroule dans les environs, les prisonniers restent plusieurs jours sans manger. Quant à boire, ils n'ont pas d'autre possibilité que de lécher l'eau qui suinte le long des parois.

Le caporal-chef musulman est libéré. Marcel Cinquini reste seul durant quatre mois. Puis le sergent-chef Gaffory, un Corse, le rejoint.

– Gaffory étant gradé, nous avons eu droit à une bougie.

Pendant sept mois, ils vivent ainsi. Il serait plus juste d'écrire qu'ils survivent ainsi.

– *Que faisiez-vous, toute la journée ?*

– On se battait contre les rats. On s'épouillait et on tentait d'éloigner les moucherons. Sinon, que faire d'autre ? Nous parlions. Gaffory n'était pas très solide mentalement, il fallait que je lui remonte le moral. Disons que ça m'occupait.

– *Aviez-vous un « truc » pour survivre à cet enfer ?*

– Je me disais que j'étais mort. De cette manière, plus rien n'avait d'importance.

– *Combien de temps êtes-vous resté dans cette grotte ?*

– Onze mois.

Onze mois passés dans le néant !

Un civil vient les rejoindre. C'est un garde champêtre.

Des unités du 7e régiment de tirailleurs algériens opèrent dans le secteur. À la tête du détachement, le sergent-chef Quilichini, un autre Corse. Ce détail aura son importance au moment de la libération des prisonniers.

Le sergent-chef repère un éboulis de pierre qui ne lui paraît pas normal. Il donne l'ordre à ses hommes de le dégager. Les pierres enlevées, on découvre l'entrée d'une grotte. Quilichini décide d'y pénétrer.

Pendant ce temps, dans la grotte, les geôliers font irruption et obligent les prisonniers à descendre encore plus bas.

– Nous sommes arrivés à un endroit où le sol était de la glaise. La glaise nous a fait penser que nous étions au fond d'une carrière abandonnée.

Les gardiens s'enfuient.

– Dans une certaine mesure, ils nous ont sauvé la vie. Ceux qui nous ont abandonnés étaient très gentils. Les autres nous auraient égorgés avant de quitter les lieux.

Quilichini progresse lentement dans l'étroit boyau. Tombant sur un béret militaire français qui gît sur le sol, il s'arrête. Le sergent-chef pense que des prisonniers français se trouvent dans la grotte. Mais cela signifie également que les gardiens ne sont pas loin. Il doit agir avec la plus grande prudence.

Soudain, Marcel Cinquini aperçoit au loin le faisceau d'une lampe-torche. Gaffory, le voyant aussi, se met à hurler dans la direction de la lumière :

– Nous sommes des prisonniers français !

Le faisceau disparaît aussitôt. Quilichini a entendu mais il craint une ruse, maintes fois utilisée par des fellaghas qui se font passer pour français.

– Gaffory s'est mis à me parler en corse, poursuit Cinquini, il m'a dit « va vers la lumière ».

Dans le silence, Quilichini a entendu Gaffory. Il ne peut s'agir que de Français : les Algériens ne seraient pas capables de pousser la ruse aussi loin.

– Qu'avez-vous ressenti au moment où, enfin, vous avez pu vous tenir debout ?

– Rien de précis. Tout allait trop vite. Disons que cela me semblait normal.

Marcel Cinquini pèse trente-sept kilos, il en faisait soixante et un avant d'entrer dans la grotte. Dans la précipitation, les militaires oublient que le prisonnier a passé onze mois sous terre dans le noir absolu. Même s'il fait nuit quand ils le libèrent, la lumière est encore trop forte : les douleurs sont atroces.

Conduit en hélicoptère à l'hôpital de Constantine avec ses compagnons de captivité, Marcel Cinquini est admirablement soigné. Si les médecins militaires lui sauvent en partie la vue, les lésions l'obligeront à porter des lunettes.

– J'ai dû me payer mes lunettes.

– L'armée ne vous a pas offert la monture ?

– Non. Que croyez-vous ? À Bône, j'ai acheté mon billet de bateau pour rentrer en France.

– Après ce que vous aviez vécu, vous a-t-on attribué une cabine ?

– J'ai fait la traversée comme tous les autres bidasses, sur un transat, à fond de cale.

À Marseille, à la caserne où il se présente, il est reçu par le colonel qui se montre compréhensif en lui procurant un billet d'avion pour rentrer à Ajaccio.

– Comment était l'accueil ?

– J'ai été reçu comme si j'étais un chiffon sale. À part ma famille, personne.

– Comment ? Il n'y avait ni le maire, ni le député, ni un colonel ?

– Pas même un soldat.

Marcel Cinquini n'a pas terminé son service militaire. Il est redevable de cinq mois à l'armée. On ne lui en fait pas cadeau.

– J'ai repris ma vie de troufion. On voulait que je fasse les gardes de nuit. Ça, j'ai refusé ! Ils n'ont pas insisté.

Démobilisé, Marcel Cinquini entre dans la vie active : il retourne aux chantiers de La Ciotat. Pour obtenir une pension d'invalidité, il fait demande sur demande pendant des années et finit par en obtenir une à 75 %. Il lui faudra atteindre les soixante ans pour que le taux de 100 % lui soit attribué.

Si le moral de Marcel Cinquini est toujours aussi fort, les onze mois de captivité l'ont marqué. Comment en serait-il autrement ? La vue s'affaiblit avec l'âge et la fatigue, les cauchemars remontent à la surface et infectent ses nuits. Comme chez beaucoup de prisonniers, l'enfer continue pour Marcel Cinquini.

*

* *

L'angoisse assaille soudain le soldat français quand il apprend la vérité sur sa situation. Il n'est pas prisonnier, comme il l'avait cru, il est en réalité un otage. L'information le perturbe, à commencer par le statut qui en résulte. L'imagerie populaire classe le prisonnier dans la catégorie du combattant courageux ; il a résisté à l'ennemi avec vaillance, mais la chance n'a pas été de son côté. L'otage appartient à la mythologie des victimes. Il est un gage, une monnaie d'échange, une garantie entre deux camps. Autant dire tout le monde et personne en particulier. Maurice Lanfroy se sent manipulé, dépersonnalisé. Sa vie ne vaut rien, pense-t-il, elle est une marchandise, un article dans un contrat.

Pendant des jours, il tourne en rond dans son étroite cellule, et les questions affluent. Il apprend que l'« autre », Ben Chérif, incarcéré en métropole et auquel son sort est lié, a été condamné à mort pour avoir tué de sang-froid des soldats français. Maurice Lanfroy sait que, si la sentence est exécutée, il sera fusillé à son tour. Des semaines à attendre, à craindre la terrible nouvelle chaque fois que la porte s'ouvre…

Ben Chérif, incarcéré à la prison de Rennes, sera libéré à l'Indépendance. Il deviendra, selon l'information que je tiens de l'écrivain René Bail, le chef de la gendarmerie algérienne. Maurice Lanfroy ne bénéficiera pas d'une telle mansuétude, ni de la part des responsables du FLN, ni du gouvernement français. Ce dernier oubliera le jeune Français dans son « gourbi » : sa libération interviendra des mois après celle de l'Algérien.

Maurice Lanfroy n'est pas un cas isolé, d'autres Français ont servi de monnaie d'échange et ont été fusillés.

Voici la transcription d'un document exceptionnel que Robert Bonnet m'a transmis. Il s'agit d'une lettre émanant du commandant Amirouche, connu jusqu'en métropole pour son esprit sanguinaire ; elle illustre le travail de sape que le FLN exerçait en toute liberté sur les familles des prisonniers.

Robert Bonnet a été capturé le 4 février 1958. Ses parents reçoivent le document suivant daté du 10 mars 1959.

FRONT ET ARMÉE
DE LIBÉRATION NATIONALE

Wilaya n° III
Aux armées, le 10 mars 1959

M. Bonnet,

Nous vous informons que votre fils Robert qui se trouvait en garnison au poste de Laourane (près de M'Sila) est tombé entre nos mains après l'assaut livré par notre armée contre ce poste le 4 février 1958.

Contrairement à une propagande infâme qui veut que nous soyons des égorgeurs, votre fils est en vie et sa lettre vous dira quel traitement lui a été réservé par nos troupes.

Pour le revoir [*votre fils*], il ne tient qu'à vous car nous sommes disposés à procéder à un échange de prisonniers sous l'égide de la Croix-Rouge internationale. Il vous appartient donc d'agir, de donner à cette lettre la publicité qu'elle mérite en la communiquant aux journaux éclairés (bien rares) de votre pays. Vous alerterez ainsi l'opinion publique et déciderez votre gouvernement à se préoccuper non seulement des milliards de Blachette et Borgeaud [*deux chefs de file historiques du grand colonat français*], mais aussi du sort de ses prisonniers, et à mettre un terme à la guerre de reconquête entreprise contre le peuple algérien uni.

Par l'intermédiaire de la Croix-Rouge internationale, vous pouvez d'ores et déjà correspondre avec votre fils, vous assurer de son sort, bien meilleur que celui de nos prisonniers.

Mais sachez que votre fils et ses camarades sont ici pour répondre de la vie des nôtres qui souffrent dans vos geôles, de notre sœur Djamila Bouired que votre gouvernement, ne reculant devant aucune lâcheté, veut exécuter.

Cette lettre est un cri d'alerte. À vous d'en tirer profit si vous ne voulez pas perdre votre fils.

P. le Comité de Wilaya
Le Commandant Amirouche

[*La signature est lisible.*]

Cette lettre réclame une précision. Djamila Bouired, dont il est fait mention, a collaboré dès le début de l'insurrection en 1954 avec Yaacef Saadis – chef du terrorisme à Alger – en posant des bombes dans des lieux publics. Ses actions ont fait des centaines de victimes civiles, hommes, femmes et enfants ; elle compte à son triste palmarès plusieurs femmes mutilées... ce qui n'était pas nécessaire à la révolution.

Le texte est un modèle de torture mentale. « Il vous appartient donc d'agir, de donner à cette lettre la publicité qu'elle mérite en la communiquant aux journaux éclairés. » Quelle peut être l'action sur les médias d'une famille sans relations ni appuis dans ce milieu ?

Robert Bonnet est catégorique.

– Sans aucun effet. Mes parents ont montré la lettre aux journaux de notre région. Ceux-ci ont bien voulu la publier une ou deux fois, et ensuite ils ne l'ont plus jamais fait paraître, ce qui me semble logique.

« Pour le revoir » : la phrase joue sur deux points sensibles, la certitude qu'il est vivant et la menace de le voir exécuter. On imagine aisément combien cette phrase devait peser sur les familles.

Dans une autre lettre adressée aux parents de Robert Bonnet, Amirouche utilise une nouvelle fois l'alternative de la vie ou de la mort. Et dans le cas où le jeune Bonnet serait exécuté, à l'avance il rejette la responsabilité éventuelle de sa mort sur ses parents, en leur reprochant de n'avoir pas su agir à temps.

« Le sort de la jeunesse française qui se bat pour une cause qui n'est pas celle du peuple français est entre vos mains. Aussi espérons-nous que vous sortirez de votre inaction pour demander à vos dirigeants d'arrêter cette guerre qui ne peut avoir comme juste issue que l'indépendance de l'Algérie. »

La mère de Pierre Andreux reçoit la même lettre. La menace y est clairement exprimée.

« Mais nous ne vous cachons pas que notre bonté a des limites, que la vie de votre fils et celle de ses camarades répondent de la vie de nos frères qui sont inhumainement traités dans vos geôles et vos camps, et de notre sœur Djamila Bouired que votre gouvernement veut exécuter. Cette lettre est un cri d'alerte. À vous d'en tirer profit si vous ne voulez pas perdre votre fils. »

*

* *

Les coups, les brimades, la saleté ; chaque jour, la pénible et pourtant nécessaire chasse aux poux, le sentiment d'abandon par un pouvoir – militaire et politique – indifférent au drame. La rupture avec la famille, la menace d'une possible exécution planant au-dessus de leur tête. Dans ce chaos, certains prisonniers arrivés au bout de leur résistance ont eu envie d'en finir avec leur vie.

– Je cherchais le moyen de me suicider, confirme Raymond Protsch.

– Enquête 6 –

LE COURRIER

Pendant une année, les parents de Raymond Protsch ignorent que leur fils a été fait prisonnier. On imagine leur désarroi. Aucune autorité ne prend la peine de les prévenir. Puis, au terme de douze mois d'attente, arrive un document administratif sur lequel figure la mention on ne peut plus laconique : « Porté disparu. » Rien d'autre. Au même moment, ils apprennent qu'un camarade également détenu avec leur fils, habitant dans le Nord, vient d'être libéré. Ils en informent le maire de leur ville, qui se dépense alors sans compter, multipliant les démarches auprès des services compétents. L'édile va jusqu'à proposer à la famille Protsch de l'emmener rendre visite au jeune homme rentré d'Algérie. Ils obtiendront ainsi des nouvelles de leur fils.

Sans davantage d'explications, la mère de Jean Coulos reçoit une boîte contenant les effets personnels de son fils. Ce sont les affaires du jeune homme qui étaient restées à la base.

– Ma mère a vieilli de dix ans. Ils auraient envoyé un cercueil que l'effet n'aurait pas été différent.

D'un témoin à l'autre, on constate que les autorités militaires ne font preuve d'aucune compassion envers la famille des soldats prisonniers. Elles mettent des mois, une année parfois – nous l'avons vu avec la famille Protsch –, avant de leur annoncer la mauvaise nouvelle. Ce sont les parents eux-mêmes qui, ne recevant plus de lettres, alertent les autorités. Et c'est seulement à compter de leur intervention que les démarches commencent.

Rappelons que la majorité des familles sont issues de la classe ouvrière. Affronter le maire, la gendarmerie, le député, parfois un ministre ou l'état-major représente une épreuve. Démarche rendue plus redoutable encore pour les immigrés, avec le barrage de la langue. Bien souvent, ce sont les frères ou les sœurs, voire la fiancée (comme ce fut le cas pour Jean Dziezuk) qui vont à la recherche de l'information. Ne sachant quel est le bon interlocuteur, ils écrivent tous azimuts. Les réponses arrivent, doucereuses et compassées. Ceux qui répondent ne savent rien ou ne veulent rien dire. « Nous ferons le nécessaire », promet Pierre Mendès France à la future femme de Jean Dziezuk. On ne peut mettre en doute la sincérité de son engagement, cependant il ne s'est plus jamais manifesté auprès des parents.

Jean Dziezuk de commenter, avec une pointe d'ironie :

– Notre situation de prisonniers était entourée du plus grand secret. Que pouvaient dire les politiques ?

Pourtant, au plus fort de la guerre d'Algérie, quatre cent quatre-vingt-dix mille hommes occupent le terrain, les effectifs militaires sont aussi importants que ceux de l'armée américaine au Vietnam. Le 2e bureau a été chargé de collecter des informations auprès des prisonniers algériens. En huit ans de conflit, on n'enregistre pas la moindre action pour tenter de récupérer les jeunes prisonniers. Cependant, des journalistes allemands peuvent rendre visite à des prisonniers dans les camps de détention fellaghas. Leur visite n'aura pas été inutile : deux semaines après, les jeunes Français reçoivent enfin du courrier de leur famille.

Le père de Maurice Lanfroy s'adresse au préfet de la Marne. Celui-ci lui répond, le 5 août 1959 : « J'ai l'honneur d'accuser réception de votre lettre dans laquelle vous me demandez s'il est possible d'obtenir la confirmation officielle d'une information selon laquelle votre fils serait prisonnier au Maroc du FLN ainsi que la marche à suivre pour obtenir sa libération. »

Le 12 octobre, le cabinet du ministre des Armées écrit au préfet. « J'ai l'honneur de vous faire connaître que l'enquête effectuée auprès des diverses autorités susceptibles de connaître le sort réservé au brigadier Lanfroy n'a pu, malheureusement, donner aucun résultat.

» Toutefois, des renseignements obtenus de source sûre, il ressort que l'intéressé était détenu depuis le 19 juillet dernier dans la région sud-oranaise. »

Que peut-on dire de plus devant une telle démonstration d'hypocrisie ? Dans un premier temps il est mentionné que l'enquête n'a donné aucun résultat, et quelques lignes après on annonce que le soldat est retenu dans la région sud-oranaise. Et pour fiabiliser l'information le scripteur ajoute « de source sûre ». Si la source sûre a été capable d'indiquer une région (le Sud-Oranais), pour quelle raison ne précise-t-elle pas le lieu de détention ? La réponse tient en un seul mot : mensonge.

Les prisonniers correspondent-ils avec leur famille ? Sur les quarante témoins auxquels j'ai posé la question, deux seulement ont reçu une ou plusieurs lettres de leurs parents.

Les détenus essaient d'adresser un message à leur famille par l'intermédiaire de la Croix-Rouge ou du

Croissant-Rouge. Maurice Lanfroy, qui détient le record de détention avec mille trente-neuf jours, a une vision très complète de la situation.

– *Insistiez-vous pour recevoir du courrier de vos proches ?*

– Non. Mes camarades et moi-même avions peur d'être maltraités. Parmi nos gardiens, certains avaient de la famille en France. Ils auraient pu nous venir en aide. Ils n'ont rien fait, restant avant tout des Algériens et nous considérant comme des prisonniers qui appartenaient au peuple qu'ils combattaient.

Le FLN finit par autoriser les soldats français à écrire à leur famille. Ces derniers savent que la censure veille et qu'ils ne peuvent écrire ce qu'ils souhaitent. Pour cette raison, les lettres que nous aurons l'occasion de lire sont très similaires d'un prisonnier à l'autre. À croire qu'elles n'ont eu qu'un seul rédacteur.

Voici, à titre d'exemple, deux lettres écrites par Robert Bonnet.

Le 9/02/1958

Bien chers tous,

Quelques mots qui vont vous rassurer sur mon sort dont vous avez sûrement été prévenus par mon corps [*mon régiment*] ou lu dans les journaux que j'étais porté disparu. Je suis prisonnier des fellaghas depuis mercredi soir. Le poste a été attaqué à 7 heures, et à 8 heures je me rendais. Le poste était en flammes. On est treize, plus le lieutenant chef du peloton. Jusqu'à maintenant, j'ai été bien traité. Ils nous ont répété plusieurs fois que l'on aurait la vie sauve. Cela fait quatre nuits que je marche à raison de vingt à soixante kilomètres par nuit. Encore deux étapes et je serai au camp des prisonniers dont je ne sais pas l'endroit ni la région. Je ne vois plus rien à vous dire. Recevez mes meilleurs baisers.

Robert

Le 20/02/1958

Bien chers tous,

Quelques mots pour vous donner de mes nouvelles qui ne sont pas mauvaises. Je suis en très bonne santé, le moral est bon aussi, et je pense qu'il en est de même pour vous. Ici je suis en pleine forêt. J'en suis à ma douzième étape, mais je crois que cela ne va pas continuer. Je suis toujours bien traité et bien nourri. Je pense être libéré d'ici peu car les dirigeants de l'ALN – Armée de libération nationale – sont en pourparlers avec la Croix-Rouge internationale. En espérant que cette lettre vous rassurera, et en espérant vous revoir bientôt, recevez mes meilleurs baisers.

Robert

*

* *

Après sa libération, un ami de Raymond Protsch montrera à celui-ci des tracts du FLN récupérés en Algérie. Au bas du texte, la signature d'un prisonnier français. Le détournement était courant. Selon la propagande du FLN il donnait du crédit à la thèse révolutionnaire, puisqu'un jeune Français signait le manifeste.

Parfois les prisonniers n'écrivent pas une lettre, mais enregistrent un message à l'intention de leurs proches. L'enregistrement sert la propagande des nationalistes algériens et fait la démonstration que les prisonniers ne sont pas maltraités. Les familles reçoivent une bande magnétique et peuvent entendre la voix de leur fils (donc, par la même occasion, celle des codétenus), à condition de posséder un magnétophone.

Voici la transcription intégrale d'une séance d'enregistrement. D'abord se fait entendre l'hymne algérien, puis une voix de femme dit :

Message sous l'égide du Croissant-Rouge algérien. Ici infirmière numéro matricule 17 attachée au Croissant-Rouge algérien. Voici les dix prisonniers du Mouvement de libération nationale algérienne. Message à l'intention de leurs parents sous l'égide du Croissant-Rouge algérien et aux bons soins de la Croix-Rouge internationale. Voici dans l'ordre les noms de ces dix prisonniers : les soldats Borel Maurice, Dziezuk Jean, Kit Pierre, Jacquey Yvon, Guirriec Jean, Coulos Jean, Fournier François, Tonnin Michel, Poitreau Gaston, Marchand Jean-Pierre.

La voix d'un homme remplace celle de la femme. Son rôle consiste à présenter le prisonnier, puis à l'inviter à adresser son message à ses parents.

– Avancez, monsieur Borel.

– Ici Borel Maurice, Seine-Maritime. Comme aujourd'hui je peux venir bavarder avec vous, alors je dis bonjour à toute ma famille. J'embrasse bien fort tout le monde de loin. Quant à vous, chers parents, je vous embrasse bien fort ainsi que tous mes frères. J'espère que tout le monde va très bien. Pour moi je me porte très bien, maintenant je dis un gros bonjour à tous les amis et amies, et je pense que bientôt je vous reverrai tous, et je pense que ce jour n'est pas trop loin. Et ce jour-là sera marqué pour toute notre vie et surtout ne pas vous démoraliser, car là où je suis maintenant je n'ai rien à craindre. Je mange très bien. Je dors bien et on ne manque de rien. Je suis en compagnie de quelques camarades et on passe notre temps à jouer aux cartes. Les journées s'écoulent comme ça. Je termine ici car je crois que j'ai assez bavardé avec vous. Je vous embrasse tous bien fort et à bientôt.

– Maintenant c'est Dziezuk Jean qui a été fait prisonnier le 26 février 1958.

– Dziezuk Jeannot. Chers parents et chère sœur, eh bien c'est mon tour d'avoir le micro en main. J'en profite pour vous donner le bonjour et vous embrasse tous bien fort. Pour mon compte, tout va pour le mieux : la santé est bonne et le moral l'est également. Dans le coin où je suis, je n'ai pas à me plaindre, ainsi que mes camarades. Pour nous distraire, nous avons plusieurs jeux, ce qui nous fait passer le temps. Pour le sujet de la nourriture, je n'ai pas à me plaindre car le jour qu'il en manque nous pouvons demander le rabe, car vous le savez chers parents que je suis un grand morfale. Pour mon compte, je crois que j'ai assez parlé pour vous. Il me reste plus qu'à terminer en vous souhaitant de conserver toujours la bonne santé. Je vous embrasse tous bien fort. Papa, maman, Gwladys, Jojo, Michel, la moto, Pierre, René et Denis ainsi qu'au beau-frère Tony, la petite Marie-José et les deux neveux. Par la même occasion vous donnerez le bonjour aux amis, aux copains et naturellement aux amies.

– Maintenant, c'est M. Kit Pierre, qui a été fait prisonnier lors d'un accrochage. C'était en août 1958. M. Kit Pierre va parler.

– Mes chers parents et ceux qui pouvez m'entendre, je suis Kit Pierre [*inaudible*]. Je donne bien le bonjour et j'embrasse toute ma famille très fort. Et j'espère que vous êtes tous en parfaite santé. J'ai été fait prisonnier le 7 janvier par le FLN et je suis en bonne santé et très bien traité. Il ne me manque presque rien à manger, à boire, assez, et bien sûr vos nouvelles. Je crois que là, on va bientôt pouvoir correspondre. Je pense que tout va bien à la maison, que Michel et Nicolas vont bien ainsi que Daphné, Stéphanie. J'embrasse bien fort [*inaudible*] qui je pense va à l'école. Et comme je vous dis, ne vous tourmentez pas pour moi. Ça vous fait des économies et [*inaudible*] car je pense que vous avez reçu le télégramme de l'armée. Je crois que si vous m'entendez, vous serez rassurés. J'embrasse tous bien fort, ainsi que toute la famille. Bons baisers à tous. Pierre.

– M. Jacquey Yvon va parler à ses parents.

– Ici Jacquey Yvon. Comme vous devez le savoir maintenant, je suis prisonnier de l'ALN depuis le 26 juillet 58 et, vous le savez, je ne m'en porte pas plus mal car nous sommes bien nourris et le tabac ne manque pas. Maintenant nous avons la possibilité d'écrire, alors je pense que je recevrai bientôt de vos bonnes nouvelles. Je pense bien à vous, aux amis et à Jojo. Et par la même occasion je l'embrasse bien fort. Je n'ai plus rien à vous dire sinon de ne pas vous inquiéter pour moi. [*inaudible*] Bons baisers à vous tous.

– Quel est votre nom ?

– Guirriec Jean.

– Alors dites quelque chose à vos parents.

– Ici Guirriec Jean habitant à Pennac, Finistère. Mes chers parents, j'ai la possibilité de vous parler quelques instants par l'intermédiaire de l'Armée de libération nationale qui m'a fait prisonnier et je vous dis tout de suite que je suis en très bonne santé. J'espère qu'il en est de même pour vous, ainsi que de François, Annick, Roger, Victor et Daniel. Je pense bientôt avoir de vos nouvelles car j'ai la possibilité de vous écrire. Je donne aussi le bonjour à tous les camarades ainsi qu'à Jeannine. J'espère que vous [*inaudible*] le moral à [*inaudible*]. Je vous quitte en vous embrassant tous bien fort. À bientôt.

– M. Coulos Jean qui arrive et qui a été fait prisonnier comme ses camarades qui sont déjà passés lors d'une embuscade dans la région de [*incompréhensible*] le 16 janvier 1958. À vous, monsieur Coulos Jean.

– Ici Coulos Jean. Ce message est dédié pour vous, chers parents, c'est moi qui vous parle. Ici je suis très bien, rien à se plaindre, jouer à la belote, etc. Surtout ne vous faites pas de mauvais sang, ne pas se mettre des idées dans la tête et ne pas croire tout ce que l'on dit. Ma foi je ne vois plus grand-chose à vous dire. N'oubliez pas de donner le bonjour à Jeannine car bientôt… car j'espère bientôt me trouver auprès d'elle. Bons baisers à toute la famille. Bons baisers et à bientôt. Par la même occasion je voudrais dire le bonjour à Michel ainsi qu'à André : bien le bonjour et à bientôt.

– Maintenant c'est M. Fournier François, sergent-chef, qui a été également fait prisonnier le 28 février 1958.

– Je suis Fournier François, rue de Paradis à [*incompréhensible*] prisonnier de l'Armée de libération nationale depuis le 28 février 1958. Puisque j'ai l'occasion de vous parler de vive voix, j'en profite pour vous rassurer un peu que je suis bien en vie et en bonne santé. Je donne un grand bonjour à toute ma famille, à mes parents, Mme et

M. Fournier André, de [*inaudible*] en Meurthe-et-Moselle, à mes frères et à mes sœurs, à Albert Viot que je n'oublie pas. Vous m'entendez, François et Cathy, c'est votre papa qui vous parle : restez bien sages avec maman, je reviendrai bien vite. Ne vous tourmentez pas à mon sujet. Ici nous sommes en sécurité, la nourriture est bonne et le tabac ne manque pas. C'est le principal. J'espère que vous êtes en bonne santé ainsi que tous. J'embrasse bien fort ma femme, mes enfants et toute ma famille. Je vous quitte en espérant recevoir bientôt de bonnes nouvelles. François.

– M. Tonnin Pierre...

– Michel.

– M. Tonnin Michel va parler aux parents.

– Mes chers parents, c'est bien votre fils Michel qui vous parle. Je suis prisonnier de l'Armée de libération nationale algérienne depuis cinq mois, bien vivant. Ne vous tourmentez surtout pas à mon sujet. Je suis très bien traité, bien nourri, les cigarettes à volonté. Il ne me manque absolument rien. Question santé c'est parfait et j'espère qu'il en est de même pour toute la famille. Je vous quitte, mes chers parents, en vous embrassant tous bien fort et ma petite Colette et toute la famille.

– Donnez-moi votre nom.

– Poitreau Gaston.

– Parlez à vos amis.

– Bien chers tous, ici Poitreau Gaston, je profite que je suis en possession d'un micro pour venir bavarder avec vous et vous rassurer. Je suis vivant et très bien traité par le FLN. La nourriture est très bonne. Nous avons du tabac à volonté, c'est bien ce qu'il me faut car je fume toujours beaucoup. Je pense que pour toi mon cher papa ta santé est toujours très bonne. Tu embrasseras bien fort pour moi Dédé et Geneviève, ainsi que leur petite Monique et Michel, et tu donneras le bonjour aux [*incompréhensible*]. Je vous embrasse tous bien fort. Gaston.

– Quel est votre nom, vous, monsieur ?

– Marchand Jean-Pierre.

– Vous avez été fait prisonnier où ?

– À [*voix très faible, inaudible*] le 30 avril 1958.

– Vous pouvez parler à vos parents.

– Ici Marchand Jean-Pierre. Mes chers parents, frères, sœurs et nièces, puisque voilà mon tour arrivé de vous parler, j'en profite pour vous embrasser bien fort et aussi pour vous rassurer à mon sujet. Je suis bien vivant et en bonne santé. Où je suis maintenant il n'y a plus rien à craindre, je suis en sécurité. Il ne reste plus qu'à avoir de la patience. Je n'ai pu vous écrire plus tôt, quoique pensant très bien à l'anniversaire de maman le 11 juin. Pour cette occasion je te fais deux grosses bises, ne pouvant t'offrir que cela en ce moment. J'espère que Viviane est reçue à ses examens. Quant à Patricia j'espère qu'elle travaille bien à l'école et qu'elle va pouvoir m'écrire puisqu'on peut maintenant correspondre. Dites-lui de ne pas trop pleurer et que tonton reviendra bientôt. Donnez le bonjour aux gens de Drot, une bise de loin en attendant de pouvoir le faire de près. Jean-Pierre. À bientôt.

Fin de l'enregistrement.

– Enquête 7 –

LA LIBÉRATION

La libération se produit du jour au lendemain, parfois d'une heure à l'autre. Sans la moindre préparation psychologique pour le prisonnier. Après des mois voire des années de réclusion pour certains, on projette brutalement les détenus français dans la normalité. Le choc aura plus tard des répercussions sur leur psychisme, notamment lorsqu'il s'agira de retrouver une place dans la société.

– Ce fut très difficile, avoue Gérard Palisse, nous étions complètement paumés, nous avions perdu tous les paramètres élémentaires. Les gens nous parlaient d'événements ou de gens dont nous ne savions rien.

Lucien Louvet se souvient de l'entrée du gardien à 3 heures du matin dans le « gourbi » où il était parqué.

– Il nous a annoncé que nous étions libérés et que nous devions nous préparer au plus vite.

La même situation se répète d'un lieu de détention à l'autre. Parfois les Algériens fournissent du savon, des vêtements et des chaussures. Les Français ont vécu dans la saleté et la vermine, personne alors ne s'en préoccupait, et d'un seul coup on fait tout pour qu'ils soient présentables.

Jean-Claude Saillet n'a pas cette chance. Il quitte sa geôle dans le pyjama crasseux et en lambeaux qu'il porte depuis des mois. Lorsqu'il arrive au consulat français à Tunis, les employés l'habillent de pied en cap. Le voyage depuis la prison jusqu'à la capitale de la Tunisie s'est fait dans une camionnette ; le jeune homme avait les yeux bandés.

Si l'annonce de la libération réjouit les prisonniers, leur joie est rapidement tempérée. Car tous ne partent pas le même jour. La décision relève uniquement du gardien principal. Pour ceux qui restent, c'est le drame. Ils se jettent la tête contre les murs en hurlant ou s'écroulent en larmes sur la couverture qui leur sert de lit. Raymond Protsch éprouve un profond sentiment d'injustice en voyant partir ses camarades. Il n'ose poser la question : « Quand viendra mon tour ? » Une question qui va le hanter jusqu'à la minute ultime de son départ.

Le scénario de la libération est à peu près identique pour tous. Ceux qui ont été incarcérés à Oujda, au Maroc, sont conduits au Croissant-Rouge à Rabat. Lala Aïcha, sœur du roi Hassan II et présidente de l'organisation humanitaire pour son pays, les reçoit en grande pompe. Elle les remet officiellement soit au consul, soit à l'ambassadeur de France.

Les hommes qui ont été emprisonnés en Algérie sont abandonnés sur une route par le FLN et récupérés par une unité française qui a été prévenue.

Dès leur libération, les soldats français sortant des prisons marocaines ou tunisiennes sont happés par un tourbillon de mondanités. On les emmène en voiture faire le tour de Rabat ou de Tunis. Si une réception est donnée en leur honneur, il leur faut retrouver les gestes du passé : sourire, serrer des mains, se servir d'une fourchette et répondre aux nombreuses questions. Les photographes de presse sont très présents et priés par les autorités marocaines, algériennes ou françaises de ne pas mollir sur le déclencheur du flash ; en revanche, les journalistes de la presse écrite et radiophonique sont tenus à l'écart. Il leur est même interdit de poser des questions aux prisonniers. Bien souvent, c'est un porte-parole de l'ambassade ou du consulat qui satisfait leur curiosité.

Au milieu de ce ballet mondain, une action psychologique totalement concertée et organisée à la fois par le FLN, les Marocains et les Français se met en place. Son but est d'enfermer le prisonnier fraîchement libéré dans un silence... qui durera quatre décennies ! On lui recommande de ne rien révéler de son lieu de détention, de ne rien dire de ce qu'il a subi et vu. Puis on lâche l'ultime recommandation : « Des soldats français sont encore maintenus quelque part. Si vous parlez, vous mettez leur vie en danger. » Tout le monde en rajoute, à l'exemple de ce pilote de Caravelle ramenant des prisonniers : il les fait venir dans la cabine et, pendant le bavardage, mine de rien, il leur sert la « recommandation ».

Chef-d'œuvre de manipulation, comme on en a rarement vu, ce sont les prisonniers eux-mêmes qui vont entretenir le silence souhaité par les politiques sur les conditions de détention des prisonniers français en Algérie. Et pendant quarante ans ou plus !

– Nous étions muets devant les journalistes qui pourtant nous harcelaient. Nous avions fait le serment de nous taire.

Cette phrase, je l'ai entendue dans la bouche de tous les anciens prisonniers. Et quelle n'a pas été ma surprise de m'apercevoir que nombre d'entre eux se sentent toujours liés par ce serment en 2003 !

Un jour, alors qu'un témoin me raconte l'embuscade au cours de laquelle il a été fait prisonnier, rompant soudain l'évocation il se lève et consulte fiévreusement un dossier, en extrait quelques feuillets puis revient vers moi, amorce un geste pour me les tendre et se ravise.

– C'est le rapport secret. Il raconte l'embuscade. Je ne sais pas si j'ai le droit de vous le montrer.

– Il y a plus de quarante ans...

Il sourit.

– C'est vrai, il y a prescription.

En sortant de l'enfer, le jeune Français est passé de la détention physique à l'enfermement mental.

La consultation à l'hôpital militaire du Val-de-Grâce à Paris répond à une obligation administrative. Les médecins consignent scrupuleusement les problèmes de santé apparents, laissant de côté le suivi psychologique que ces hommes traumatisés attendent. Ce manquement, parmi bien d'autres, constitue le principal grief qu'ils ont contre les autorités de la République. Jean Coulos résume la situation avec une phrase saisissante :

– On classe le dossier, c'est fini. Vous pouvez rentrer chez vous.

La visite médicale terminée, effectivement, les anciens prisonniers rentrent chez eux. L'administration les lâche dans la nature, voulant ignorer les problèmes individuels. Georges Duplessis, sans un centime en poche, est contraint d'emprunter le montant de son billet de train à une assistante sociale de l'hôpital.

Dans les villes et les villages, le jeune homme de retour d'Algérie est reçu avec les honneurs. Discours du maire, poignées de main du conseil municipal, embrassades avec les amis. Il est promené comme un héros, mais nul ne tente de prendre la mesure du drame qui a été le sien. Lui se prête volontiers au jeu, et, s'il parle dans les écoles ou devant d'autres auditoires, il reste pourtant muet sur ses souffrances.

Des familles sans nouvelles de leur fils depuis des mois prennent contact avec lui, qui a eu la chance d'être libéré. Peut-être sait-il quelque chose de ce fils dont le silence les inquiète ? Ainsi, on montre à Georges Duplessis une liste où figurent deux cent quatre-vingt-dix-huit noms de soldats présumés disparus.

– Je n'en connaissais aucun. Et même dans le cas où un nom m'aurait été connu, qu'aurais-je pu dire, puisque pour leur sécurité on m'avait recommandé de me taire ?

La sœur d'un soldat écrit à Jean Dziezuk : « Nous sommes sans nouvelles de mon frère. L'auriez-vous rencontré ? Savez-vous où il se trouve ? »

Les cris de détresse des familles se dissolvent dans l'enchaînement des jours. La fièvre qui a entouré le retour du jeune homme est retombée. Dans le calme revenu, il reprend lentement possession de la vie, établit ses priorités : épouser la fiancée qui a eu la patience de l'attendre, bâtir une famille, travailler. Et surtout, enfouir au plus profond de lui-même la douloureuse expérience. Il va falloir vivre. Comment ? On verra bien !

– Enquête 8 –

VIVRE EN CLAUDIQUANT

Sans accompagnement psychologique, les anciens prisonniers d'Algérie avancent dans la vie en claudiquant. Des cauchemars les taraudent toutes les nuits. C'est l'embuscade qu'ils revivent le plus souvent. Raymond Protsch réentend les cris de ses camarades blessés et peut sentir l'odeur de la poudre des balles. La situation est identique pour Robert Bonnet. Sa femme le trouve hurlant assis sur le lit.

– Il y avait des nuits, dit Georges Duplessis, où je n'arrivais pas à fermer l'œil. Je revoyais le jour où le camp avait été bombardé par l'aviation française. Un fellagha m'avait mis la lame d'un poignard sous la gorge et m'avait dit : « Si l'avion repasse, tu seras un homme mort. » L'avion n'est pas repassé…

Dans la journée, ce n'est pas mieux. Repliés sur eux-mêmes, ils plongent dans de longues périodes d'isolement. Ou alors, sous l'emprise d'une angoisse, ils doivent sortir de leur domicile et marcher, marcher. Jean Coulos va dans la forêt et se retourne sans cesse, de peur qu'on l'attaque par-derrière.

La femme de Robert Bonnet conduit son mari chez le médecin. Ce dernier répond : « Il faut attendre, laisser faire le temps. »

Seulement voilà, le temps n'efface pas grand-chose, surtout quand l'actualité fait resurgir les terribles images du passé. Tous ont mal vécu la guerre du Golfe. Et l'attaque du 11 septembre 2001 à New York, avec les avions fonçant sur les tours du World Trade Center, est liée à leur histoire par la violence dont ils ont été les victimes et par le monde arabe qui la leur a infligée.

Les dégâts de la détention se font ressentir dans la vie de tous les jours. À son retour, pendant des mois Jean-Claude Saillet vomit. Il ne peut supporter aucune nourriture. En 2002, il m'a confié traverser des périodes où il a besoin de manger un piment à chaque repas.

– Même avec un morceau de gruyère. Pendant que j'étais chez les fellaghas, j'ai tellement mangé de couscous épicé que je suis devenu comme drogué.

La destruction physique est amorcée chez certains sujets. La dentition, à cause du scorbut, a été entièrement remplacée. Les intestins sont atteints, la mémoire multiplie les ratés. Autant de troubles qui ont un rapport direct avec la période de l'enfermement. L'administration militaire et sociale se refuse à les reconnaître comme invalidités de guerre. Car, au-delà des séquelles physiques, la négation de leur passé est ce que les anciens prisonniers vivent le plus difficilement. Ils se sentent floués, mis à l'écart. Ils sont nombreux à considérer leur détention comme quelque chose de honteux, sans pour autant donner une explication claire du sentiment éprouvé. « Ce n'est pas glorieux », les ai-je souvent entendus dire. J'ai fini par comprendre. À l'inverse du grand-père en 1914 ou du père en 1939, eux ont participé à une sale guerre. Dans ces conditions, il n'est pas gratifiant d'avoir été fait prisonnier.

Leur douleur est d'abord composée de leur propre silence, et de celui des autres à leur égard. Ce silence qui leur a été imposé à leur libération, et qu'ils ont respecté, s'est finalement retourné contre eux. Comme ils ne disent rien, famille et amis montrent peu d'empressement à connaître leur histoire. Attitude où se mêlent chez eux sans aucun doute une certaine pudeur mais aussi la crainte de souffrir à l'écoute du récit. Pourtant, chez l'ancien prisonnier d'Algérie, le besoin de parler est grand, comme en témoigne Jean-Claude Saillet.

– *Vous êtes marié, vous avez eu des enfants. Aux uns et aux autres, avez-vous raconté votre histoire ?*

– Non.

– *Votre femme n'a-t-elle pas été curieuse de votre passé ?*

– Non.

– *Et vos enfants ?*

– Ils ne m'ont jamais rien demandé.

– *Souffrez-vous du silence des vôtres ?*

Visage fermé, il ne répond pas.

– *Vous-même, vous n'avez pas eu envie de parler ?*

Il a un sanglot, reste muet puis relève la tête après quelques secondes et dit :

– Pendant que j'étais prisonnier, je ne pleurais jamais. C'est maintenant que les larmes viennent.

Alors, du regard, il m'invite à poursuivre.

– *Pourtant, à moi, vous m'avez raconté votre histoire !*

– On parle plus facilement à un étranger qu'à sa famille…

*
* *

On sort du silence comme on peut, et souvent par hasard.

Alain, le fils de Robert Bonnet, a quinze ans le jour où il découvre à la cave une caisse pleine de papiers concernant l'Algérie. Il demande à son père la permission de les classer et d'en prendre connaissance.

– *Depuis, a-t-il parlé avec son père ?* ai-je demandé à Mme Bonnet, qui assistait à l'entretien.

– Il s'y est beaucoup intéressé. Pendant des années, mon fils était comme moi, il n'osait pas en parler avec son père par crainte de réveiller de mauvais souvenirs. Depuis la découverte de la boîte, le fils et le père ont des conversations. Mon mari semble plus décontracté pour évoquer son passé.

– Enquête 9 –

LES OUBLIÉS DU 13 MAI 1958

Ce n'est pas sans émotion que j'évoque le destin tragique de trois appelés du contingent pour clore les chapitres consacrés aux prisonniers du FLN. Jacques Feuillebois, Robert Richomme et René Decourteix sont des figures emblématiques de cette jeunesse française dont on ne dit pas assez qu'elle a été la chair vivante de l'histoire de la guerre d'Algérie.

Le récit de leur détention, qui relate à la fois les conditions de leur enfermement, l'abandon des pouvoirs militaires et politiques ainsi que leur assassinat dans l'indifférence générale, symbolise à lui seul tout le drame du conflit algérien.

Le 1er novembre 1956, un détachement composé de trois Jeep venant de Tunisie tombe dans une embuscade à Lacroix, non loin de la frontière avec l'Algérie. L'échange de feu est intense. Rapidement débordés, les soldats français subissent de lourdes pertes en hommes et sont obligés de se rendre. Trois hommes sont capturés : Jacques Feuillebois, Robert Richomme et René Decourteix.

On ne peut se fonder sur aucune certitude, mais il est vraisemblable qu'ils ont été conduits en Tunisie, dans un camp du FLN. Il faut savoir que le Maroc et la Tunisie, pays indépendants depuis peu, offraient aux rebelles des bases de repli où se reposer, se ravitailler en munitions et garder des prisonniers, qu'ils employaient comme monnaie d'échange.

Pendant des semaines, les familles restent sans nouvelles des leurs. L'état-major militaire en Algérie est dans l'impossibilité de fournir une information sur leur lieu de détention. Curieusement, les réseaux des services secrets demeurent inactifs. À Paris, le chef du gouvernement, le socialiste Guy Mollet, ne donne aucune directive à ses ministres de la Défense et des Affaires étrangères pour tout mettre en œuvre afin de connaître les camps d'internement. La France a des moyens d'investigation et de pression qu'elle ne juge pas bon d'utiliser.

Enfin, le 29 décembre 1956, la famille de Jacques Feuillebois reçoit une lettre de sa main. Le soldat a écrit sur un papier à en-tête de l'ALN où figure la mention « prisonnier de guerre ». Un numéro de captivité, le 305, lui a été affecté. La lettre n'est guère différente de toutes celles qui ont été rédigées par les prisonniers. Il dit qu'il est bien soigné, que la nourriture est bonne et qu'il a droit à du café plusieurs fois par jour. Il demande aux siens d'insérer un message à son intention soit dans *Le Monde,* soit dans *France Observateur.* C'est une presse qu'il peut lire. Enfin il termine sur une note optimiste, en disant qu'il sera libéré pour le Nouvel An.

Mais le temps passe sans rien apporter de positif. Les familles de prisonniers entrent en contact les unes avec les autres. Le père de l'un des otages, Serge Richomme, adresse une lettre à Mme Le Berthon, mère de Jacques Feuillebois. Il indique la parution dans le journal *Le Petit Parisien* de la photographie, prise par le FLN, des trois soldats gardés par une militaire algérienne.

Puis le père de Robert Richomme écrit, le 9 avril 1957, au général Gambiez. Il lui demande de tout mettre en œuvre pour faire libérer son fils, mais également les deux autres soldats retenus avec lui. Il rappelle au général qu'après le ramadan la France s'est engagée à libérer des détenus algériens qui purgent une peine de prison en métropole. Il termine en ajoutant : « Nous comptons beaucoup sur votre action pour redonner à notre famille ce climat moral qui lui fait défaut depuis la disparition de Robert ; disparition que nous n'avons connue que le 15 novembre par un rappelé de Tours revenu dans sa famille. »

Les familles connaissent des difficultés pour recevoir les effets personnels des soldats conservés à la caserne. Richomme indique à la mère de Jacques Feuillebois la procédure pour les récupérer : « Si vous connaissez les dirigeants de la Croix-Rouge de votre département, vous pourriez intervenir auprès d'eux pour qu'ils essaient de toucher le Croissant-Rouge tunisien… Il faudrait que le Croissant-Rouge tunisien puisse toucher le Croissant-Rouge du FLN afin que nous puissions avoir des nouvelles. »

À propos de Jacques Feuillebois, le comité de la Croix-Rouge de Caen répond le 11 juillet 1957 : « Au sujet du soldat Feuillebois, malheureusement, la Croix-Rouge internationale n'a pu encore, par aucun moyen, se mettre en rapport avec les rebelles, mais la demande reste valable et, aussitôt que cela sera possible, il sera fait le nécessaire. »

Mme Le Berthon (mère de Jacques Feuillebois), par l'intermédiaire d'une relation, entre en contact avec Pierre Mendès France. Celui-ci lui écrit le 17 octobre 1957. Le député de l'Eure se borne à des banalités sur la situation, et rappelle à la mère du soldat disparu les actions qu'il a menées pour faire comprendre la nécessité de modifier la politique de la France. Il regrette de n'avoir pu se faire entendre.

Le 5 novembre, soit un an après la tragique embuscade, la situation n'a guère évolué. Les familles ne parviennent toujours pas à se faire entendre des autorités militaires et politiques, et n'ont pas avancé quant au lieu de détention. Excédé par tant de laxisme, M. Richomme écrit à Pierre Mendès France pour demander à être reçu par lui : « Nous souhaitons vivement, ainsi que vous pouvez le supposer, que votre intervention puisse nous faire parvenir ne serait-ce que des nouvelles de nos enfants, cela ferait disparaître de nos familles cette incertitude morale que nous subissons depuis le début de l'année 1957. »

Le 6 novembre 1957, Pierre Mendès France adresse une lettre à Mme Le Berthon. En substance, il lui réclame les informations détenues par Serge Richomme et lui fait part de la visite que l'ambassadeur de France à Tunis lui a rendue. « À la suite des questions qu'il a posées à Tunis et de la réponse qui lui a été faite, il peut affirmer qu'il n'existe aucun prisonnier français en Tunisie. » Bien évidemment, tout cela est faux. L'ambassadeur a menti. Ce dernier ne peut en effet pas reconnaître qu'il y a des prisonniers français en Tunisie. Autrement, il serait dans l'obligation de tout mettre en œuvre pour qu'ils soient libérés. Dans une phrase assez ambiguë, il explique que s'il était prouvé que des Français se trouvaient détenus en Tunisie, cela signifierait clairement que le gouvernement de Bourguiba soutiendrait la rébellion algérienne.

Plus rien n'avance. Le secrétaire de Pierre Mendès France reçoit Serge Richomme. L'entrevue n'apporte aucun élément nouveau. Les familles se désespèrent et, dans les lettres qu'elles échangent, se montrent de plus en plus inquiètes de la situation.

Deux événements se télescopent.

Le 8 février 1958, l'aviation française bombarde Sakiet-Sidi-Youssef, village tunisien frontalier de l'Algérie, en représailles aux harcèlements continus effectués par des détachements de l'ALN qui se réfugient en Tunisie après leurs incursions en territoire algérien.

Le 15 février 1958, Radio-Luxembourg consacre son émission « 10 millions d'auditeurs » aux prisonniers du FLN, sous le patronage du journal *France Soir.* M. Richomme est alerté par des amis qui ont entendu l'émission, au cours de laquelle il aurait été question de son fils et de ses deux camarades, Feuillebois et Decourteix. Trois jours après, Richomme réagit en écrivant à la station de radio afin d'obtenir des informations, et surtout de pouvoir entendre l'enregistrement qui a été fait des prisonniers.

Le 3 mars, la réponse tombe de Radio-Luxembourg. « Les soldats dont nous avons parlé à notre micro ont été enlevés le 4 février 1958 et le 1er novembre 1956 : il ne s'agit donc pas de votre fils. »

M. Richomme se livre à une analyse de la situation. Il juxtapose le bombardement de l'aviation française et l'émission de radio. Il y ajoute le communiqué de presse de Radio-Luxembourg indiquant que le prisonnier enregistré n'est pas son fils et en arrive à la conclusion suivante : le FLN exercera des représailles sur les prisonniers français si le gouvernement français continue de ne pas appliquer les conventions internationales. Dans une lettre qu'il adresse à la mère de Jacques Feuillebois, il lui fait part de ses craintes que son fils et ses camarades soient exécutés.

La confusion se prolonge durant un mois puis, sans aucun commentaire, Mme Le Berthon reçoit de la mairie de Curville (où elle vit) l'acte de décès de son fils Jacques Feuillebois. Il en va de même pour les deux autres familles.

Jacques Feuillebois, Robert Richomme et René Decourteix ont été exécutés « en représailles, précise le communiqué de presse du FLN, aux actes criminels qui ont été commis par l'armée française sur les civils algériens ou tunisiens dans l'affaire de Sakiet ». M. Richomme avait vu juste.

Le flou persiste sur le lieu où ils ont été fusillés. Des chercheurs prétendent qu'ils ont été assassinés à Lacroix, l'endroit où ils avaient été capturés. En revanche, d'autres affirment que l'exécution s'est passée dans le camp en Tunisie. Quoi qu'il en soit, le FLN n'a jamais rendu les corps aux familles. Et, depuis 1958, aucun gouvernement français ne les a réclamés.

À l'annonce de leur exécution, en France, l'émotion est intense. En Algérie, parmi la population européenne, c'est l'indignation. Une manifestation est prévue pour honorer la mémoire des trois jeunes Français qui ont payé l'impôt du sang au nom de la responsabilité collective. La date choisie est le 13 mai 1958. La suite nous est connue…

– Enquête 10 –

MILITAIRES FRANÇAIS ET HARKIS EMPRISONNÉS APRÈS LE 19 MARS 1962

Le 19 mars 1962, des accords mettant fin au conflit en Algérie sont conclus au pas de charge par les émissaires de Charles de Gaulle, lequel est pressé de se débarrasser du boulet algérien.

À compter de midi, le cessez-le-feu est déclaré dans toute l'Algérie. La moindre action belligérante d'un camp envers l'autre serait un coup de canif aux accords. Les Français commencent le désengagement militaire dans cet esprit de loyauté, ce qui n'est pas le cas des Algériens, qui continuent « leur guerre » et se lancent dans une chasse effrénée au soldat français et au harki.

On arrête toute personne qui porte un uniforme français ou qui l'a porté. L'armée française se voit dans l'incapacité de réagir. Selon les accords, elle ne se trouve plus dans une province appartenant à la République, mais sur un territoire étranger. Le moindre geste qu'elle accomplit doit recevoir l'aval de l'autorité algérienne, laquelle n'existe pourtant pas encore. La confusion est totale et fait de l'Algérie une zone de non-droit où les actions sont décidées en fonction des besoins du moment. Un Européen peut être enlevé et assassiné pour sa voiture ou pour que sa femme convoitée par un petit chef local soit violée.

Parmi les témoignages qui suivent, bon nombre proviennent de harkis. Certains d'entre eux n'ont pas souhaité que leur nom figure. Des années après les événements et bien que vivant en France sous la protection des lois de la République, ils craignent toujours des représailles du FLN.

Michel Marot est enlevé le 7 mai 1962 par un commando de l'ALN. Par chance, il est relâché le lendemain de son arrestation. L'état-major français a accepté de libérer sept membres de l'Armée de libération algérienne en contrepartie de sa liberté.

*

* *

Bernard Bricet sert dans la marine. Un soir de juin 1962, en compagnie de deux camarades, il patrouille avec un lamparo dans la crique de Bouzadjar lorsque survient un chalutier bourré de soldats de l'ALN. D'emblée, les Algériens font preuve d'une grande violence à l'égard des jeunes Français : coups sur le visage et sur le crâne.

– Nous avions très peur, mes camarades et moi-même. Les Algériens étaient comme fous, criant pour un rien, piétinant le drapeau français.

– Leur attitude est incompréhensible. Ils ont gagné la guerre contre la France, que voulaient-ils de plus ?

– Ils pensaient que nous étions de l'OAS.

– Quelle a été votre plus grande crainte ?

– Qu'ils nous égorgent.

Les prisonniers sont emmenés dans un village nommé Boucoudan, au-dessus de Beni-Saf, qui sert de camp de détention. Si l'hygiène est acceptable, ainsi que la nourriture, en revanche la terreur règne. Coups de cravache et de fouet s'abattent à n'importe quel moment et pour n'importe quelle raison. Les soldats ne savent jamais, quand la porte de leur cellule s'ouvre, s'il s'agit de l'annonce d'une corvée ou d'une exécution. J'ai demandé à Bernard Bricet comment il s'y prenait pour résister à un tel déferlement de violence.

– Je pensais à ma famille. Surtout à ma grand-mère qui était morte. Je me disais qu'elle devait sûrement me protéger.

Les journées se passent à creuser une énorme tranchée. À quoi pouvait-elle bien servir ?

– Un de nos camarades comprenait l'arabe. Il avait surpris une conversation entre gardiens. C'était notre tombe que nous creusions.

Les Algériens décident que les prisonniers doivent être jugés. Ils les conduisent devant le tribunal de Tlemcen. Là, fait étonnant, des policiers français en uniforme s'opposent aux soldats de l'ALN. Le jugement n'a pas lieu, et les prisonniers sont ramenés au village.

– Malheureusement, les policiers n'ont pas réussi à nous faire libérer.

L'opposition des policiers porte néanmoins ses fruits car, quelques jours plus tard, un garde mobile débarque au village. Il s'entretient longuement avec les soldats algériens. Puis il repart.

– Un matin, nos geôliers nous ont fait monter dans des camions. Ils nous ont emmenés à la base d'Arzew, où nous avons été libérés.

– Avez-vous reçu la consigne de ne rien révéler de votre détention ?

– Des agents de la Sécurité militaire nous ont posé des questions, mais ils n'ont rien exigé.

– *Plus tard, avez-vous touché une indemnité pour votre détention ?*

– Des médailles. Rien d'autre.

– *Après votre libération, avez-vous fait des cauchemars ?*

– Pendant des années. Je regrette de ne pas avoir été suivi par un psychologue.

– *Était-ce toujours le même cauchemar ?*

– Oui. J'étais dans un camp et j'attendais d'être exécuté. Depuis la mort de mon fils, le cauchemar a disparu. Il a été remplacé par autre chose, qui a un rapport avec la disparition de mon enfant.

*

* *

Mohamed Abrous, titulaire de la Médaille militaire ett de la Croix du combattant, est né le 10 mai 1932 au douar Lardjem, près d'Orléansville. Il s'engage le 21 janvier 1958 au GMS[1] 54, est blessé au pied (au mois d'août 1958) par une grenade puis touché à nouveau (le 23 février 1959) par une balle qui lui traverse le côté droit du torse. Il est fait prisonnier le 5 juillet 1962, le jour de l'indépendance de l'Algérie.

Le Groupe mobile de sécurité est désarmé à la demande du FLN. Les soldats du groupe sont cantonnés à la caserne de Bidoula, proche de Tizi-Ouzou, dans l'attente de leur affectation. Des membres du FLN font irruption dans la caserne. L'action est en parfaite contradiction avec les accords d'Évian.

1. Groupe mobile de sécurité.

Vingt-trois soldats sont faits prisonniers et conduits au camp de Makouda, où ils sont jugés par un tribunal militaire algérien. Des vingt-trois soldats, un certain nombre – le témoin ne se rappelle plus le chiffre exact – sont fusillés ou exécutés à la baïonnette. Mohamed Abrous est condamné à mort, mais la sentence est retardée ; il n'en saura jamais la raison. Il est ensuite incarcéré au camp du Maréchal avec trois cents prisonniers, des militaires en majorité, mais également des civils. La torture est quotidienne. Les prisonniers sont battus et doivent porter des charges sur leurs épaules jusqu'à l'épuisement.

On transfère le témoin à El-Harach, où il ne reste que quelques jours, puis il se retrouve à Maison-Carrée, au milieu de six cents prisonniers civils et militaires, français ou harkis comme lui. Il y reste quatre ans. Son temps est employé à de petits travaux. Le régime est supportable, mis à part les coups des gardiens. Ensuite il va successivement à Médéa, à Hussein-Dey en août 1966, et enfin à Colomb-Béchar – au milieu de cinq cents prisonniers, toujours des civils et des militaires. Il exécute des travaux de terrassement à Tindouf, où les Algériens creusent des tranchées le long de la frontière mauritanienne.

Mohamed Abrous est par la suite conduit à Reggane, où il s'occupe de la maintenance des pompes à eau qui alimentent la région. De retour à Colomb-Béchar, on lui confie la même tâche. Une modification dans son traitement : les gardes lui font savoir qu'il n'est plus prisonnier. Il n'a pas été informé de la décision, et ne sait pas non plus qui l'a prise. De ce fait la surveillance se relâche, notamment lors de ses déplacements pour vérifier le bon fonctionnement des pompes à eau. S'il n'est plus prisonnier, qu'est-il devenu ? Une sorte d'esclave recevant un peu de monnaie pour le travail qu'il effectue au bénéfice des gardiens et de leurs familles.

Le projet d'une évasion germe dans sa tête. Comme il se trouve dans le désert, deux possibilités s'offrent à lui, la route ou le chemin de fer. Il choisit la seconde, la route présentant trop de risques. De plus, il faudrait qu'il emprunte une voiture. Comment pourrait-il y parvenir ? Certainement pas auprès d'un gardien ! Discrètement, il se renseigne alors sur les horaires des trains en direction d'Orléansville, sa ville natale. Avec calme et organisation, il prépare son évasion. Dans un bâtiment, il cache un petit sac contenant des vêtements.

Le 18 novembre 1969, soit sept ans après son arrestation, à l'aube, il se faufile entre les baraquements et rejoint la gare. Il achète le billet, puis se rend sur le quai. Là, il tombe nez à nez avec un gardien du camp. Mohamed Abrous lui explique qu'il rend visite à sa famille et insiste sur le fait qu'il ne sera absent que pendant quelques jours. Le policier ne semble guère convaincu. Abrous joue une dernière carte en lui offrant la moitié du pécule qu'il a amassé durant des années. Ce n'est qu'à cette condition que le gardien le laisse prendre le train.

Arrivé à Orléansville, Mohamed Abrous se précipite au consulat de France et demande qu'on lui fasse gagner la métropole au plus vite. Les fonctionnaires l'informent que les démarches vont prendre trois mois. Durant quatre-vingt-dix jours, il joue à cache-cache avec les policiers qui le cherchent. Le consul l'envoie à Alger, où l'ambassadeur le prend en charge. Il n'est pas encore libre et doit attendre quarante jours caché à l'ambassade. Au terme de ce délai, accompagné du représentant de la France, il monte enfin sur un bateau. À Marseille, il est pris en main par un service social qui le dirige vers Saint-Urbain, en Haute-Marne. On lui trouve un emploi dans une usine métallurgique où il restera jusqu'à sa retraite.

La détention de Mohamed Abrous aura duré sept ans, quatre mois et treize jours.

*

* *

Le témoin suivant fait partie de ceux qui n'ont pas souhaité que leur identité figure dans le livre. Titulaire de la Médaille de la valeur militaire et de la Croix du combattant, il est né le 7 décembre 1937 à Tizi-Ouzou, en Grande-Kabylie. Ce harki est marié et père de deux enfants lorsque des agents du FLN viennent l'arrêter, le 23 juillet 1962, à son domicile, sans lui fournir la moindre explication quant au motif de son arrestation.

Pendant un mois il est incarcéré au camp de Bidouala, situé dans la région de Tizi-Ouzou. Ses codétenus sont des civils, des militaires français et maghrébins, dont six soldats de son régiment. Il ne sort de la cellule que pour être interrogé et battu. À l'occasion de l'un de ces interrogatoires, il est frappé à coups de crosse de fusil avec une violence sans pareille, au point de s'évanouir. Ses compagnons le soignent comme ils le peuvent, n'ayant ni médicaments ni pansements à leur disposition.

Il est ensuite transféré au camp du Maréchal, puis à Maison-Carrée, où il reste jusqu'en 1966. Il exécute des petits travaux et toutes sortes de corvées. On l'autorise à correspondre avec sa famille. Après quoi il se trouve dirigé sur Ouargla, un autre lieu de détention. Il continue de se rendre utile, et pour les services rendus il perçoit soixante-quinze francs par mois. Il demande alors la permission de rendre visite à sa famille, qui vit à Alger. Et sa requête est acceptée.

Ainsi, le 29 mai 1967, il prend le train pour la capitale et se rue vers le domicile d'un ami. Celui-ci lui trouve un appartement où il peut se cacher. À l'ambassade de France, sa famille et lui restent dix-sept jours dans l'attente d'un visa pour la France. Arrive enfin le départ sous la surveillance de l'ambassadeur de France. À Marseille, des parents l'attendent et l'emmènent à Troyes, où il vit toujours.

Sa détention arbitraire aura duré quatre ans, dix mois et six jours.

*

* *

Un harki est arrêté le 8 août 1962 par un commando FLN de la Wilaya (région algérienne) n° 3, juste au moment d'être rapatrié en France. L'arrestation se déroule devant une caserne de l'armée française, où deux soldats en faction observent la scène sans intervenir. Conduit dans une maison près de Menerville, le prisonnier est mêlé à une douzaine de prisonniers, dont sept Français. Ils seront égorgés, mais auparavant ils auront eu les genoux éclatés par balle.

Le témoin (qui a tenu à garder l'anonymat dans ce livre) subit des tortures.

On le contraint à manger un couscous arrosé du sang des Français qui ont été égorgés, et à boire de l'eau de lessive. On lui brise les doigts, il est blessé à une jambe.

Les interrogatoires se poursuivent chaque jour. Quel est le mobile ? Les agents du FLN veulent connaître le nom des officiers français et algériens sous les ordres desquels se trouvait le témoin. Pour obtenir ses aveux, on lui ligote les poignets avec du fil de fer barbelé. Il est également contraint de s'asseoir sur le goulot d'une bouteille. Le traitement lui provoque des fissures anales médicalement constatées après sa libération.

Puis l'homme est soudainement accusé d'avoir tiré sur un dignitaire du FLN. Conduit à Fort-National, il est confronté à l'Agha Roumane, la victime de l'attentat.

Celui-ci innocente le témoin. Il est alors reconduit à Menerville, où il reste pendant vingt jours en compagnie de deux Français et de sept Algériens. Les tortures recommencent et les assassinats également. Les deux Français et les quatre Algériens sont égorgés.

On l'incarcère ensuite à Maison-Carrée, où pendant un an il ne voit jamais le jour, dort à même le sol et subit quotidiennement des brimades.

Un ami de sa famille intervient en sa faveur. C'est un agent du FLN, qui raconte à sa hiérarchie que le témoin a participé activement à lutte contre l'OAS. Innocenté, il est libéré en 1964.

La détention de ce harki aura duré deux ans.

*

* *

Amara Boudedja est né le 23 mars 1940 à Yakouren, en Kabylie. Il appartient au régiment des chasseurs d'Afrique. Il est capturé le 2 août 1962 au domicile de ses parents.

– Ils étaient cinq ou six, armés de matraques. Ils m'ont tapé durant des heures. Pendant qu'ils cognaient, ils me disaient : « Pourquoi n'appelles-tu pas de Gaulle ? Il va venir t'aider ! » Ensuite ils se sont acharnés sur mon père, un ancien poilu de 1914. Puis ils nous ont emmenés, mon père et moi, à la gendarmerie de Yakouren. Les gendarmes français toujours présents ne sont pas intervenus, malgré nos supplications. Nous sommes restés enfermés, mon père et moi, pendant cinq ans dans la gendarmerie. Pour toute nourriture, nous avions droit à du pain et de l'eau. Mon père est mort à mes côtés.

Cinq ans d'emprisonnement et un père mort…

*

*   *

Guido Casa est enlevé le 21 août 1962, au pont d'El-Kantara à Constantine, alors qu'il se trouve en permission libérable.

À la prison où il est conduit, il subit des interrogatoires. Incapable de répondre aux questions posées, dont il ne comprend pas le sens, il est battu à coups de crosse de fusil et reçoit en plus des coups de pied dans le ventre et dans les côtes.

Il est libéré le 30 août 1962. Sa détention a duré une dizaine de jours. Depuis, il est régulièrement soigné pour des troubles psychiques à la clinique de Borgo, en Haute-Corse.

*

*   *

Zine Tebri est capturé le 22 juillet 1962 à la casbah de Biskra par des agents du FLN, en compagnie de deux autres personnes.

Durant la première nuit de la détention, Tebri est torturé à l'électricité et reçoit des coups. Le lendemain, les soldats algériens l'emmènent, ainsi que des prisonniers appartenant à la même compagnie de harkis. Les geôliers annoncent qu'un détenu sera exécuté par village.

– Par bonheur, ils ne donneront pas suite à leur macabre projet.

Tebri et ses camarades sont condamnés aux travaux forcés. Après un mois d'un régime inhumain, on le transfère avec ses amis au camp de M'Bnimoura, puis à l'ancienne caserne de Biskra.

– C'était l'enfer.

Les harkis déchargent jour et nuit des wagons de sucre et de farine. On ne leur accorde qu'une heure ou deux de sommeil quotidiennement. Parfois ils sont conduits à l'oued Zdor, près de Biskra, où les gardiens égorgent des détenus français et maghrébins.

– Nous devions les enterrer. La majorité d'entre eux n'étaient pas encore morts. J'ai été obligé d'enterrer les quatre camarades qui avaient été faits prisonniers en même temps que moi. Pour leur mémoire, je veux citer leurs noms : Miloud Boudsema, Hamede Hamoud, Kalifa Liani, Larbi Liani.

Zine Tebri s'évade une première fois en juillet 1964.

– J'ai marché jour et nuit pour rejoindre mon village, El-Cotaya, où je suis resté trois jours caché. Le garde champêtre m'a dénoncé à la police du FLN. Je me suis retrouvé à Biskra.

Le 2 avril 1965, la seconde évasion est la bonne. Il rejoint le consulat de France à Batna, et la suite ressemble aux autres témoignages.

– Depuis, je souffre de traumatismes physiques et psychologiques. J'ai été opéré deux fois des genoux à cause des mauvais traitements. Un psychologue me suit car j'éprouve des difficultés à dormir. Je fais des cauchemars et dans la journée, sans raison apparente, je suis assailli par des crises d'angoisse. Tout empire quand un événement me rappelle cette période de violence. Un film, l'actualité ou un reportage à la télévision…

*

* *

Ce Kabyle est né en 1933. Il fait dix-huit mois de service militaire entre 1953 et 1954. Le FLN lui enjoint de payer un tribut à la cause révolutionnaire, ce qu'il refuse.

Pour échapper aux représailles, il signe un engagement avec l'armée française et intègre un bataillon d'infanterie alpine, pensant ainsi être en sécurité. Nommé sergent, il devient interprète d'un officier de renseignement.

En avril 1962, il est incorporé dans une force locale. Le lieutenant qui la dirige lui assure qu'il n'a rien à craindre ; selon les accords d'Évian, il gardera la nationalité française pendant trois ans au minimum. Le 2 juillet 1962, il part en permission dans sa famille.

– Le 22 juillet, j'étais assis devant ma maison avec mes trois enfants. Arrive un homme que je ne connaissais pas et qui me dit : « Vous êtes convoqué. On veut vous parler, vous allez venir avec moi. » Malgré mes craintes, je l'ai suivi.

Le témoin se retrouve enchaîné avec deux autres prisonniers. Puis on lui ligote les poignets et il est conduit à Dra-el-Mizan.

– Nous avons été tabassés pendant trois jours. Après ce calvaire, nous avons été chargés comme des animaux dans un camion.

Le camion s'arrête et les prisonniers marchent pendant quatre heures dans la forêt de Begasse, entre Palestro et Dra-el-Mizan. Le groupe atteint un poste isolé. Les séances de coups reprennent.

– Entre les coups, le gardien me demandait : « Combien de soldats du FLN as-tu tués ? » N'en pouvant plus de ce traitement, je l'ai supplié de m'achever. Il m'a répondu : « Non, il faut que tu souffres avant de mourir. »

Pieds et poignets entravés, le témoin participe durant des mois à la construction de la route à Tassiouine et de deux maisons pour officiers.

Le 16 octobre, on le conduit en camion au camp du Maréchal. Le témoin est obligé de traverser pieds nus un espace hérissé de morceaux de verre.

– Pas un seul prisonnier n'a été blessé. Ce qui prouve que la plante de nos pieds était devenue résistante à force de marcher jour et nuit sans chaussures.

Dans les chambres, pas de matelas sur les lits, les prisonniers dorment à même l'armature en fer. Le camp compte mille deux cents (!) prisonniers français et maghrébins. Des sections de soldats algériens tabassent les détenus pendant des heures.

– Avec le recul, j'ai compris quelque chose de curieux. Ils nous tabassaient parce que nous leur inspirions quelque chose qu'ils n'arrivaient pas à saisir complètement.

– Votre engagement dans l'armée française et votre fidélité à la France ?

– Oui. À force d'être tabassé, il n'y avait plus un centimètre de chair blanche sur mon corps. Les hématomes l'avaient bleui des pieds à la tête. Le 1er novembre, le jour de la fête de la Révolution, des gardes sont entrés dans la chambre. Ils avaient reçu l'ordre de m'abattre. Mais ils ne l'ont pas fait, en disant : « Non, il faut le faire souffrir encore, sinon il aura tout gagné. »

Les séances de torture reprennent. Les cheveux sont arrachés par poignées. Atteint de dysenterie, il défèque sous lui sans pouvoir se retenir.

– La sauvagerie était sans limite. Comment des hommes pouvaient-ils se comporter de cette façon sans motif véritable ? Un gardien m'a donné un coup de pioche à deux crocs dans le dos. Pendant cinq ans je n'ai pas pu m'asseoir.

Le témoin est transféré à la prison de Tizi-Ouzou. Dans l'établissement pénitentiaire, il connaît un léger répit. En effet, les gardiens sont français : ils n'ont pas encore été remplacés par des autochtones.

– M. Bellil, le surveillant-chef, était un brave type d'une grande gentillesse. Les gardiens français sont partis les uns après les autres. Ils rentraient tous en France.

Avec les nouveaux, des Algériens, l'enfer a recommencé.

Le témoin quitte la prison pour le camp d'Hussein-Dey. Il devient chauffeur. Les brimades ne s'arrêtent pas pour autant, mais son travail lui apporte du soulagement.

– Une fois, j'ai repéré le drapeau français flottant au-dessus du consulat. C'était décidé, je m'évaderais.

Un jour qu'il conduit des malades à l'infirmerie, il sent que le moment est venu ; il abandonne le camion avec sa cargaison humaine et se réfugie dans le consulat.

– J'avais tellement peur que les autres viennent me reprendre que j'étais incapable de parler normalement. Je hurlais pour dire mon nom ou ma date de naissance.

Sous escorte française, il est emmené à la gendarmerie de Bouzareah, où il est de nouveau incarcéré. Le sol des cellules trempe dans l'eau. Pour manger, ni fourchette, ni couteau. On se nourrit comme on peut, avec ses mains, à quatre pattes si les poignets sont entravés.

– Il fallait que je me montre patient. Je savais que des tractations avaient lieu entre le FLN, qui voulait me récupérer, et l'ambassadeur. Il voulait appliquer les accords d'Évian. Au bout d'une semaine, j'ai été conduit dans une autre prison dont j'ai oublié le nom. Deux colonels sont venus me voir. Un Français et un Algérien. La discussion entre les deux officiers était très vive. Le Français disait : « Il est citoyen français, en conséquence il doit rentrer en France avec sa famille. » Celui de l'ALN n'avait pas la même opinion.

Le 6 avril 1966, soit quatre ans après son arrestation, le harki est transporté dans une voiture de l'ambassade de France jusqu'au port d'Alger, où il peut embarquer pour la métropole. Le colonel qui était venu parler de sa situation dans sa cellule avec son homologue algérien a tout mis en œuvre pour qu'il soit libéré et que sa famille puisse le rejoindre au plus vite.

– Il s'est montré courageux en ne cédant pas devant le colonel de l'ALN. Je le remercie. Pendant des années j'ai eu des cauchemars. C'était toujours le même : le FLN ne voulait pas me laisser quitter l'Algérie.

*
*   *

Le témoin suivant, tout comme le précédent, est né en Grande-Kabylie, en 1934. Il appartient à une harka qui est désarmée et démobilisée en avril 1962 ; il touche ainsi une prime de mille cinq cents francs.

Il retourne dans son village.

Le 18 juillet 1962, à 20 h 45, trois agents du FLN dont le propre cousin du témoin – un ancien fellagha qui fut très actif – viennent le chercher.

– « On veut te parler », m'ont-ils dit. J'ai vu un camion plein de gens qui avaient les poignets attachés. Je leur ai répondu : « Quand on veut parler à quelqu'un, on ne lui attache pas les mains. »

Le témoin n'a pas le temps de poursuivre : les trois visiteurs le ceinturent.

– Ils m'ont pris mon portefeuille, ma montre, mes bagues, mes souliers et mes vêtements aussi.

Jeté dans le camion avec les autres occupants, il est conduit dans un camp militaire.

– Nous étions traités comme des sous-hommes. Le jeu favori d'un gardien était de nous faire danser à quatre pattes. Pendant mon séjour, sept harkis sont morts dans d'atroces souffrances.

Il se retrouve ensuite dans une ancienne école qui sert de prison. Les volets sont fermés jour et nuit. Pour toute nourriture, un morceau de pain de cent grammes par jour. Pas de toilettes, il faut ruser pour faire ses besoins. Pas de lavabo non plus.

Le témoin est transféré d'un camp à l'autre et termine son terrible trajet au camp du Maréchal, maintes fois cité dans d'autres témoignages.

– On nous donnait vingt petits pois pour deux. On comptait : pas un petit pois de plus !

Les détenus dorment à même les châlits, sans matelas. Quand un harki meurt, il faut attendre qu'il y ait un deuxième décès pour le déclarer, sinon les gardiens ne se déplacent pas.

– J'ai vu de mes yeux deux harkis, Ghasni Amar et Challal Larbi, être enterrés vivants.

La faim les tenaille ; pour la satisfaire, ils font cuire de l'herbe et des épluchures de pommes de terre.

– Le jeu des gardiens était de renverser la casserole où cuisait notre mixture.

L'apparition de blindés de l'armée française devant le camp redonne espoir aux prisonniers. Ils peuvent croire que leur libération est proche.

– Les blindés sont repartis et nous sommes restés avec notre malheur.

D'après ce témoin, au mois de novembre 1962, de Gaulle aurait demandé aux autorités algériennes – par l'intermédiaire de la Croix-Rouge internationale – de faire libérer les harkis se trouvant au camp du Maréchal et de les transférer à la prison de Maison-Carrée. Je n'ai trouvé aucune information de ce genre dans les archives. Cela dit, le transfert a bien lieu puisque, pendant le voyage, les gardiens ont obligé huit détenus à sauter du camion en marche. Les malheureux sont morts en heurtant le sol.

À Maison-Carrée, l'administration est alors sur le pied de guerre, car la Croix-Rouge doit effectuer une visite.

– Nous étions si maigres (je pesais trente kilos) que le directeur a décidé de nous bourrer de vitamines. Nous gonflions, mais nous ne grossissions pas. Nous ressemblions à des animaux que l'on prépare pour les abattoirs. Chaque jour le directeur venait nous faire la leçon. Devant les émissaires de la Croix-Rouge, interdiction de dire comment nous vivions. Pour celui qui aurait parlé, la mort était la sanction. Nous étions cinq mille détenus [!]. Pas un seul n'a osé parler.

De nouvelles pérégrinations conduisent le témoin d'un camp à une prison et inversement. Il est enfin libéré le 2 juillet 1967, soit cinq ans après son arrestation.

Il s'est installé en France, où il vit toujours.

– La France nous a oubliés. De Gaulle nous a trahis, les accords d'Évian, ce n'est rien. Malgré tout, je suis fier d'être français.

*

* *

Un samedi du mois de mai 1962, André Aussignac sort de la caserne de Maison-Carrée pour acheter des cigarettes. Des coups de feu éclatent. Il plonge au sol et tente d'échapper à la fusillade. Les tireurs sont quatre hommes, deux Algériens et deux Allemands, en tenue léopard de parachutistes.

– *Que faisaient ces Allemands avec les Algériens ?*

– Je ne l'ai jamais su. Selon moi, c'étaient des déserteurs de la Légion. Ils encadraient les types du FLN.

– *Plus tard, les avez-vous revus ?*

– Oui.

André Aussignac est encerclé, ainsi qu'une dizaine de civils, et tous subissent le même sort : poignets liés avec du fil de fer. Ensuite, les soldats les poussent vers un camion bâché qui attend sa cargaison humaine.

– Dans le camion il n'y avait que des Européens, de tout âge. Ceux qui rouspétaient ou voulaient se rebiffer étaient frappés au visage à coups de crosse.

– *Vous-même, avez-vous été frappé ?*

– Oui.

– *Avez-vous vu des femmes parmi les personnes arrêtées ?*

– Non, il n'y avait que des hommes.

Le camion roule durant de longues heures et finit par s'immobiliser devant une briqueterie perdue en pleine nature. Les prisonniers sont dirigés vers les immenses fours.

– J'ai été surpris de m'apercevoir que le four dans lequel ils m'ont fait entrer était occupé par d'autres personnes. Uniquement des civils.

– *Est-ce que l'on vous avait délié les poignets ?*

– Non.

Dans le four, les soldats du FLN font entrer soixante-deux prisonniers.

– Pour tenir, il fallait qu'une partie des personnes présentes s'allongent sur le sol. Les autres devaient rester debout.

– *Si l'envie d'uriner vous prenait, les gardiens vous faisaient-ils sortir ?*

– Non. On urinait dans le pantalon.

– *Les soldats du FLN commettaient-ils des actes de violence envers les détenus ?*

– On recevait des coups de pied ou des crachats. Ils disaient : « Vous êtes des Français, on vous aura. » À moi, ils m'ont demandé combien d'Arabes j'avais tués. J'ai préféré me taire. Pourtant, l'envie de leur parler de cet adolescent algérien découvert avec des camarades quelques jours auparavant me démangeait, afin de leur montrer que la violence sévissait dans les deux camps.

– *Racontez...*

– Les gens du FLN lui avaient cousu les couilles dans la bouche, et l'avaient pendu par les pieds. Quand nous l'avons trouvé, il était encore vivant.

Les portes du four sont verrouillées. C'est le noir complet.

Les prisonniers essaient de trouver une raison, un mobile à leur arrestation. En vain. À mesure que passent les heures, la fatigue, la soif, la faim, l'angoisse et l'inconfort en déboussolent plus d'un.

– Certains pleuraient, d'autres se tapaient la tête contre le mur. Ma trouille, c'était que les soldats allument le four.

À l'issue d'une journée et d'une nuit, les gardiens les font sortir. Dans le même camion bâché qu'à l'aller, les prisonniers sont conduits vers une nouvelle destination.

– Nous avons roulé pendant des heures. À l'endroit où nous sommes arrivés, nos liens ont été défaits. L'ordre nous a été donné de nous déshabiller. Nous n'avions le droit de conserver que le slip, le tricot de peau et les chaussettes.

Évidemment, portefeuille, montre et autres objets sont confisqués. André Aussignac, à moitié nu, parcourt six kilomètres.

– L'épuisement se faisait sentir, en particulier chez les hommes âgés. Ceux qui ne pouvaient plus suivre, ou qui ne le voulaient plus, étaient abattus d'une balle dans la tête. J'ai voulu soutenir un type épuisé : le coup que j'ai reçu dans les côtes m'en a dissuadé.

– *Combien de personnes ont été tuées ?*

– Trois, à ma connaissance. L'un d'entre eux, un dénommé Perez, m'avait dit qu'il travaillait chez Citroën, je l'ai enterré. Ça consistait à lui couvrir le corps de cailloux. Ces hommes s'inquiétaient plus pour leur famille que pour eux-mêmes. Ils étaient comme des automates. S'ils essayaient d'engager le dialogue avec les gardiens, pour toute réponse c'étaient des coups qu'ils recevaient.

Le groupe atteint l'entrée d'une mine d'où l'on extrait du minerai de fer. Dès son retour en France, André Aussignac a cherché à la localiser. Il suppose qu'il s'agit des mines de Zakar mais n'en a aucune certitude. On donne à chaque détenu une pioche dont le manche a été scié. C'est plus pratique pour creuser la terre, à ce qu'il paraît…

En descendant dans la mine, André Aussignac plonge dans un enfer. Privé de la lumière du jour, tout comme les autres détenus, il perd ses repères. Le travail est interrompu selon la bonne volonté des gardiens. Les forçats dorment dans une sorte d'enclos à même le sol. C'est à cet endroit également que la nourriture est servie : une poignée de semoule dans un journal.

– C'était un journal imprimé en arabe, précise avec une ironie douloureuse André Aussignac.

S'il avait été en français, au moins aurait-il pu avoir des nouvelles de l'extérieur.

– Avez-vous vu des hommes se révolter ?

– Oui. Ils étaient alors tabassés à mort ou carrément tués. J'ai vu un type se suicider. Il a planté sa pioche dans la terre, et il s'est laissé tomber sur l'autre pic. Il a eu la poitrine traversée. Encore aujourd'hui, j'en ai des frissons.

– Qu'est devenu le corps ?

– Les gardiens l'ont chargé dans une benne, et ils l'ont emporté à l'extérieur de la mine.

Les prisonniers déshydratés n'ont pas d'autre choix que d'éponger avec leurs chaussettes les ruisselets d'eau suintant des parois, ou de boire leur urine.

– On urinait dans le creux de la main, et on buvait…

L'homme perd tout contrôle de lui-même. L'animal en lui se réveille. Des bagarres éclatent autour du journal où repose la maigre pitance des prisonniers.

– J'ai essayé de les raisonner, mais ce n'était guère facile. Ce qu'ils vivaient les rendait fous.

– Et vous, à quoi vous accrochiez-vous pour ne pas sombrer dans la démence à votre tour ?

– Tout faire pour ne pas mourir. M'évader à la première occasion…

L'occasion se présente. André Aussignac découvre plusieurs galeries. Il repère notamment un étroit boyau où, au loin, danse une lumière. En rampant, il s'y engage. Le voici à l'air libre. Mais il est attendu par les gardiens. Tels des vautours, ils fondent sur lui.

– À l'aide de leurs matraques, ils m'ont tapé dessus pendant des heures. Ensuite, quand ils en ont eu marre de cogner, ils m'ont redescendu. Pendant une journée, je suis resté les mains attachées aux jambes. Les copains me donnaient un peu de semoule.

Le temps de la punition étant terminé, André Aussignac reprend sa pioche et rejoint les autres détenus.

Un jour, branle-bas de combat : on annonce la visite d'un ministre du gouvernement algérien.

– Que venait-il faire ?

– Je ne l'ai pas su.

– Le ministre est arrivé en costume cravate ?

– Non, il était en tenue kaki. Je me reposais. Il m'a balancé un coup de pied dans la figure. Je ne l'ai jamais oublié, celui-là.

Pour sa deuxième tentative d'évasion, Aussignac choisit un autre stratagème. Il se coule sous un wagonnet.

– Ce à quoi je n'avais pas pensé, c'est que le chariot, en arrivant devant le concasseur, devait se renverser. Les gardiens m'ont aussitôt repéré.

– L'idée ne vous est-elle pas venue de sauter avant d'arriver au concasseur ?

– Je n'y ai pas pensé, et puis je n'avais aucune visibilité.

– La sanction a dû être terrible…

– Ils m'ont attaché les jambes, et ils ont tapé comme des sourds pendant des heures. Jugeant que ce n'était pas suffisant, ils m'ont arraché les ongles des orteils. Le premier ongle, je l'ai senti. Pour le second, je me suis évanoui. Mais ce n'était pas terminé. Ils m'ont tapé sur les chevilles, jusqu'à faire éclater les os. Comme vous pouvez le constater, je porte une chaussure orthopédique. Avec leurs conneries, je marche comme un canard, et j'ai une jambe plus courte que l'autre. Ça m'a déclenché des crises d'eczéma que les médecins n'arrivent pas à guérir. Si vous saviez le nombre de médicaments que je prends chaque jour !

André Aussignac est reconduit dans la mine et contraint de reprendre place parmi les bagnards. Les coups reçus et les ongles arrachés le font horriblement souffrir, et toute station debout lui est insupportable. Ses jambes sont couvertes de plaies.

– Lorsqu'un copain mourait, on récupérait ses chaussettes, son slip et son tricot de peau. Nous les découpions en bandelettes avec nos dents – nous n'avions pas de ciseaux – et nous en faisions des pansements.

Les coups ne semblent pas contenter les gardiens. Ils viennent chercher André et le remontent à la surface. Là, ils le collent contre un mur. Cinq gardiens armés d'un fusil l'attendent.

– Quand j'ai compris que c'était fini, je vais vous faire un aveu : j'ai fait sous moi.

Feu ! Mais pas une balle ne s'échappe du canon des fusils.

– C'était un simulacre. Regardez : quarante ans après, j'en frisonne encore.

La troisième évasion est la bonne. Aussignac parvient à se glisser dans une benne et à se dissimuler parmi les blocs de minerai. Devant le concasseur, il se laisse glisser à l'intérieur.

– Les dents énormes broyaient les morceaux de minerai. Il fallait agir vite, sinon je risquais d'être réduit en bouillie.

Comment m'y suis-je pris ? Je ne m'en souviens pas avec précision. J'ai dû accrocher mes doigts à la plus petite aspérité de la paroi. Enfin, l'important était de passer de l'autre côté. En dépit de mes chevilles brisées et de mes pieds abîmés, je me suis mis à courir aussi vite que je le pouvais. Les blessures me faisaient hurler de douleur, mais je résistais. À l'idée qu'ils pouvaient me reprendre, je crois que j'aurais été capable de marcher sur les mains ou sur les genoux. Dans mon dos j'ai entendu des coups de feu, et puis plus rien. Le silence.

Et la liberté. Enfin !

Il puise au fond de lui ce qui lui reste de courage, se veut sourd aux douleurs qui hurlent dans son corps meurtri. L'important est de marcher, marcher encore. Il ne sait où il va, ignore si la direction qu'il emprunte est la bonne. Qu'importe ? Ce qu'il veut, c'est mettre la plus grande distance entre lui et ses tortionnaires.

Titubant, la vue brouillée par tant de clarté après six mois passés dans le noir, il s'effondre dans un fossé où il s'endort, foudroyé par l'épuisement.

La chance prend le visage d'un couple. Avant de sombrer dans le fossé, André Aussignac a arraché une orange à la branche d'un oranger ; il l'a dévorée sans enlever la peau tant la soif lui brûlait la gorge. Un couple d'Européens était présent à ce moment-là dans l'orangeraie. L'allure du jeune Français les a alertés. Ils se sont portés à son secours.

En cachette, André est emmené en voiture à Alger. Le couple soigne ses blessures et le fait voyager clandestinement sur un bateau.

– *Ce couple était-il pied-noir ?*

– Oui.

– *Sur le bateau, vous avez dû commencer à respirer ?*

– Non. Je craignais que les autres me retrouvent. Même en France, cette peur m'a poursuivi pendant des années.

André Aussignac se fait démobiliser et prépare aussitôt son mariage. Mais le matin de ses noces, un nouveau cauchemar commence. Deux gendarmes lui font savoir que l'administration militaire le considère comme déserteur. Menottes aux poignets, il passe une nuit dans la cellule de la gendarmerie. Puis il est incarcéré au fort du Hâ, près de Bordeaux. Deux agents de la DST[1] lui rendent visite, ils veulent entendre son histoire. En dépit de l'horreur que son expérience lui inspire et des cauchemars qu'elle remorque – sentant qu'il joue une nouvelle fois sa liberté –, l'ancien détenu raconte tout par le détail.

– Ils m'ont écouté, et quand j'ai eu fini les agents m'ont dit avec calme : « Vous mentez. Il n'y a jamais eu de prisonniers français en Algérie. »

Cependant, par suite des mauvais traitements qu'il a subis, André Aussignac doit être hospitalisé. Il est admis à l'hôpital à Bordeaux.

– J'étais en semi-liberté. C'est-à-dire que des soldats me gardaient jour et nuit. Je ne pouvais voir ma femme qu'au travers d'une grille.

Sorti de l'hôpital, il se précipite chez son ancien patron. Celui-ci refuse de le réembaucher sous un prétexte fallacieux.

– Il m'a annoncé que je faisais partie de la Défense nationale, et qu'en conséquence il ne voulait pas prendre de risque avec moi. Sur l'instant j'étais abasourdi, il m'a fallu des mois pour comprendre.

Il comprend en effet que la DST et les Renseignements généraux organisent une sorte de blocus économique autour de lui.

1. Direction de la sécurité du territoire.

– Leur stratégie était simple. En faisant pression sur mon ancien patron, et sur d'autres que je suis allé voir, ils étaient persuadés que je craquerais devant l'argent qu'ils me proposaient pour que je me taise. Je leur ai répondu qu'il n'était pas question que je la boucle. En Algérie, des Français continuaient d'être assassinés. À leur égard, je n'avais pas le droit de garder le silence. Pour cette raison, mes conférences de presse étaient toujours clandestines. Les amis qui organisaient mes réunions avec les journalistes jouaient au chat et à la souris avec la police.

– *On peut malheureusement dire que votre travail d'information n'a pas servi à grand-chose...*

– C'est vrai, puisque le sort des prisonniers français en Algérie est resté un sujet tabou pour les autorités.

La pression de la police finit par se relâcher. Dès lors, André Aussignac peut envisager de vivre... Mais comment vit-on avec, enfouies au fond de soi, des images aussi traumatisantes ?

– Mal. D'abord ma claudication me rappelle à chaque instant ce que j'ai vécu. Les douleurs dans mon corps sont aussi des rappels du passé. Mes nuits sont peuplées de cauchemars. Je hurle de peur. Je ne peux pas rester dans le noir. La sirène des pompiers me donne des angoisses. Si l'on marche trop près de moi, je ne me sens pas à l'aise. Je m'écarte et laisse passer la personne. D'après ma famille, j'ai changé. Je suis devenu aigri, méchant et irascible. Je n'y peux rien. Je suis comme ce prisonnier que vous avez interrogé et qui vous a déclaré : « Je donnerais n'importe quoi pour que les images qui sont dans ma tête disparaissent. » Eh bien, je suis dans le même cas. Vous m'avez appris que les anciens d'Algérie, dans une grande majorité, sont devenus racistes envers les Arabes. Moi, je ne suis pas raciste : j'en ai peur !

– *Avez-vous raconté votre histoire à votre femme ?*

– La première s'est trouvée mêlée à mes histoires contre son gré. La deuxième, je les lui ai racontées avec la crainte qu'elle me reproche de trop lui en parler. La troisième en connaît seulement des bribes.

– *Et vos enfants ?*

– Ils s'en foutent !

– *Qu'attendez-vous des autorités françaises ?*

– Qu'elles rendent leur dignité aux Français qui ont été faits prisonniers par le FLN en les reconnaissant en tant que tels. Que les politiques aient le courage de dire qu'après le 19 mars 1962 les pouvoirs publics ont laissé assassiner des Français. Enfin, que l'administration cesse de trouver mille raisons, depuis quarante ans, pour nous refuser les indemnités auxquelles nous avons droit.

– Enquête 11 –

LES DISPARUS

Après le cessez-le-feu du 19 mars 1962, l'Algérie plonge dans le chaos et devient un champ d'action où n'importe qui peut enlever, séquestrer ou assassiner. Parfois le FLN et l'OAS visent les mêmes cibles ; un attentat peut être perpétré par l'une des organisations ou par la police parallèle, mise en place par de Gaulle, que les gens nomment les « barbouzes » sans qu'il soit possible d'en discerner le rôle. Des Français sont jetés en prison pour la seule raison qu'ils revendiquent leur attachement à l'Algérie française.

L'expression « Algérie française » a d'ailleurs pris un sens péjoratif. Il convient pourtant d'en restituer la véritable signification. N'étant pas né en Algérie, je pense avoir pris suffisamment de recul pour expliquer qu'être favorable à l'Algérie française signifiait que l'on était attaché – dans tous les sens du mot – à cette province en tant que région composant l'État français.

Dans cette période transitoire qui va de la fin du colonat à la proclamation de l'indépendance, pour les Européens l'armée n'est plus un rempart, ni même une protection. La journaliste Geneviève de Ternant rappelle cette étrange situation. « Consignées en ville dans les casernes, les troupes françaises ne sont plus considérées comme étant sur le territoire national mais stationnées à l'étranger. Elles ne peuvent intervenir que dans le cas où les autorités algériennes leur en donneraient l'autorisation. »

Ainsi l'on tue, enlève et assassine à deux pas d'un militaire français qui garde l'arme au pied...

Les officiers et les hommes de troupe comme les civils sont arrêtés à n'importe quelle heure de la journée et sous les prétextes les plus futiles. Ces enlèvements, dont le rythme s'accélère, atteignent très vite un chiffre alarmant. Le FLN est responsable de la situation. Ses cadres, obsédés par l'activisme de l'OAS, veulent éradiquer des rangs de l'armée française et de la population civile tout ce qui s'y apparente, sans se soucier des moyens employés. Nous verrons même, plus loin, comment le gouvernement français a utilisé la lutte contre l'OAS pour justifier certaines de ses lâchetés les moins reluisantes.

Parce qu'il héberge à son domicile un camarade dont il découvre le passé douteux, Philippe Nouvion est enlevé le 21 juillet 1962.

– Ils m'ont passé les menottes et emmené au commissariat central d'Alger. Je précise que c'étaient des Algériens. Dans la cellule où on m'a fait entrer se trouvaient soixante hommes.

– Avez-vous cherché à savoir la raison de votre arrestation ?

– Bien entendu. Il m'a été répondu que cela ne me regardait pas... J'avais été arrêté et emprisonné, mais cela ne me regardait pas ! Les interrogatoires ont commencé avec la nuit.

– Avez-vous été torturé ?

– À raison de deux ou trois fois par jour. C'étaient des raclées épouvantables et la gégène sur les testicules, les mains, les pieds. Depuis j'ai de gros problèmes neurologiques, parce que avec le temps ça se dégrade. Je suis resté quatre jours sans manger ni boire.

– *Que vous voulait-on ?*

– Savoir qui était ce Michel Pierre, le type que j'avais hébergé sur la demande d'un copain de régiment. Qu'était-il devenu ? Franchement, je n'en savais rien. Je ne faisais pas partie de l'OAS, j'avais à m'occuper de notre exploitation viticole après l'assassinat de mon père, c'était là mon unique préoccupation. Entre chaque séance de torture, j'écrivais toujours la même déclaration sur une vieille machine à écrire. Au bout d'une semaine de ce traitement, j'allais de plus en plus mal, alors ils ont fini par me libérer. Avant de quitter le commissariat, je leur ai demandé un certificat prouvant mon arrestation et ma relaxe. Ils me l'ont fait sans opposer la moindre résistance.

L'apocalypse est atteinte à Oran le 5 juillet 1962, jour de l'Indépendance. Des meutes armées de femmes et d'hommes investissent la ville vers 11 heures du matin, se ruent dans les immeubles, défoncent les portes des appartements et tuent, égorgent, éventrent tout ce qui ressemble à un Européen. Personne n'est épargné, ni les femmes ni les enfants. Au fil des heures, les cadavres jonchent les trottoirs. Toutes les forces françaises de sécurité et de protection – police, gendarmerie, gardes mobiles et unités de l'armée – sont absentes. Les militaires consignés dans les casernes ont reçu l'ordre de ne pas intervenir. Comment ont-ils pu vivre cette journée du 5 juillet avec les hurlements des Français que l'on assassinait et dont ils devaient entendre les appels de détresse ?

Des militaires et des civils français sont arrêtés ou enlevés et disparaissent. Depuis quarante ans, les familles des personnes disparues frappent à toutes les portes de la République. Elles veulent connaître les vrais mobiles de l'enlèvement, le lieu de détention, les circonstances de la mort, et récupérer les corps. Vingt-cinq mille familles sont dans ce cas. Leur souffrance est immense ; impossible pour elles de faire le deuil de l'être cher qu'on leur a volé, et le silence que le pouvoir leur oppose depuis quatre décennies est perçu comme un second assassinat. Lui aussi de sang-froid.

*
* *

Le capitaine Raymond Bouchemal est né le 4 mars 1922 à Digne, d'un père algérien naturalisé français (puisque gendarme mobile) et d'une mère française. Il est catholique pratiquant. Engagé volontaire en 1944, il participe comme sous-officier dans les rangs des Forces françaises de l'intérieur à la libération du territoire et reçoit pour ses faits d'armes la Croix de guerre. Admis en 1946 à l'ESMIA[1] de Coëtquidan, il en sort le 11 janvier 1948 avec le grade de sous-lieutenant. Dès sa sortie de l'école, pendant trois ans il sert en Extrême-Orient, puis rejoint le 18e régiment de transmissions à Épinal. Volontaire pour servir en Algérie, où il ne s'est jamais rendu, il est affecté en avril 1956 au Service des affaires algériennes et se trouve placé à la tête de la SAS[2] de Tassala, dans le Nord-Constantinois.

Dans ses fonctions de chef de la SAS, Raymond Bouchemal manifeste un sens profond de l'humain, ce qui lui vaut d'être estimé de ses administrés, sur lesquels il se penche avec un inlassable dévouement.

Le 5 juin 1958, Bouchemal effectue une opération de contrôle dans la région. À 6 h 30, en compagnie de vingt-

1. École supérieure militaire interarmées.
2. Section administrative spécialisée. Voir Annexe 3.

cinq hommes, il quitte sa base. À 10 h 30, la compagnie tombe dans une embuscade. Le bilan est lourd. Quatre tués. Bouchemal est enlevé ainsi que quatre harkis, et un gendarme est porté disparu.

Odette, l'épouse du capitaine Bouchemal, est prévenue par le maire du village où elle réside.

– Il avait reçu un télégramme de la gendarmerie de Troyes.

L'effondrement est total. La jeune femme n'arrive pas à y croire et vit l'annonce de la disparition de son mari dans une sorte d'irréalité.

– Disparu, cela ne voulait rien dire et tout dire en même temps.

La lettre que lui envoie le commandant Demain, chef direct de son époux, lui donne à croire que le capitaine est prisonnier du FLN. « Mais les informateurs que j'ai lancés sur sa piste [*du capitaine Bouchemal*] n'ont rien pu savoir. J'ai l'impression que les fellaghas ont fait sur lui un black-out temporaire. Je sais seulement qu'il a été aperçu à deux reprises, au moment où il se rendait avec d'autres prisonniers français à la corvée d'eau située tout près du lieu d'incarcération. »

Le 26 août 1958, un autre courrier de Demain indique que le capitaine « aurait été transféré dans la région d'El-Milia, au nord-est de Mila ».

Nouvelle lettre du commandant, en date 6 avril 1959, qui apporte la précision suivante : « Bouchemal aurait été vu dans une mechta des Ouled-Askeur à une quinzaine de kilomètres à vol d'oiseau de Tassala. » Rappelons que Tassala est le lieu de sa nomination à la tête de la SAS.

Le 29 décembre 1960, un dernier courrier avance deux hypothèses. « Vraisemblablement captif jusqu'en avril 1959, le capitaine Bouchemal aurait quitté la région des Ouled-Askeur pour être dirigé à deux reprises vers la frontière tunisienne, que le convoi, pour des raisons restées inexpliquées, n'aurait pas pu franchir. L'ambassade de France en Tunisie aurait signalé la présence de votre mari dans un camp du FLN. »

Au fil du temps, les invraisemblances et les informations contradictoires apparaissent à Odette Bouchemal. Elle veut connaître la vérité et se lance dans le combat.

– Mon mari n'ayant pas été remis aux autorités françaises conformément aux accords d'Évian a donc été officiellement porté disparu et déclaré décédé le jour de l'enlèvement, le 5 juin 1958, par un jugement rendu le 18 avril 1963 par le tribunal de grande instance de Troyes.

Le ministère des Armées, 7e bureau d'état civil, dans une lettre du 21 novembre 1963, apporte des informations rédigées au conditionnel sur « le décès probable du capitaine en captivité [*qui*] aurait été jugé par un tribunal du FLN et exécuté ».

– Suite à une demande de ma part, on m'a répondu que la réglementation en vigueur n'autorisait pas à communiquer une photocopie des documents à partir desquels a été rendu le jugement déclaratif du décès de mon mari.

Du même ministère, une autre lettre datée du 31 décembre 1963 laisse supposer que le décès serait survenu entre avril et juin 1959.

Un courrier du ministère de la Défense daté du 18 mai 2000 informe que Radio-Tunis, dans l'émission « La voix de l'Algérie arabe », le 28 juillet 1958 à 20 heures, a annoncé l'exécution de Bouchemal ; il aurait été jugé par un tribunal et condamné à mort.

Une lettre du ministère des Affaires étrangères en date du 31 mai 2000 confirme que le capitaine Bouchemal a bien été capturé le 5 juin 1958 à dix kilomètres au nord de Rouached, près de Mila. La lecture des extraits du compte rendu d'activité rédigé par le sous-chef Charles

Clair concernant la semaine du 8 au 15 juin 1958 nous apprend que Bouchemal aurait été gardé en compagnie de harkis prisonniers comme lui au marquez (site militaire) de Si-Turki, et qu'il aurait été vu par les habitants du douar.

Selon d'autres sources fournies par un informateur non identifié, les fellaghas songeaient à un éventuel échange entre le capitaine et Si Nouar, un officier algérien fait prisonnier par les Français dans les Aurès au début de l'année 1957.

Mais on apprend aussi que Bouchemal aurait été vu vers Bou-Daoud, fortement escorté dans la direction d'El-Milia. Les rebelles auraient fait savoir leur intention de le juger, car une liste où figuraient cent cinquante noms aurait été trouvée sur lui.

Un renseignement de source protégée en date du 24 juillet – l'année n'est pas précisée – affirme que l'officier a été jugé et exécuté par les rebelles de la Wilaya 2, dans la région d'El-Milia. Exécution annoncée par Radio-Tunis le 28 juillet 1958, et qui a été confirmée par des déclarations de prisonniers français libérés en juin 1959.

Au milieu de tous ces éléments contradictoires, qui est en mesure de donner la date réelle de l'exécution du capitaine Raymond Bouchemal ? Le 5 juin 1958 ? Le 25 juin 1958, date à laquelle il aurait été aperçu au grand PC des Ouled-Askeur ?

Bien que l'année ne soit pas précisée, on apprend par ailleurs que c'est un 8 juillet que l'exécution aurait eu lieu par les rebelles de la Wilaya 2 dans la région d'El-Milia. Cependant, le prisonnier a été aperçu à deux reprises, le 27 juillet 1958, puis à nouveau le 26 août 1958, lors de son transfert dans la région d'El-Milia, et une fois encore le 6 avril 1959, à une quinzaine de kilomètres de Tassala, à la mechta des Ouled-Askeur, dans le Nord-Constantinois.

Rappelons pour terminer le tableau des contradictions que, le 21 décembre 1963, le ministère des Armées écrivait à Mme Bouchemal : « J'ai le regret de vous faire connaître que je ne suis pas en mesure de vous fournir des précisions sur la date réelle du décès de votre mari. »

Que signifient les différentes dates de décès avancées par les ministères ? Incompétence, ou volonté de dissimulation ?

Depuis des années, Odette Bouchemal ne cesse d'effectuer des démarches afin de recueillir des informations susceptibles de mettre un terme à la valse des dates concernant la mort de son mari. Dans le courant de l'année 2001, elle établit une demande de dérogation pour consulter le dossier administratif du capitaine auprès du Service historique de l'armée de terre à Vincennes, le SHAT. Par un courrier du 9 novembre 2001 émanant du ministère de la Défense, l'autorisation lui est enfin accordée. Elle se rend au château de Vincennes.

– Le dossier était très mince et ne comportait pour l'essentiel qu'un long relevé de sa carrière et des notes d'appréciation de ses supérieurs. Le journal de marche de l'embuscade était joint. Au moment où j'ai remis le dossier au fonctionnaire qui me l'avait confié, celui-ci m'a dit : « C'est terminé ? » Par le ton avec lequel il m'a posé la question, j'ai compris qu'il se demandait si j'avais l'intention de revenir. Je lui ai répondu : « Je reviendrai, le dossier n'est pas complet. » Le procès-verbal nécessaire à l'attribution d'une pension manquait. A-t-il été retiré volontairement ? En revanche, dans le dossier se trouvait le justificatif de l'envoi de ce document au service liquidateur des pensions.

Lors de la deuxième visite, Mme Bouchemal s'aperçoit que des pièces qui ne figuraient pas auparavant dans le dossier sont présentes.

Elle décide d'utiliser une troisième fois l'autorisation qui lui a été accordée pour retourner au château de Vincennes. Mais, cette fois, elle se rend aux archives du Service historique des armées. Bien lui en prend : dans un dossier qu'elle feuillette, elle découvre un document relatif à la région de Tassala, où son époux a été en poste. Si la lecture de ce document éclaire des questions restées sans réponse elle fait naître cependant d'autres interrogations.

> Un renseignement de source protégée et de très bonne valeur du 24 juillet 1958 permet d'affirmer que l'officier [*Raymond Bouchemal*] a été exécuté par des rebelles de la Wilaya 2.
>
> Ce renseignement a été confirmé d'une part par une émission en arabe de Radio-Tunis le 28 juillet 1958, qui annonçait cette exécution. Le lieutenant [*il est promu capitaine quelques semaines après son enlèvement ; la promotion n'a rien à voir avec sa disparition, celle-ci étant prévue de longue date*] Bouchemal a été déclaré coupable de la castration de cent soixante hommes de la région d'El-Milia.
>
> D'autre part, selon les déclarations de prisonniers français libérés par les rebelles en juin 1959, Mlle Yvette Genestoux, Mlle Marie-Josée Serio et M. Roger Tobia, le lieutenant Bouchemal aurait été jugé par un tribunal rebelle et condamné à être égorgé en tant que traître. L'intéressé étant de descendance [*sic*] algérienne.
>
> Il ne semble donc y avoir aucun doute sur le sort qui a été réservé à cet officier.

Or une fiche technique se trouvait dans le même dossier, et l'officier supérieur auteur de cette fiche contredit totalement l'accusation de castration : « Il est à noter que Bouchemal n'a pas occupé de fonction dans la région d'El-Milia – lieu probable de l'exécution – en 1958. » Il semble clair que l'accusation est un faux grossier servant à justifier la condamnation. S'il n'y avait pas eu la liste, les rebelles auraient trouvé autre chose.

Odette Bouchemal apporte une utile précision.

– Il me paraît logique qu'il ait eu cette liste avec lui. Rappelez-vous que, le jour de l'embuscade, le capitaine faisait une opération de contrôle. Maintenant, pour en revenir au document, la nouvelle interrogation réside dans la liste des témoins.

Parmi ceux-ci se trouve Mlle Yvette Genestoux. Infirmière militaire, elle a été enlevée. Un article a paru en 1959 sur sa libération. Odette Bouchemal, se souvenant que la jeune femme figurait en qualité de témoin dans le document trouvé aux archives, est parvenue à trouver son adresse à Chamalières et lui a écrit.

– Je me disais qu'elle avait peut-être croisé mon mari dans l'un des camps de détention du FLN. Son enlèvement avait eu lieu dans région de l'embuscade... Dans une lettre, elle affirme qu'elle ne l'a jamais vu et qu'elle ne le connaît pas.

Mme Bouchemal ne s'est pas contentée de la réponse de l'infirmière. Elle l'a rencontrée dès 1959 à l'hôpital militaire de Lyon, où elle travaillait.

– Elle m'a reçue très gentiment. J'ai essayé de la faire parler sur ce qu'elle avait vu en général, je ne cherchais pas ouvertement des informations sur mon mari. « Je ne peux rien vous dire de ce que j'ai vu », a-t-elle indiqué. Plus tard, j'ai tenté de la joindre, suite aux récents documents que je venais de recevoir émanant de différents ministères. Elle était hospitalisée dans un centre médical. Sa cousine, qui était mon intermédiaire, m'a fait comprendre qu'elle n'était plus mentalement en mesure de me répondre.

Yvette Genestoux, infirmière militaire, est capturée le 5 décembre 1958 près de Djemilla, puis libérée le 9 juin 1959. Sur sa détention, on ne sait pas grand-chose. Comme les autres, liée par le fameux serment de ne rien révéler – par crainte d'infliger des représailles aux Français se trouvant toujours en captivité –, de retour parmi les siens, à Chamalières, elle n'a pas parlé.

Si le document trouvé par Odette Bouchemal lors de la troisième visite aux archives historiques des armées ouvre de nouvelles perspectives, il renvoie l'enquête à son point de départ. Comment Mlle Genestoux a-t-elle pu témoigner de l'exécution du capitaine Bouchemal, alors qu'elle avait écrit à son épouse après sa propre libération qu'elle ne le connaissait pas et qu'elle ne l'avait jamais rencontré ?

– À moins qu'il y ait eu une erreur dans la transcription des dates...

– Oui, peut-être. Mais il reste l'information de l'ambassadeur de France à Tunis. Il a signalé la présence de votre mari dans un camp situé sur le territoire tunisien. Dernièrement, j'ai appris que des prisonniers ont été emmenés en Libye...

– En ce qui concerne mon mari, cette éventualité n'a jamais été évoquée. J'ai reçu du courrier de ses supérieurs me donnant des informations sur sa détention jusqu'en 1960.

– Depuis l'annonce de la capture du capitaine, qu'est-ce qui vous a permis de tenir le coup ?

– L'espoir de son retour. Je l'ai attendu jusqu'en 1963. J'étais persuadée qu'il reviendrait. Mon engagement est venu après l'indépendance de l'Algérie. Je me suis sentie flouée par les responsables de la République. Plus simplement, les politiques m'ont trompée. Rien n'a été fait, entendez-vous, pour retrouver mon mari, ni d'ailleurs les autres Français retenus prisonniers ! Certes, des recherches ont été effectuées après l'embuscade, mais sans résultat. Les familles des disparus n'ont pas l'impression qu'un grand effort ait été entrepris sur le terrain. Jamais les autorités ne nous ont apporté des réponses claires et précises à nos interrogations. Connaître la vérité, c'est mon droit et mon devoir. Maintenant, permettez-moi de vous dire le fond de ma pensée. Mon mari a été envoyé dans l'un des secteurs les plus hostiles de l'Algérie, sachant qu'il était d'ascendance algérienne, avec toutes les conséquences qui pouvaient en découler. Sa capture me le confirme. Mais le plus révoltant, ce qui me fait très mal moralement et me blesse au plus profond de moi-même, ce sont les rumeurs sur son éventuelle désertion. Elles ont été rapportées dans un livre dont je m'interdis de citer le titre et l'auteur, afin de ne pas lui faire de publicité. Or rien n'a été fait pour contredire ces rumeurs, ni de la part de ses supérieurs, en dépit des éloges qu'ils lui ont adressés, ni sur le plan administratif. L'honneur de mon mari a été sali ainsi que celui de l'armée, et le nom que je suis fière de porter souillé par des ordures.

– *Faites-vous des cauchemars ?*

– Toujours le même. Nous sommes mariés et, un soir, je tombe dans un gouffre.

*

* *

Paul Banon est assassiné le 30 septembre 1959 à Berrouaghia. Jean-Paul, son fils, est assassiné le 31 mars 1961, à Le Guelta. Son autre fils, André, est enlevé le 8 mai 1962. Le père avait cinquante-sept ans, Jean-Paul vingt-huit et André vingt-neuf.

À cette famille cruellement touchée par le malheur, il faut ajouter deux cousins ; Maurice Noisel, habitant Nancy et faisant son service militaire, est enlevé au mois de juillet 1959. Sa voiture a été brûlée. Ses papiers d'identité seront retrouvés sur un fellagha. En revanche le jeune Français, lui, ne sera jamais retrouvé. L'autre cousin est Georges Trofimoff. Il a été assassiné.

Comment arrive-t-on à vivre avec une famille amputée ? J'ai interrogé Mme Anne-Marie Banon, à la fois fille de Paul et sœur de Jean-Paul comme d'André. Elle a d'abord tenu à me raconter comment la famille de son cousin Maurice Noisel a su que le jeune homme avait été assassiné.

– Des militaires ont attaqué une cache du FLN. Et, là, ils ont trouvé un petit carnet appartenant au chef. Figuraient les noms des personnes qu'il avait arrêtées ou enlevées. Le nom de mon cousin y était inscrit en phonétique, mais les dates correspondaient. C'est de cette manière que nous savons qu'il a été tué.

– *L'endroit où le corps a été enseveli y figurait-il ?*

– Hélas non.

Anne-Marie Banon évoque ensuite son frère Jean-Paul. Il a été assassiné dans une ferme qu'il exploitait. Le corps est mutilé, à tel point que les ouvriers musulmans ont refusé de le montrer à sa mère.

– Il était saccagé. Les gendarmes n'ont pas voulu aller le chercher, ils risquaient leur vie. Ils ont eu raison. Ce sont les ouvriers qui y sont allés. Au retour, ils disaient à ma mère : « Ne le regardez pas ! » Pour mon père ce fut plus simple, si j'ose dire. Les routes étaient ouvertes par des convois militaires. Comme il est parti une heure avant le passage des soldats, il est donc tombé sur un barrage qui ne lui était pas destiné. Lorsque l'armée est arrivée une heure plus tard, les fellaghas avaient disparu tandis que le mort gisait sur la route. Quant à mon frère André, il exploitait (en plus de la sienne) une ferme dans laquelle il se rendait une fois par mois. Quand il s'y rendait, il s'absentait en général pour une huitaine de jours. Le téléphone ne fonctionnait pas comme de nos jours. Sans nouvelles de lui au-delà du délai écoulé, nous avons alerté la gendarmerie. C'est ainsi que nous avons su qu'il avait été enlevé le 8 mai, mais les recherches n'ont commencé que le 15.

Comment reconstruire son existence ? Comment peut-on encore faire confiance aux autres lorsque des proches ont été assassinés ou enlevés sans raison ? La mère d'Anne-Marie Banon donne la direction à ses enfants. « Il faut continuer de vivre », leur enseigne-t-elle. Certes ! Mais comment le faire avec ces angoisses permanentes, et avec des inquiétudes que les autres ne comprennent pas toujours ? Ainsi Anne-Marie Banon ne se met-elle jamais au premier rang dans une salle de spectacle : elle craint d'être attaquée par surprise. Elle ne supporte pas les lieux vides, qui peuvent se révéler des pièges. Et elle redoute le passage du jour à la nuit.

– J'ai vécu pendant une année dans la propriété de l'un de mes frères. C'était souvent au crépuscule que les attaques avaient lieu. Un autre de mes problèmes : je ne supporte pas que mes enfants ou mon mari aient le moindre retard. S'ils n'arrivent pas à l'heure prévue, c'est la panique.

– *Vous craignez qu'ils soient enlevés ?*

– Oui. Je leur demande de téléphoner, je veux savoir. Ce trait anxieux m'a indiscutablement empêchée d'avancer. Cela a été un frein à des actions que je voulais mener…

Au cours de mon enquête, il m'est apparu évident que de nombreux témoins nés en Algérie ont dissimulé le lieu de leur naissance pendant des années. L'accueil déplorable que leur ont réservé les métropolitains en était la cause. Ils ne se croyaient pas acceptés. Le rejet était souvent banalisé par un train de contrevérités à l'égard desquelles ils ne se sentaient pas le courage de lutter. Repliés sur eux-mêmes, ils préféraient se taire et, à l'abri du regard des autres, tenter de cicatriser les plaies saignantes.

Mme Banon raconte.

– Le 1er septembre 1959, je prends mes fonctions d'institutrice dans une école en France quand mon père est assassiné. Je pars pour l'Algérie en catastrophe. Au bout de huit jours, je suis de retour. Une collègue me dit : « Où étais-tu ? » Je lui ai répondu que j'étais partie en Algérie, mon père ayant été assassiné. Elle m'a répondu : « Un colon de moins. » De ce jour, pendant des années, je n'ai plus jamais dit d'où je venais.

– Cette négation de votre origine, à laquelle les circonstances vous ont forcée, l'avez-vous vécue comme une souffrance ?

– Pendant quarante ans, cela m'a anesthésiée. J'ai vécu en moi. Mais vous savez, il n'y a pas que les métropolitains. Les Français d'Algérie qui n'ont pas connu la période de l'indépendance se sentent tout aussi gênés devant nos récits et nos malheurs. Je l'ai souvent remarqué : ils détournent la conversation.

La négation peut aussi venir des descendants. Mme Banon a écrit un texte sur sa vie d'institutrice en Algérie de 1956 à 1959. Elle l'a envoyé à ses enfants.

– Mes deux filles l'ont lu, et elles m'en ont un peu parlé. Mon fils ne m'a rien dit. Pas un mot.

– Peut être a-t-il besoin de plus de temps que ses sœurs avant de réagir. Et, maintenant, en 2002, comment vous définissez-vous ?

– Depuis très peu, je dis que je suis une Française d'Algérie.

*

*   *

François Le Merre, lieutenant de réserve, est né le 15 juillet 1927 à Cabourg (Calvados). Ingénieur agricole de formation, il disparaît officiellement le 24 avril 1962.

Une lettre écrite par le lieutenant-colonel Buirette de Verrières au colonel chef du personnel des Affaires algériennes, le 15 juin 1962, retrace le parcours de François Le Merre.

> Il a quitté La Fontaine à destination de Sétif le 24 avril 1962 à 7 h 30, à bord de son véhicule personnel : ID-19 immatriculée 934 AD 9F, accompagné du maréchal des logis-chef de gendarmerie Laleu qu'il a déposé à Vialar. Il a donc pris la route La Fontaine-Trézel-Burdeau-Victor Hugo-Vialar puis Téniet-el-Haad, au lieu de prendre directement, au départ de Victor-Hugo, la route de Téniet-el-Haad ; il a fait un crochet par Vialar pour y laisser son passager. En arrivant à Téniet-el-Haad il a été contrôlé par la gendarmerie locale. Il a précisé aux gendarmes qu'il se rendait à Sétif.

Plus loin, le lieutenant-colonel, tout en laissant percer ses interrogations sur la disparition de l'officier, indique qu'au départ de La Fontaine François Le Merre avait chargé sa voiture au maximum, « emportant, outre divers ustensiles de ménage, certains effets d'habillement appartenant à sa femme et à ses enfants ». François Le Merre est marié et père de quatre enfants.

Le 13 juillet 1962, le lieutenant-colonel Riaucou répond à un courrier que le père de François Le Merre, commandant de l'armée de terre à la retraite, lui a adressé à propos de la disparition de son fils. Le lieutenant-colonel indique qu'aucun élément nouveau n'est survenu dans l'enquête. Puis, dans le paragraphe suivant, il délivre une information essentielle, laquelle va constituer le point d'ancrage des futures recherches : « Cependant, un gendarme a affirmé l'avoir formellement reconnu le 30 avril 1962 vers 10 heures dans un café de Sétif. »

Que signifie l'écart de six jours constaté entre ce témoignage et la date officielle de la disparition de François Le Merre ? Si – comme l'atteste formellement le gendarme qui l'a reconnu à la terrasse du café Carbonel le 30 avril – la date du décès n'est pas le 24 avril, quand a-t-il disparu ?

Jean Le Merre, son frère cadet, est rentré en France en 1981 après un long séjour en Afrique. Également ingénieur agricole, il a mis volontairement une longue distance entre la France et lui, désapprouvant la manière dont de Gaulle s'est désengagé de l'Algérie. La douleur de la disparition de son frère, qu'il a gardée au fond de lui, s'est réveillée lorsqu'il a appris en 1992, par la presse, l'ouverture des archives de la guerre d'Algérie. Il a alors éprouvé l'envie d'enquêter sur la disparition de François. En dehors de la recherche de la vérité, son intention était de constituer un dossier destiné aux enfants de son frère.

Mais Jean Le Merre s'est vite rendu compte que l'annonce de l'ouverture des archives était un leurre. Les documents que le public peut consulter offrent peu d'intérêt.

– Ce que je voulais, c'était mettre le nez dans les dossiers des disparitions, des enlèvements, des détentions, des camps de prisonniers et des exactions. Or ces archives ne sont visibles que sur dérogation. Pour l'obtenir, celui qui en fait la demande doit s'armer de patience. Il va devoir traverser un maquis administratif dont il n'a pas la moindre idée.

Devant les difficultés énoncées par Jean Le Merre, nombreuses sont les familles de disparus qui, lassées par tant de démarches et de chausse-trapes administratives, ont fini par lâcher prise et abandonné les recherches. L'article 7 de la loi n° 79-18 sur les archives publiques du 3 janvier 1979 précise que :

> Le délai au-delà duquel les documents d'archives publiques peuvent être librement consultés est porté à :
>
> 1° Cent cinquante ans à compter de la date de naissance pour les documents comportant des renseignements individuels de caractère médical.
>
> 2° Cent vingt ans à compter de la date de naissance pour les dossiers personnels.

3° Cent ans à compter de la date de l'acte ou de la clôture du dossier pour les documents relatifs aux affaires portées devant les juridictions, y compris les décisions de grâce, pour les minutes et répertoires des notaires ainsi que pour les registres de l'état civil et de l'enregistrement.

4° Cent ans à compter de la date du recensement ou de l'enquête, pour les documents contenant des renseignements individuels ayant trait à la vie personnelle et familiale et, d'une manière générale, aux faits et comportements d'ordre privé, collectés dans le cadre des enquêtes statistiques des services publics.

5° Soixante ans à compter de la date de l'acte pour les documents qui contiennent des informations mettant en cause la vie privée ou intéressant la sûreté de l'État ou la Défense nationale, et dont la liste est fixée par décret en Conseil d'État.

La loi précise ensuite, à l'article 8, que :

Sous réserve, en ce qui concerne les minutes des notaires, des dispositions de l'article 23 de la loi du 25 ventôse an XI, l'administration des archives peut autoriser la consultation des documents d'archives publiques avant l'expiration des délais prévus aux articles 6, alinéas 3 et 7 de la présente loi.

Cette consultation n'est assortie d'aucune restriction, sauf disposition expresse de la décision administrative portant autorisation.

Par dérogation aux dispositions du premier alinéa du présent article, aucune autorisation ne peut être accordée aux fins de permettre la communication, avant l'expiration du délai légal de cent ans, des renseignements visés au 4° de l'article 7 de la présente loi.

Concernant des sujets aussi sensibles que la disparition d'individus, il semblerait humainement normal que l'accès aux dossiers soit facilité. Les familles ressentent ces difficultés comme un deuxième traumatisme après celui de la disparition de l'être cher.

*
*　*

Jean Le Merre, frère cadet de François, se lance maintenant dans le combat et reprend l'enquête à son début. Sur le papier, il reconstitue le trajet que François a emprunté. Il lance des avis de recherche dans la presse combattante et des revues d'associations de pieds-noirs, entretient une correspondance avec des familles qui sont dans la même situation. Il retrouve le gendarme qui a témoigné avoir aperçu l'officier à la terrasse du café Carbonel, à Sétif, six jours après sa disparition. Comme Mme Bouchemal, il ferraille avec les différents ministères afin d'obtenir l'autorisation de consulter le dossier administratif de François.

Le 26 janvier 2000, sur dérogation exceptionnelle, il est enfin autorisé à se rendre au château de Vincennes, à la division des recherches administratives et à la chancellerie du Service historique de l'armée de terre. Tout comme Mme Bouchemal, il constate que des pièces manquent dans le dossier, en particulier le procès-verbal de la disparition.

– Si seulement il y en a un, ironise-t-il.

Grâce à une nouvelle dérogation datée du 31 mai 2001, Jean Le Merre est autorisé une seconde fois à consulter des documents conservés au service historique de Vincennes. Mais cette consultation est seulement possible pour certains dossiers. Les autres, étant soumis au régime légal, ne sont pas communicables.

Malgré ce coup de frein, Jean Le Merre se rend encore une fois au château de Vincennes, où il ne trouve toujours pas trace du procès-verbal. Pour mettre la main sur le document, il s'adresse aux Archives nationales de la gendarmerie. Le colonel Bicail lui répond que le procès-verbal existe bel et bien et qu'il a été établi à La Fontaine (lieu d'où François Le Merre est parti), mais n'en garde pas trace dans les archives.

– Il sait que le procès-verbal existe, il connaît la date, mais il est dans l'impossibilité de me le communiquer car il ignore où il se trouve.

Au fort de Charenton, où sont entreposées d'autres archives de la gendarmerie, le général Philippot lui fait à peu près la même réponse que le colonel Bicail : « Oui, le procès-verbal existe. L'expédition archives de cette procédure n'a pas été découverte et a vraisemblablement été détruite sur place. »

Jean Le Merre s'adresse alors au ministère de l'Intérieur. En effet, les SAS dépendaient à la fois de l'Intérieur et de la Défense. Il écrit alors au ministère des Affaires étrangères ainsi qu'au ministère de la Justice, puisqu'il y a eu un jugement déclaratif de décès qui a décidé du décès officiel de son frère avec la mention « mort pour la France ».

Durant ces années, Jean Le Merre a ainsi pris contact avec les organismes suivants :

– Service historique de l'armée de terre.

– Ministère de la Défense.

– Ministère de la Défense, secrétariat général pour l'administration, bureau central d'archives administratives.

– Ministère de la Défense, direction de la fonction militaire et du personnel civil, service des pensions des armées.

– Gendarmerie nationale, centre administratif, dépôt des archives.

– Ministère de l'Emploi et de la Solidarité, service central des rapatriés, bureau des personnels des anciens services français en Algérie.

– Premier ministre, commission d'accès aux documents administratifs.

– Centre des archives d'Outre-Mer.
– Association des anciens des affaires algériennes.
– Souvenir des Français disparus en Algérie.
– Commission des ex-prisonniers français d'AFN (Afrique du Nord).
– Recours France.
– Union nationale des combattants (UNC).
– Secrétariat d'État à la Défense chargé des anciens combattants.
– ANFANOMA (Association nationale des Français d'Afrique du Nord, d'Outre-Mer et de leurs amis).
– Ministère des Affaires étrangères.
– Service historique de la gendarmerie nationale.
– Ministère de l'Intérieur.
– Ministère de la Justice.
– Centre historique des Archives nationales.
– Tribunal de grande instance.
– Centre des archives contemporaines.
– Office national des anciens combattants et victimes de guerre.
– Centre des archives diplomatiques.
– Cercle algérianiste.
– FNACA (Fédération nationale des anciens combattants d'Algérie, Maroc et Tunisie).

Pour croire à un retour possible de son frère, pendant des années Jean Le Merre s'est raconté une histoire simple.

– Connaissant François, je savais que la fin de l'Algérie n'était pas celle qu'il aurait souhaitée pour les deux peuples. Je me disais qu'il s'était peut-être expatrié, histoire d'y voir plus clair.

– *Selon vous, aurait-il eu une attirance pour l'OAS ?*

– Non. Mes parents ont contacté des gens de l'organisation. Ça n'a rien donné. De toute façon, mon histoire ne tenait pas debout. Comme il avait une femme et des enfants, il aurait fini par leur donner des nouvelles. Sur le terrain, la situation était embrouillée entre les Français, l'OAS, le FLN et le MNA [*Mouvement nationaliste algérien*], les barbouzes et les bandes incontrôlées, alors par qui a-t-il été pris ? À quel endroit ? Quel organisme a-t-il éventuellement rejoint ? Là aussi, mes suppositions ne tiennent pas. Encore une fois – pardon si je me répète –, il avait une famille, des parents, des frères et sœurs...

Que de questions, d'interrogations, de suppositions ! Combien de fois les témoins relisent-ils les documents administratifs ? Les dernières lettres, les derniers télégrammes, les dernières paroles échangées ? Jean et François se sont vus pour la dernière fois à Tizi-Ouzou, au mois d'août 1961. Depuis cette date, c'est le trou noir.

C'est un homme meurtri que j'ai quitté, mais combatif. Il veut connaître la vérité sur ce qui est arrivé à son frère. Et il veut comprendre...

– Oui, comprendre les raisons qui poussent les autorités à dissimuler la vérité.

*

* *

« L'armée occupa la ferme de mes parents, près d'Alger, pendant presque toute la durée de la guerre, témoigne Pierrette Gex[1]. Mon père parlait le kabyle et l'arabe, et servit d'interprète. Il joua à fond le plan de pacification du général de Gaulle, notamment en créant une école et un dispensaire à la ferme. À titre personnel, il aida les familles

1. Reproduction partielle d'un entretien qu'elle a accordé au magazine *Valeurs actuelles*.

martyrisées par le FLN et les veuves des maquisards restées seules, et il construisit des maisons pour les ouvriers. Il était responsable du groupe d'autodéfense de la ferme, rattaché hiérarchiquement à la SAS, et administrait le village de regroupement situé en contrebas de la ferme.

» Le 23 avril, les derniers militaires quittèrent la ferme. Le 4 mai, les gendarmes vinrent chercher les trois fusils de chasse de mon père. Vers le 5 juin, des camions évacuèrent les harkis, leurs familles et les civils qui le voulaient. Le 10 juillet, mon père perdit tout espoir de cohabitation avec le nouveau pouvoir : la récolte de blé fut "enlevée" par l'ALN.

» Le 17 juillet, M. P., un gendarme, ami proche de mon père, s'entendit dire par le chef de la brigade que mon père avait téléphoné : "Il voulait te parler, c'était urgent... Tu fais comme tu veux, mais tu sais qu'il nous est interdit de sortir." Du camp militaire français de Béni-Amram, on entendit des rafales venant de notre ferme. Les militaires étaient prêts à riposter, mais il leur fut interdit de le faire. Selon un témoin, mon père demanda aux assaillants d'épargner la vie de sa femme. Ils refusèrent. Il se défendit grâce à un pistolet-mitrailleur que lui avait laissé un officier de la SAS. Après leur mort, un ouvrier fut contraint de creuser un trou pour enterrer les corps de mes parents. Un autre ouvrier qui faisait partie des agresseurs prit le commandement de la ferme. "On avait dit à ton père et au capitaine que ce type était du FLN, mais il ne nous avait pas crus", me dira ce témoin.

» J'étais à Paris lorsque j'ai appris l'enlèvement de mes parents, le 9 juillet. La sœur de mon père tenta de multiples démarches auprès des autorités algériennes et françaises. La seule information explicite donnée par le FLN local fut que l'enlèvement était attribué à des "éléments incontrôlés". En novembre, l'état civil déclara mes parents officiellement décédés. »

Depuis cet entretien, Mme Gex possède des informations lui permettant de situer avec précision l'endroit où ses parents ont été enterrés. « Jetés dans un trou », dit-elle. A-t-elle envie de se rendre en Algérie afin de ramener les corps ?

– Vous abordez un point douloureux. Pendant des années, avec ma sœur, nous avons été tentées de nous y rendre. Les problèmes de sécurité en Algérie nous ont détournées de notre projet. Maintenant, j'ai très peur de m'apercevoir que les assassins de mes parents habitent notre maison, dorment dans le lit de mes parents. Qui sait si l'endroit où les corps ont été jetés comme des animaux, ce n'est pas là où nous allions cueillir des violettes ? Pour l'instant les informations me suffisent, elles me permettent de me construire un film, et il passe en boucle dans ma tête. C'est une douleur permanente, mais comment faire autrement ?

*

* *

Depuis quarante ans, Jean-Claude Brillouet essaie d'obtenir des informations sur les conditions de la disparition de son frère, survenue le 7 juillet 1962 à cinq kilomètres d'Oran. Jean-Pierre était un appelé du contingent.

– Mon frère était en mission avec trois soldats. Aucun d'entre eux n'a réapparu. L'armée les a portés « absents sans motifs » puis, à l'issue des trois jours réglementaires, comme ils ne s'étaient pas présentés à la caserne, ils ont été déclarés « déserteurs ».

– Vous souvenez-vous des dernières nouvelles de votre frère ?

– Dans sa dernière lettre, il annonçait qu'il devait être décoré début juillet à Oran de la Croix de guerre. Depuis, rien.

– *Devant sa disparition, quelle a été la réaction de l'armée ?*

– Étant considéré comme déserteur, au lieu de le chercher en Algérie, c'est en France que l'enquête a eu lieu. Chaque année, les gendarmes la reprenaient. Ils ont arrêté leurs investigations en 1964 avec l'établissement du jugement déclaratif de décès. Je me demande sur quel élément l'armée a pu se baser pour le déclarer « mort pour la France »...

– *Comment avez-vous appris sa disparition ?*

– Je commençais ma carrière dans la gendarmerie. J'ai été convoqué par mes supérieurs. Ils voulaient savoir où se trouvait mon frère. C'est ainsi que j'ai appris son enlèvement.

– *En tant que gendarme, êtes-vous entré en contact avec des collègues en Algérie ?*

– Oui, des Français. Ils n'avaient pas d'informations. Mon autre frère était militaire, il s'est rendu en Algérie. Il n'a rien pu savoir.

– *Comment vos parents ont-ils assumé le choc ?*

– Pendant sept ans, ce fut une période terrible. Ma mère était persuadée que Jean-Pierre serait à la maison pour Noël, puis ensuite qu'il arriverait à Pâques... Au bout de sept ans d'attente, mes parents sont morts de chagrin.

– *Vous est-il arrivé de croire reconnaître votre frère dans la rue ?*

– Oui, j'allais vers la personne, et naturellement j'étais déçu : c'était un inconnu. Encore maintenant, ça m'arrive. J'ai cherché dans l'annuaire du téléphone tous les gens portant notre nom. J'y ai trouvé un Jean-Pierre Brillouet.

J'ai appelé, c'était un homonyme. Je passe des annonces dans la presse combattante dans l'espoir de rencontrer un ancien appelé qui aurait connu Jean-Pierre. Je n'ai pas eu de réponse.

– Avec le jugement déclaratif de décès, pensez-vous que la mention « déserteur » a disparu des documents concernant votre frère ?

– Pour le savoir il faudrait que j'aie accès aux archives. Selon la loi, je dois attendre soixante ans...

*
*   *

Les prêtres et les religieuses n'ont pas été épargnés par les enlèvements, les séquestrations et les assassinats.

Pierre Boz avait trente-cinq ans au moment des événements. Prêtre, il deviendra plus tard exarque patriarcal des melkites catholiques, c'est-à-dire évêque de l'Église d'Orient.

– Pour quelle raison, Monseigneur, vous a-t-on confié la mission de vous occuper des religieux qui avaient été enlevés ?

– Tout simplement parce que ma carrière de prêtre s'est faite en Afrique principalement. J'ai suivi mes études en Tunisie et en Algérie, je parle couramment l'arabe et le berbère.

Il y a d'abord eu la disparition des Pères blancs de Kabylie, par exemple J.-B. Barbier, Père blanc enlevé à Djemâa-Saharidj, de nationalité suisse. Son corps ne sera jamais retrouvé. Le 22 octobre 1956, le père Henri Bruchez est assassiné à Ighil-Mani, sur la route de Port-Gueydon à Azazga.

Pierre Boz s'est occupé de retrouver deux religieuses enlevées. Le prétexte de leur rapt, jamais vérifié à ce jour, était d'utiliser leurs compétences d'infirmières dans le maquis kabyle pour y soigner des soldats algériens blessés au combat. Initiative surprenante quand on sait l'importance numérique des femmes engagées dans la lutte pour la libération de l'Algérie. Selon le ministère des Anciens Moudjahidin, sur trois cent trente-six mille sept cent quarante-huit militaires recensés, dix mille trois cent quarante-neuf sont des femmes, dont un nombre appréciable appartient au service de santé du FLN.

Les religieuses traversèrent l'Algérie dans toute sa largeur, et furent retrouvées à la suite d'un accrochage avec une unité française. Accrochage au cours duquel l'une des sœurs, Marie-Pierre Fourier, trouva la mort.

Puis il y a eu l'« affaire Pierre Montet ».

– Pierre Montet était né à Lyon en 1925, explique Mgr Pierre Boz. Dès son arrivée en Algérie, il se posait des questions concernant l'indépendance. Sur ce sujet, j'ai eu avec lui de longues conversations par rapport aux prises de positions de Mgr Duval, qui, je vous rappelle, s'était rangé du côté des insurgés, d'où le surnom qu'il avait hérité de « Mohamed Duval ». Donc Pierre Montet, qui se situait plutôt dans la tendance *Témoignage chrétien,* a complètement viré, et il est devenu Algérie française.

– Avez-vous une explication ?

– Le contact avec la population pied-noir. Il a été arrêté par la police française dans la lutte contre les opposants à l'indépendance en 1961. Je suis allé lui rendre visite dans un camp qui se nommait le camp zéro.

– Savez-vous s'il a été maltraité ?

– Je ne crois pas. Je l'ai mis en garde en lui disant que ses positions risquaient de lui attirer de sérieux ennuis avec le pouvoir politique. Il ne voulait rien entendre.

– Ce qui est incroyable dans votre récit, Monseigneur, c'est de vous entendre dire qu'un prêtre qui n'épouse pas l'opinion

du pouvoir en place peut se retrouver en prison et risque même d'aller au-devant de problèmes plus graves...

– Voulez-vous mon opinion ? C'était une époque de totale folie. Revenons justement à Pierre Montet. Un jour, j'apprends qu'il a disparu. S'était-il évadé du camp, ou avait-il été enlevé ? À la demande du diocèse d'Oran, dont Pierre dépendait, j'ai mené une enquête. Pour cela, j'ai pris contact avec le président du Gouvernement provisoire algérien. Il s'est engagé à me fournir des informations au plus vite. Deux jours plus tard, me trouvant à Alger, il me joignit par téléphone et m'annonça que la disparition de Pierre Montet n'était ni le fait du FLN, ni celui de l'ALN.

– Des barbouzes ?

– Je peux l'imaginer.

– Savez-vous si des recherches ont été engagées au niveau français pour le retrouver ?

– La réponse est douloureuse, mais je vais vous répondre. À ma connaissance, rien n'a été fait. Les Églises de France ont pris cela comme un fait de guerre. Les autorités civiles ont eu l'attitude que vous connaissez.

– De combien de disparus avez-vous été amené à vous occuper ?

– Quinze.

*

* *

Avec l'aide de mon ami Georges Lorgnier, actif responsable dans la région du Nord de la FNACA, j'ai mené une enquête sur les appelés du contingent du Nord de la France qui ont été prisonniers ou qui ont disparu. J'ai relevé trente noms. Pas un seul soldat n'est revenu. Des familles m'ont montré la liasse de lettres témoignant de leur combat avec les ministères compétents et les différents services de la République. En quarante ans, pas une d'entre elles n'a pu obtenir la moindre information sur les circonstances de la disparition ou de l'enlèvement du soldat. Quant à récupérer le corps…

– Enquête 12 –

TRAUMATISMES

L'enlèvement est un crime. Des Algériens se sont comportés en criminels. Et en France, ceux qui dans l'ombre font barrage à la libre consultation des archives concernant les disparus sont aussi des criminels.

Quel que soit le degré de filiation, la disparition d'un parent est un choc dont les traces restent visibles pendant des années, si jamais elles s'effacent un jour. L'affect le plus récurrent qu'il m'a été donné de constater au cours de l'enquête est l'« illusion du retour ». Marie-Claude Teuma croit souvent reconnaître son père au milieu d'une foule.

– En 2003, cela n'a pas changé…

Pour Claudine Barge, cet espoir du retour se manifeste à certaines échéances.

– Jusqu'à l'âge de vingt ans, j'ai espéré le retour de mes parents et de mon frère à Noël, à la fête des Pères, puis à la fête des Mères. Et à Pâques, que nous fêtions en famille. Puis le cycle reprenait.

Comment expliquer à son enfant qu'il ne connaîtra jamais son père ? Quelle image doit-on lui donner du disparu ? Faut-il lui raconter les événements tels qu'ils se sont déroulés, ou lui proposer un substitut de vérité ?

Nicole Roca a choisi la voie de la vérité. Très tôt, elle parle à son fils du père qu'il ne pourra jamais embrasser. Ce sont ses parents qui se chargent d'élever l'enfant. Le grand-père prend la place du père. Le transfert s'opère en douceur.

– Un jour, mon fils m'a dit : « Pour moi, mon père c'est papa » [*son grand-père*].

Croyant bien faire, les familles se révèlent parfois génératrices de stress.

Les grands-parents de Marie-Claude Teuma sont anéantis par la disparition de leur fils unique. À Marseille, où ils vivent désormais, l'ambiance à la maison est celle d'un tombeau. Jamais on ne prononce le prénom du disparu. Interdiction d'écouter la radio. Marie-Claude est une jeune fille de dix-huit ans, et si l'enlèvement de son père l'atteint jusqu'au plus profond de son être, elle a malgré tout besoin de vivre sa jeunesse, comme n'importe quelle jeune fille de son âge.

– Déjà, à l'école, je passais les pauses à pleurer dans un coin de la cour. Ce que je vivais à la maison, c'était trop. Un jour, n'en pouvant plus, je leur ai dit : « Ça suffit, cette vie de reclus ne peut pas continuer. Je ne tiens pas à la vie, alors je vous propose un suicide collectif. » Ils ont été choqués, mais ils ont compris, et m'ont répondu : « Tu es jeune, tu dois continuer à vivre comme toutes les jeunes filles. »

Claudine Barge a quatorze ans quand on lui annonce que ses parents ont été enlevés. Tout en elle se désagrège.

– Mes parents ont disparu au mois de mai 1962, et ce n'est qu'en septembre, par l'intermédiaire d'un oncle, que nous avons été informés qu'ils avaient été enlevés. Jusque-là nous leur écrivions et, comme nous ne recevions jamais de réponse, cet oncle nous disait souvent : « Ce n'est pas la peine d'écrire, le courrier ne marche pas. »

– *On entretenait auprès de vous l'illusion que vos parents étaient toujours présents, sinon vivants ?*

– Oui. À l'époque, on ne disait pas les mots comme on peut le faire aujourd'hui. Dès qu'il se produit un événement qui risque d'entraîner des suites traumatisantes pour les intéressés, une cellule de soutien est mise en place. Nous, nous avons dû nous débrouiller avec nos moyens, c'est-à-dire avec rien.

J'ai pu constater l'importance des problèmes sentimentaux chez les témoins. L'enlèvement du parent enferme les proches dans la prison de la névrose. Sans distinction de sexe, leur vie est désormais marquée par la perte de confiance en soi et en autrui, avec son corollaire de méfiance – voire de suspicion – envers l'extérieur. Si c'est le père qui a disparu, s'ensuit un manque de confiance des femmes envers les hommes, tous les hommes. Surtout si la fille était encore une enfant au moment de la disparition. S'y ajoute parfois pour le sujet le sentiment diffus, rarement avoué, d'avoir été abandonné. Le manque de confiance conduit bien souvent à une vie sentimentale ponctuée de ruptures.

– Ajoutons, dit Marie-Claude Teuma, un ras-le-bol pour mes maris de m'entendre ressasser la disparition de mon père à longueur de journée.

La jeune femme qui se retrouve seule avec des enfants, lorsque son mari a été enlevé, doit assumer la charge familiale. Cette lourde tâche engloutit la mère dans le tourbillon des responsabilités. C'est, parmi d'autres cas, celui d'Huguette Husté. Quarante ans après, le bilan est calamiteux.

– Je n'ai eu aucune vie personnelle. Je n'ai pas eu d'amant. Ma vie a été consacrée à mes enfants et à mon travail. Si j'avais eu une vie normale, j'aurais pu évoluer socialement et même intellectuellement. J'ai vécu ma vie à moitié.

Les années n'effacent pas la souffrance occasionnée par la disparition du parent enlevé. Les enfants partis de la maison pour faire leur vie, les cauchemars et les angoisses enfouis pendant des années profitent de l'espace laissé libre pour remonter à la surface avec violence. Élise Aguera ne peut s'empêcher de regarder tous les documentaires diffusés à propos de la guerre d'Algérie sur les chaînes de télévision. On ne sait jamais : et si, au détour d'une image, elle apercevait son père ?

– Sans preuve de la mort, comment faire son deuil ? dit-elle.

– Enquête 13 –

LE MASSACRE DU 26 MARS 1962 ET L'ABANDON DES HARKIS

Parmi les dossiers oubliés de l'indépendance de l'Algérie, le 26 mars 1962 tient une place importante. Ce jour-là, quatre-vingts Algérois d'origine européenne, hommes, femmes et enfants, sont tombés sous les balles d'une garnison française composée de soldats musulmans.

Que s'est-il passé ?

Charles de Gaulle, obsédé par l'OAS, veut éradiquer l'organisation séditieuse par n'importe quel moyen. Pour montrer sa force, il engage une opération monstrueuse en bouclant le sympathique quartier de Bab-el-Oued, le plus ancien de la ville d'Alger. C'est un monde à part, à l'âme colorée et à la verve tonitruante. Le blocus n'est pas innocent : on y trouve plus de partisans de l'Algérie française que dans les quartiers chics. Il est vrai aussi que les commandos y sont particulièrement actifs. Pour ces gens qui sont le sel de la nation pied-noir, aucun mot n'est assez fort pour définir leur attachement à l'Afrique du Nord. Chaque jour ils subissent des représailles de l'armée : couvre-feu, mitraillage permanent des terrasses et des immeubles par des avions de chasse T-6 et des façades par les blindés. Bab-el-Oued – qui votait rouge jusqu'en 1954 – est devenu subitement « fasciste » par la magie des médias. De Gaulle a vite compris que s'en prendre à ce quartier, c'est briser l'âme de la résistance au désengagement.

On pourrait se croire dans une République bananière, où il ne serait pas surprenant d'apprendre que cinquante mille citoyens sont affamés par le pouvoir. Que l'on se rassure : nous sommes bien dans une province française, faisant partie intégrante d'un État à la tête duquel se trouve Charles de Gaulle.

Francine Dessaigne s'est battue sans relâche pour dissiper l'épais brouillard qui entoure l'affaire du 26 mars. Elle rapporte une conversation dont elle a été le témoin involontaire. Une femme vivant à Bab-el-Oued s'adresse en sanglotant à un officier qui garde le blocus, empêchant tout accès au quartier :

« – Il y a un garçon… Un garçon de seize ans, il a été tué le premier jour. Ils ont refusé [*la police ou l'armée*] qu'on le rentre dans l'immeuble. Ils l'ont laissé là, dehors, dans la rue ! Devant la maison ! Les rats ont commencé à le manger… On les a vus qui grouillaient… qui couraient dessus ! C'est trop horrible ! Je vous en supplie, il faut faire quelque chose, on n'en peut plus ! La mère du gosse est devenue folle… Elle hurle sans arrêt depuis vendredi, comme une bête ! On a beau se boucher les oreilles, on l'entend tout le temps ! Il y a deux gosses qui ont des convulsions, on ne sait pas comment les soigner… Venus pour la perquisition, ils ont tout cassé dans l'immeuble. On n'a plus rien… Et presque plus d'eau pour les enfants. Maintenant qu'ils ont emmené les hommes, c'est encore pire, on va devenir cinglées, toutes… Et puis il y a le bébé, sa mère n'a plus de lait à cause de la peur, depuis les fusillades. On a demandé du lait concentré, impossible de s'en procurer. On n'a plus rien à lui donner. Il s'affaiblit, il va crever ! Crever ! Vous comprenez ? Et mes enfants, ils n'arrêtent pas de pleurer...

» L'officier daigne enfin ouvrir la bouche pour lui demander ce qu'il peut faire.

» – Je vous en supplie à genoux, allez trouver le Général, demandez-lui pitié pour nous... Qu'il arrête ça ! C'est trop cruel ! Qu'il lève le blocus ! Je vous en prie...

» – Si vous voulez venir travailler, je vous enverrai une Jeep. Mais pour vos enfants, les ordres sont formels, c'est impossible de les faire sortir. Alors je suppose que vous préférez rester avec eux, c'est naturel, je comprends bien. Et pour votre travail, ne vous inquiétez pas, surtout ! Nous nous sommes débrouillés pour vous remplacer ! »

Les Algérois des autres quartiers ne restent pas indifférents. Ils apportent des vivres qu'ils sont contraints de déposer devant le barrage. Pour faire céder Paris, et dans le même temps pour alerter l'opinion internationale, une manifestation est organisée le 26 mars à partir de 15 heures. Il s'agit seulement de se rendre en cortège jusqu'à l'entrée de Bab-el-Oued, drapeaux en tête, sans armes et sans cris. Le témoignage de M. Meynard atteste l'objectif, et celui de Mme Alice Contoissot le caractère paisible de la manifestation.

– Toute la population d'Alger, après la fermeture des magasins, ateliers, bureaux, avait été conviée à se rendre sur le plateau des Glières à 15 heures, dit M. Meynard, pour se rassembler en cortège pacifique et digne, sans armes. Nous voulions nous rendre derrière le drapeau français à Bab-el-Oued où nos concitoyens étaient enfermés depuis le samedi matin par ordre des autorités d'Alger. Nous voulions leur apporter le soutien de toute la population et essayer d'infléchir le traitement inhumain que les cinquante mille habitants de ce quartier subissaient.

– J'étais dans le cortège qui se dirigeait vers la rue d'Isly, témoigne Mme Contoissot, cortège dense, silencieux et drapeaux en tête. À mon passage, au début de la rue d'Isly, je remarquai parmi le cordon de militaires sept musulmans, l'arme dirigée vers la foule, la mine mauvaise. Je fus très surprise qu'un tel jour on ait mis des musulmans pour le service d'ordre.

Le préfet a interdit la manifestation. Cette interdiction justifiera et légitimera toutes les réponses du pouvoir politique et militaire aux enquêtes, d'où qu'elles viennent.

À 14 h 50, une foule importante se présente devant de maigres pelotons de tirailleurs musulmans du 4e RT. « Ceux qui les ont placés là, précise Jean Monneret qui des années après l'événement a mené une enquête[1], dans une ville où les tensions raciales sont vives, ont pris une décision fatale. »

Le drame éclate à la hauteur de la grande poste. Les militaires tirent sur la foule et en direction des balcons. Le bilan est lourd : quatre-vingts morts et deux cents blessés. Depuis le tragique événement, une question fondamentale hante les survivants et les parents de ceux qui trouvèrent la mort : qui a tiré le premier ? Quelle autorité a placé des tirailleurs algériens aux barrages ?

Comme il n'est pas possible de faire figurer dans le présent ouvrage les conclusions des enquêtes officielles et privées, nous nous contenterons de formuler un certain nombre d'interrogations. La première observation vient de la topographie de la ville. On s'aperçoit très vite que si le dispositif avait été placé comme il le fallait, la manifestation eût été vouée à l'échec. Le port d'Alger est en effet adossé à des collines et très allongé, si bien que pour se

1. *La Phase finale de la guerre d'Algérie*, Éditions de l'Harmattan, 2000.

rendre du centre-ville à Bab-el-Oued un seul itinéraire est possible, comme le rappelle Jean Monneret. « Il était très facile à une armée équipée de blindés et à un service d'ordre entraîné de bloquer un cortège. Il suffisait d'occuper deux avenues, de les barrer, et aucun défilé ne pouvait avancer. À supposer que des manifestants veuillent forcer le passage, ils ne le pouvaient guère, car voitures blindées, véhicules militaires et chevaux de frise les empêchaient aisément. »

Autre sujet qui continue d'interpeller les enquêteurs : la présence de soldats musulmans. Des témoins de la manifestation affirment que les soldats avaient inscrit sur leur casque Wilaya 3 ou 4.

« C'est peu vraisemblable, estime Jean Monneret. À ce moment-là, la coopération entre les autorités françaises et le FLN restait indirecte et limitée. Si des hommes de la Wilaya avaient été là, ils ne se seraient pas signalés d'une façon aussi spectaculaire ; en fait ils ne se seraient pas signalés du tout. Ce fait étonnant illustre la profondeur du traumatisme subi par les Français d'Algérie le 26 mars. Elle est telle que beaucoup d'entre eux refusent d'admettre la vérité : à savoir qu'une troupe française leur a tiré dessus. »

La question qui reste comme tant d'autres sans réponse est de savoir ce que faisait ce régiment rue d'Isly alors que son poste de commandement se trouvait à cent vingt kilomètres d'Alger.

Les rapports officiels confirment que cette troupe n'a aucune expérience du maintien de l'ordre en ville. C'est ce que reconnaît le capitaine Hardouin-Duparc :

– La question qui intéresse l'Histoire, à mon avis, est celle de la responsabilité du donneur d'ordre.

Francine Dessaigne répond à l'officier en posant la question suivante :

– Pourquoi a-t-il mis en tête de son dispositif un bataillon arrivé l'avant-veille du djebel et totalement ignorant, avec en « réserve » plusieurs CRS très aguerris à ce genre de travail ? Si c'est un imbécile, il aura sa place au *Livre des Records*.

Le général Goubard, dans sa déposition, apporte la confirmation du manque de maturité de ces hommes. « Je crains, dit-il, leur attitude dans des opérations de maintien de l'ordre auxquelles ils sont, à mon avis, inadaptés. Ils sont presque tous originaires du bled, assez frustes et ignorants. Beaucoup d'entre eux ne savent pas le français et n'ont pas l'habitude ni de la ville, ni de la foule, du moins européenne. Non plus, pour ce rôle, ils n'ont ni l'expérience, ni la maturité, ni l'entraînement approprié. »

S'agit-il d'une machination ? Des éléments troublants conduisent à le penser. Un témoin, René Pinto, raconte :

– Un reporter cinéaste qui avait photographié toute la scène de ce carnage a été pris à partie par des militaires qui voulaient le tuer afin qu'il ne puisse pas apporter la preuve flagrante que c'étaient eux qui tiraient sans aucune raison. L'officier a enlevé la bobine de l'appareil…

L'origine des tirs reste, elle aussi, mystérieuse. Les rapports officiels mentionnent la présence dans la foule d'un commando – composé de six hommes et d'une femme vêtue d'un imperméable – qui aurait tiré sur la foule. Si cette femme avait voulu passer inaperçue, elle ne se serait pas habillée avec un vêtement aussi voyant. Il est dit que les hommes et la femme auraient été arrêtés et désarmés. Or Jean Monneret fait une remarque très juste à ce sujet : « Il y a là un point extrêmement troublant qui montre que la vérité est ici bien fuyante, car ces gens arrêtés pouvaient donner la preuve de l'implication ou de son contraire dans la présumée provocation de l'OAS. Où sont-ils passés ? »

Nicole Ferrandis Delvart a repris le flambeau laissé vacant par le décès de Francine Dessaigne. Elle se bat pour qu'une enquête soit ouverte. C'est un dossier qui lui tient à cœur, car deux de ses sœurs participaient à la manifestation. L'une a été tuée par les balles des militaires, et l'autre, grièvement blessée, est restée paralysée. Dans l'entretien qu'elle m'a accordé, elle me confirme l'aspect calme de la manifestation, seulement animée par l'esprit républicain. La question qui reste entière est la présence de ce bataillon.

– J'ai trouvé dans des archives des preuves qui affirment que les militaires qui ont tiré n'avaient rien à faire à Alger ce jour-là. Pourquoi les a-t-on utilisés plutôt que d'autres ? Les réponses sont claires : ils sont frustes, impressionnables, et parlent mal le français. En haut lieu, on savait qu'ils ouvriraient le feu sans état d'âme. Je vous renvoie au magazine *Paris Match*, qui a diffusé les photos. Que voit-on, en ce qui concerne les soldats ? Ils ont le regard fébrile. Ma sœur, celle qui a été blessée, m'a dit : « Lorsque je les ai vus, je me suis demandé : mais que font-ils là ? On nous a mis des musulmans, sûr qu'ils vont nous tirer dessus ! »

– L'analyse de votre sœur rejoint celle de Jean Monneret lorsqu'il dit : « Ceux qui les ont placés là, dans une ville où les tensions raciales sont vives, ont pris une décision fatale. »

– Même en dehors des tensions qui existaient, le blocus a été voulu. Le pouvoir savait que, si n'importe quel autre quartier avait été bouclé, la population aurait manifesté. Si le pouvoir souhaitait réellement que la manifestation n'ait pas lieu, c'était simple. Il fallait imposer un couvre-feu. Les Algérois l'auraient respecté. Tout a été organisé pour qu'elle ait lieu, au contraire. Ainsi j'ai vu des barrages s'ouvrir, et les manifestants passaient. Derrière, la seconde vague humaine est restée bloquée. Il est facile de comprendre comment tout cela s'est mis en place. Manifestation interdite ? Alors pourquoi n'ont-ils pas utilisé les pompiers avec les lances à incendie ou fait lancer par les CRS des grenades lacrymogènes ? On parle constamment du fameux bataillon, mais on oublie de préciser que le même jour, à la même heure, on a tiré à trois endroits différents ! À quatre cents mètres de la fusillade qui est constamment évoquée, les gardes mobiles et les CRS ont également ouvert le feu sur la foule !

– *Quelle est votre analyse concernant le tireur embusqué sur le balcon ?*

– Toutes les personnes qui comme moi ont mené une enquête n'arrivent pas à accréditer cette thèse. À supposer que cette histoire de tireur soit vraie... Car on voit bien que le postulat ne fonctionne pas. En ripostant, l'armée aurait dû tirer dans la direction du balcon, mais pas sur la foule qui est à terre pendant douze minutes !

– *Que vous répondent les autorités lorsque vous leur demandez l'ouverture d'une enquête ?*

– Elles répondent à côté. J'ai profité des élections présidentielles [*de l'année 2002*] pour approcher les candidats importants. Tous m'ont répondu qu'il appartient au chef de l'État, et à lui seul, d'ordonner l'ouverture du dossier. Petite précision en ce qui concerne M. Chirac, c'est son directeur de cabinet qui m'a écrit ce que je viens de vous dire. Dès sa réélection, je me suis empressée de lui écrire. Il m'a répondu que le dossier sera examiné. Rien de plus.

De nombreux survivants de la manifestation ont eu des traumatismes pour lesquels ils n'ont jamais été pris en charge. La sœur de Nicole Ferrandis Delvart a passé dix-huit mois à l'hôpital sans pouvoir marcher. Elle est restée paralysée et malgré son handicap a réussi à se marier, mais elle n'a jamais pu avoir d'enfant.

– Avec ma sœur paralysée à vie, mon autre sœur qui fait partie des quatre-vingts victimes assassinées, c'est toute notre famille qui s'est trouvée amputée. Ma mère n'a pas pu supporter le choc, et elle a fini par perdre la raison. Malgré cela, je pense souvent à cette famille dont les quatre petites filles avaient entre dix et quatorze ans et sont mortes ce 26 mars 1962. Pourquoi ?

Voici la reproduction partielle d'un article du journal *Le Figaro* en date du 27 mars 1962.

> – Retirez-vous…
> – Nous avons ordre de tirer.
> – Retirez-vous, supplie l'officier. Dites à la foule de se disperser. On a ordre de tirer…
> Le lieutenant est visiblement déchiré. Nous voyons la sueur perler à son front. Il est blême. Soudain, la masse européenne, dans une poussée plus forte, déborde le barrage et se met en marche dans la rue d'Isly aux accents de l'hymne national. D'autres groupes ont contourné, par l'avenue Pasteur, le bouchon qui vient de sauter. La foule, énervée par l'attitude menaçante de certains soldats musulmans, devient houleuse.

L'article est suivi d'une première liste des victimes parmi lesquelles figure Renée Ferrandis, la sœur de Nicole Ferrandis Delvart.

*
* *

Si le massacre du 26 mars 1962 reste sans explication convaincante, l'abandon des harkis est un sujet que l'on évite d'évoquer lorsqu'on s'intéresse aux oubliés de la guerre d'Algérie.

Pourtant, immédiatement après la Toussaint sanglante de 1954 – considérée par les historiens comme le commencement du conflit entre les rebelles et la France –, l'idée de créer des unités d'autodéfense au service de l'armée germe dans l'esprit de Jean Servier, brillant ethnologue. Ainsi naissent les harkis. La signification de ce nom est très controversée, au moins autant que celle de pied-noir. Pour simplifier, je choisis celle qui se trouve dans tous les bons dictionnaires. *Harki :* mot arabe, de *harka* (mouvement). Militaire servant dans une milice supplétive.

Les harkis viennent en priorité des familles musulmanes fidèles à la France depuis la conquête de l'Algérie. Sur le terrain, ils sont d'une aide considérable : ils servent d'interprètes et soulagent l'armée dans de nombreuses opérations et servitudes.

Parmi les fonctionnaires naissent des conflits à leur propos. Les différends portent comme toujours sur des lignes budgétaires qui ne prévoient pas le paiement de ces « supplétifs », nom que leur donnent les attachés de ministère.

Dans l'état-major, le problème est tout autre. Des officiers (dont les noms sont liés par une particule) estiment qu'il s'agit d'indigènes et qu'en regard de cela on ne peut pas leur faire confiance. Ces derniers risquent en effet de déserter au profit de l'ennemi, emportant avec eux des armes. Il est vrai que cela est arrivé mais, en huit ans de guerre, jamais un mouvement massif de désertion de harkis n'a été enregistré en faveur du FLN.

De la même manière que l'on ne parle pas des trains qui arrivent à l'heure, on cite rarement le cas des Algériens qui se rallient à la France. Mais le simple exemple que je veux relater à ce sujet doit suffire à replacer les événements dans leur juste perspective[1]. Il s'agit du ralliement du jeune rebelle Ali ben Nouar à l'aspirant d'une SAS. Le commissaire politique du FLN l'avait contraint à exécuter par égorgement dix-huit personnes.

1. Extrait du livre de Guiffray, édité chez France-Empire et intitulé *On m'appelait Boulhaya.*

La voiture s'arrête, nous sautons du véhicule. Lui, c'est Ali ben Nouar. Il a le visage trempé.

– *Labés* [*ça va*] ? questionne l'aspirant.

– *Hamdullah* [*louange à Dieu*] , répond le rallié.

Il nous donne une chaleureuse poignée de main, tend une mitraillette Beretta à l'aspirant et enlève sa blouse, découvrant une ceinture pleine de cartouches, trois grenades et un poignard.

– Je demande l'*aman* [*pardon*] .

– Nous te l'accordons, répond l'aspirant. Sois le bienvenu parmi nous.

Une demi-heure plus tard nous rentrons triomphalement au poste, sous le regard ébahi des habitants groupés à l'entrée ainsi que des militaires qui, j'en suis sûr, croyaient que nous ne reviendrions jamais. Nous pensions comme eux.

Le vieux père d'Ali ben Nouar attend son fils. Il se jette dans ses bras en pleurant, lui souhaite la bienvenue puis se précipite vers nous et nous embrasse.

Dans le bureau, Ali ben Nouar explique pourquoi il s'est rallié. Son regard est franc.

– J'étais chargé d'exécuter les gens que me désignait le meshoul. Des habitants qui ne voulaient pas payer l'impôt ou qui avaient trahi en donnant des renseignements, même des gens qui n'avaient jamais rien fait de mal mais dont le commissaire voulait se débarrasser. J'en ai assez de tuer des innocents.

– Combien as-tu tué de personnes ? questionne le capitaine.

Le regard de l'ancien fellagha se fixe alternativement sur nous tous. Il répond en baissant les yeux.

– Dix-huit.

Un frisson me parcourt. Chaque regard se fige sur le poignard qu'il porte à la ceinture. Nous avons devant nous l'assassin de dix-huit personnes ! Ce couteau a apporté la mort à dix-huit innocents !

Sur le terrain, certains officiers créent des harkas, compagnies de harkis comptant une centaine d'hommes.

Pour ces officiers, souvent des nostalgiques de l'Indochine, il s'agit de remettre au goût du jour – avec des musulmans – les commandos vietnamiens.

Le mouvement prend de l'ampleur, on voit des harkas se créer sur tout le territoire. À Paris, les membres de l'état-major sont obligés de céder. Sur le plan militaire, ça fonctionne. Des commandos se distinguent et font des merveilles. Sur le plan administratif, chaque harki reçoit une solde mensuelle et signe un contrat d'un an renouvelable.

Quand l'indépendance de l'Algérie prend officiellement effet à Évian avec la signature des accords, dans chaque camp on se compte. Les Algériens réclament les leurs, qui attendent leur libération dans les prisons françaises. Et les harkis ? Pour les dirigeants français, ce sont des Arabes musulmans. Bien sûr, ils ont rendu service, certains ont payé leur fidélité de leur vie. « Eh bien, qu'on leur donne un pécule en guise de compensation, qu'ils rentrent dans leur pays et retrouvent leurs villages ! » proposent des conseillers ministériels.

Dans son livre *C'était de Gaulle*[1], Alain Peyrefitte rapporte un entretien, tenu à l'Élysée, en présence du président de la République. Il est édifiant de voir comment le sort des « supplétifs » a été scellé au nom de la raison d'État.

> *Pierre Messmer :* – Des harkis et des fonctionnaires musulmans se disent menacés. D'où des demandes qui viennent à la fois des autorités civiles et militaires. Il faut prendre une position de principe.
>
> *De Gaulle :* – On ne peut pas accepter de replier tous les musulmans qui viendraient à déclarer qu'ils ne

1. Éditions Fayard, 2000.

s'entendront pas avec leur gouvernement. Le terme de rapatriés ne s'applique évidemment pas aux musulmans : ils ne retournent pas dans la terre de leurs pères ! Dans leur cas, il ne saurait s'agir que de réfugiés ! Mais on ne peut les recevoir en France comme tels que s'ils courent de vrais dangers.

Georges Pompidou : – Quand ce sont des musulmans isolés, ça va, on peut à la rigueur refuser de les embarquer. Mais quand c'est un douar entier que l'on voit arriver pour prendre le bateau, c'est plus difficile.

Deux camps militaires ont été installés pour eux en métropole. Ils sont surpeuplés. Ces gens ne veulent pas travailler. Ils se trouvent bien au Larzac sous leurs tentes et s'y installeraient volontiers pour l'hiver et au-delà. Mais il faudra quand même les évacuer ; en septembre, les froids vont venir.

De Gaulle : – Il faut les mettre en demeure ou de travailler ou de repartir.

Plusieurs collègues baissent la tête.

Au bout du compte, le gouvernement français laisse les mains libres à Ben Bella, le premier président de la toute jeune République algérienne. Pour celui-ci, les harkis sont des traîtres à la révolution, des collaborateurs ou des procolonialistes. Un châtiment exemplaire doit leur être réservé. Et il ne va pas se priver de les massacrer.

Le chef d'une katiba est cuit dans un chaudron. Les sous-lieutenants Riguet, Bendida et Tayeb sont découpés vivants et ébouillantés. Un autre se trouve dépecé vif et émasculé. D'aucuns encore sont découpés en morceaux, puis exposés sur un étal dans un marché. Et six anciens harkis sont brûlés vifs en pleine ville.

Dans son livre *Les Harkis de France*[1], G. Jasseron donne deux exemples du massacre des harkis.

---

1. Éditions du Fuseau, 1965.

Les Français satisfaits auxquels j'apporte les témoignages directs et personnels des traitements inhumains subis par les harkis ne peuvent continuer à nier les épouvantables conséquences du drame algérien. Mais aussitôt, ils mettent les atrocités sur le compte des passions exacerbées, des bandes incontrôlées. Combien de fois ai-je entendu cette réponse : « Si Ben Bella le savait, il ne tolérerait pas ces tortures ou ces exactions » ?

Alors, qu'ils écoutent ce harki qui passa huit mois en prison depuis le cessez-le-feu. Après m'avoir conté les tortures dont il fut l'objet, il me parla de Ben Bella.

– Il est venu en personne dans les camps. C'était en septembre ou octobre 1962. On nous a alignés. Ben Bella est passé devant nous comme si c'était une revue, en nous couvrant d'injures et en donnant parfois lui-même des coups de poing dans le visage ou des coups de pied dans les parties génitales, particulièrement de ceux qui le regardaient avec trop d'arrogance. L'un de nous portait une longue moustache. Ben Bella l'a saisie et a tiré de toutes ses forces, arrachant la peau jusque sous le nez. Il a continué son inspection en riant comme un fou.

» Puis il nous a insultés, dans un discours où il nous a traités de tous les noms. La colère montait en nous, chacun serrait les poings, car les mitraillettes étaient braquées sur nous. Mais un vieil homme lui lança : « Tu n'as rien à nous reprocher, Ben Bella, toi aussi tu as travaillé avec la France, tu as même servi l'armée française, tu étais adjudant. » Ben Bella ne répondit pas, un officier de l'ALN fit sortir le vieillard courageux, et deux soldats l'abattirent sous nos yeux.

Le harki qui me raconte cela est venu me voir plusieurs fois. À sa troisième visite, il m'a avoué comme une honte qu'on lui avait fait subir une torture tout spécialement odieuse, celle de l'empalement sur une bouteille qui ne cesse que lorsque la bouteille éclate. Cette blessure horrible s'ajoute aux autres dont il porte les cicatrices, mais plus que d'une autre, il en conservera des séquelles graves et douloureuses jusqu'à la fin de sa vie.

Dans le même livre, Jasseron raconte l'histoire d'Amar ben Amar. Il a été un soldat exemplaire, a montré du courage et bien servi la France. Depuis des semaines il boit, et n'importe quel sujet le rend agressif. L'auteur le croise dans la rue et l'emmène chez lui. Amar le regarde d'un œil méchant et lui dit :

– Toi, tu ne bois pas, mais tu es un homme normal. Mais moi, regarde.

Amar se déculotte. Pris par les fellaghas, il a été atrocement mutilé. Ils lui ont coupé le bout du sexe et les bourses. Le chirurgien militaire a réussi à lui sauver la vie. Amar ne veut plus voir sa femme, il a honte.

Jasseron conclut : « Il restera une épave qui pleure de haine sur sa virilité perdue… Qui boit parfois pour oublier qu'il n'est plus tout à fait un homme. »

Alistair Horne, dans son livre *Histoire de la guerre d'Algérie*[1], fait un terrible constat : « On réservait les pires horreurs fratricides aux musulmans qui, comme les harkis, avaient continué de se battre pour la France. De Gaulle n'avait jamais manifesté beaucoup de sympathie à leur égard. D'horribles histoires parvenaient d'Algérie sur le sort de ceux qui étaient restés. Des centaines d'entre eux sautèrent sur les champs de mines de la ligne Morice, qu'on les obligeait à nettoyer, tandis que d'autres étaient sommairement exécutés. D'autres encore étaient torturés d'une façon atroce. On forçait des vétérans de l'armée à creuser leur propre tombe et à avaler leurs décorations avant d'être abattus. Ils étaient brûlés vifs, châtrés, traînés derrière les camions ou coupés en morceaux et leurs chairs jetées aux chiens. Beaucoup furent massacrés avec leurs

1. Éditions Albin Michel, 1981.

familles, enfants en bas âge compris. Obligés par les accords d'Évian de se tenir à l'écart, leurs anciens alliés, les soldats français, souffraient de terribles angoisses…

» Il y a là une tragédie plus terrible encore que celle des prisonniers de guerre renvoyés en Russie par les Alliés en 1945. »

Cent cinquante mille harkis sont ainsi assassinés sans que jamais le gouvernement français lève une paupière pour sauver – ne serait-ce qu'au nom de la plus élémentaire action humanitaire – ces hommes, femmes et enfants dont le cœur est toujours resté fidèle à *La Marseillaise.*

Louis Joxe ne craint pas de déclarer au plus fort des massacres des harkis, le 24 mai 1962, que « tout est calme dans le bled ».

Toutefois, des officiers de la marine française qui ont la nausée devant ce qui se passe s'organisent et réussissent à faire entrer en France des familles entières. Agacé par ces initiatives individuelles et non contrôlées qui risquent, selon lui, de contrarier le gouvernement algérien (sic !), l'ineffable Louis Joxe, dans une directive du 15 juillet 1962, menace de « sanctions, tant dans l'armée que dans l'administration, les promoteurs et les complices de ces rapatriements ».

En France, les familles qui parviennent à rester sont parquées comme du bétail dans deux camps innommables. Misère, folie, déchéance mentale et physique, exclusion, brimades, humiliations : voilà le programme qui leur est offert par cette France, terre d'asile et patrie des droits de l'homme… et par Charles de Gaulle qui prétend en incarner la grandeur.

– Enquête 14 –

QUARANTE ANS DE MENSONGES ET DE SILENCE

Comment expliquer le silence de la nation envers les appelés du contingent prisonniers du FLN ? Il faut d'abord se souvenir que la victoire de la bataille d'Alger en 1957 a valu un regain de prestige à l'armée française aux yeux de l'opinion après la cuisante et douloureuse défaite de Diên Biên Phu. Avec l'apparition d'une littérature louant son invincibilité et faisant un héros de n'importe quel fantassin, les soldats prisonniers n'ont pas leur place dans ce concert de trompettes et de tambours. Quel responsable aurait eu le courage d'expliquer à la population que des loqueteux sans moyens ont pu capturer des soldats appartenant à cette glorieuse armée ? Ajoutons le désintérêt du peuple français – métropolitain – pour ce qui se passe de l'autre côté de la Méditerranée et l'on a, me semble-t-il, une vision assez juste de la situation.

L'arrivée de Charles de Gaulle au pouvoir en 1958 n'aide en rien les prisonniers. Nulle trace dans les archives de conversations qu'il aurait pu avoir sur le sujet. Cela dit, l'a-t-on informé de cette réalité ? Rien n'est moins sûr ! Cependant de Gaulle est un militaire, il ne peut ignorer que les conflits produisent toujours des prisonniers dans les deux camps. A-t-il estimé à son tour qu'il était préférable de se taire afin de ne pas ternir la grandeur de son armée ?

Il semblerait que l'autre argument soit plutôt le triste résultat d'un marché de dupes. Lorsque de Gaulle lance sa fameuse « paix des braves », un échange de prisonniers algériens et français accompagne son initiative. Or le chef de l'État s'aperçoit que les dirigeants du FLN ont menti. Ils n'ont pas autant de détenus qu'ils le prétendent, et cela pour une raison simple : la majorité d'entre eux a été assassinée. De Gaulle se retrouve trompé et surtout coincé : fidèle à sa parole, il a vidé les prisons françaises des fellaghas, il lui est donc impossible de faire marche arrière. Le silence devient alors une sanction pour lui-même comme pour les prisonniers du contingent.

*

*   *

En 1962, donc, les accords d'Évian amorcent quatre décennies de mensonges tout en constituant une véritable imposture. Autrement dit, l'expression d'un abandon et d'une capitulation honteux. Et l'aveu clairement énoncé d'une incapacité à régler le conflit en cherchant des solutions équitables pour les partenaires. Pourtant lesdits accords, qui ne constituent rien d'autre que de simples déclarations d'intentions, sont apparus à l'opinion française comme un acte de bravoure et de bon sens politique.

Cela tient avant tout à la composition des membres réunis autour de la table des négociations. Car on n'y trouve aucun représentant de la communauté pied-noir ou musulmane. De même, les harkis n'ont pas été conviés. Et il n'y a pas un seul membre de l'OAS. Rappelons au passage qu'à l'Assemblée nationale, où le vice-président est le bachaga[1] Saïd Boualam, siègent quarante-huit députés français musulmans et vingt-six européens[2]. Et que vingt-deux notables issus de l'Algérie siègent au Sénat. Ces élus ont eu beau se révolter, leur mouvement de protestation est passé inaperçu.

Pour commenter les différents articles de ces accords d'Évian, je me suis appuyé sur l'admirable travail de synthèse que Maurice Allais, prix Nobel de Sciences économiques, a réalisé dès 1962.

L'article sur les garanties relève d'un non-sens. Charles de Gaulle affirme que les accords « procurent les garanties nécessaires ». Ces garanties ne seront réelles que dans le cas où le gouvernement algérien aura effectivement le désir de les assurer. Or rien ne prouve qu'il le fera. Quant aux garanties données à l'État français, cela équivaut au son que l'on produit en soufflant dans ses mains réunies : du bruit, et rien d'autre.

L'article qui évoque la « garantie des garanties », à savoir la présence de l'armée, se révélera parmi les plus cyniques quand, des mois après le cessez-le-feu, on verra de quelle manière l'armée va se comporter en permettant qu'on enlève des Français en plein jour. D'ailleurs, Maurice Allais note à ce propos : « Certes, la France aura à tout moment un moyen de pression sur le gouvernement algérien puisqu'elle aura toujours la possibilité de réduire son aide financière. Cette possibilité est réelle, mais très limitée, et en ce qui concerne la Tunisie elle n'a guère pesé sur l'attitude qu'a prise M. Bourguiba au moment des événements de Bizerte. »

1. Haut dignitaire.
2. Voir Annexe 2.

Rappelons pour mémoire qu'en 1963 la France a versé cent trente-cinq milliards de francs à l'Algérie. Pendant des années, la France a été le bailleur de fonds de la République algérienne. Il serait intéressant de procéder à un calcul des sommes versées, empruntant différentes couvertures plus ou moins officielles, en regard ce qui a été remboursé.

Et Maurice Allais d'écrire : « Si on retire les troupes d'élite d'Algérie, quelle sécurité pourra donc offrir en Algérie la présence d'effectifs réduits à quatre-vingt mille hommes ? »

La possibilité d'aliéner les biens et d'en rapatrier le produit est un leurre grossier. Cette possibilité existe, certes, mais uniquement sur le papier. Les négociateurs ont simplement oublié un paramètre simple, comme le rappelle M. Fontaneau, professeur à la faculté de droit et des sciences économiques d'Alger. « Les négociateurs paraissent en effet avoir oublié que la vente suppose une double condition : l'existence d'un vendeur et celle d'un acheteur. Or, s'il est sûr que les vendeurs seront nombreux, il est également certain que la demande sera faible, voire nulle. Le marché immobilier, actuellement effondré, le sera encore plus, et en pratique il sera quasiment impossible de vendre. » Cela signifie en clair que cette garantie est donc inexistante.

« Par suite de la position offreur du marché, poursuit M. Fontaneau, la seule garantie véritable serait l'indemnisation par le gouvernement français des biens immobiliers abandonnés en Algérie. Or la France a refusé cette garantie. Les propriétaires de biens immobiliers sont donc soumis par le simple jeu de l'offre et de la demande au bon plaisir du gouvernement algérien. Ils ne sont couverts par aucune garantie et, par la suite du refus d'indemnisation, sont victimes d'une inqualifiable spoliation. »

C'est ce qui est arrivé. Les Français d'Algérie poussés dans les bateaux par le pouvoir algérien – soutenu dans son action par le gouvernement français – ont été pour la majorité d'entre eux contraints d'abandonner leurs biens et de partir avec une valise comme seul capital.

L'article de Max Clos paru dans le *Figaro* du 18 avril 1962 permet de mettre en évidence cette spoliation. Le journaliste s'entretient avec un viticulteur qui possède sept hectares de vignes (chiffre moyen) ; l'homme dit que sa propriété vaut cent mille francs. En 1958, il aurait pu la vendre au prix annoncé sans difficulté, or il ne l'a pas fait parce qu'il a cru aux promesses des gouvernants. Il termine sur cet amer constat : « Aujourd'hui, je n'en tirerais pas un sou. Qui serait assez fou pour me l'acheter ? Si je dois partir, j'emporterai ma valise, et c'est tout. Rien n'est prévu pour nous. Il y a bien le décret du 15 avril sur l'aide aux rapatriés d'Algérie. Je viens de passer quelques jours en France pour me renseigner. Rien n'a été fait. Personne n'a pu me donner un renseignement précis. »

*

* *

Maurice Allais s'interroge sur la capacité des dirigeants du futur État algérien à respecter les accords d'Évian. En 2003, nous pouvons mesurer combien étaient prémonitoires les questions qu'il se posait en 1962. Cela renforce la certitude que les pourparlers d'Évian, entre un État constitué et un groupe sans légitimité propre (sauf celle que la France a bien voulu lui accorder pour la circonstance), étaient un leurre qui permettait à la République de liquider l'Algérie en toute tranquillité, au détriment des Français et des musulmans pro-français.

Dans le cas d'une non-application, quels étaient les recours de la France ?

« Il n'est (...) précisé nulle part dans les accords, souligne Maurice Allais, que, dans le cas de leur dénonciation par le futur État algérien, la France serait en droit de faire quoi que ce soit. Aucune disposition, en effet, ne sanctionne cette violation, si ce n'est la possibilité de présenter un recours devant la Cour internationale de justice de La Haye. Recours qui ne pourra être que platonique, à moins qu'elle ne tente de réoccuper militairement l'Algérie, avec ou sans déclaration de guerre, ce qui constituerait, en droit international, une "agression", avec toutes les conséquences qu'elle ne pourrait manquer de compter sur le plan international. Mais qui peut attendre une telle action, si justifiée qu'elle pourrait l'être, d'un pouvoir dont la politique déclarée est d'en finir avec l'Algérie "d'une manière ou d'une autre" (allocution du président de la République à la télévision le 29 décembre 1961) ?

» Qui ne voit ici que les accords ne donnent aux Français d'Algérie et aux musulmans pro-français qu'un simulacre de protection ? C'est une espèce de rideau de fumée destiné à masquer la réalité à l'opinion publique. »

Sur sa lancée, le prix Nobel continue de s'interroger sur l'absence de toute mesure visant à sanctionner la non-application des accords signés. « Ce qui frappe dans les accords d'Évian, c'est l'absence explicite de toute sanction contraignante efficace. Certes un appel est prévu devant la Cour internationale de justice de La Haye, mais cette cour ne peut rendre que des sentences arbitrales dépourvues de toute sanction contraignante.

» Or un droit qui ne comporte aucune sanction efficace, s'il est violé, est un droit purement formel qui ne garantit absolument rien.

» En tout état de cause, seuls des États peuvent faire appel à l'arbitrage de la Cour de La Haye. Les particuliers ou les groupes, quels qu'ils soient, ne peuvent s'adresser à elle. »

Et Maurice Allais de conclure en ces termes : « Par les accords d'Évian, les Français d'Algérie sont en fait livrés sans défense réelle à un pouvoir dont on ne sait rien et dont on peut tout craindre. Pour les rassurer on leur donne quelques pages imprimées. On peut parcourir toute l'histoire : jamais des garanties verbales n'ont garanti quoi que ce soit. »

*
* *

Dans son analyse des accords d'Évian, Maurice Allais déplore l'abandon des musulmans pro-français. Hélas, nous avons pu constater, quarante ans après, que cet abandon – qui était programmé parce que réclamé secrètement par les négociateurs algériens – a conduit cent cinquante mille harkis à la mort, sauvagement exécutés par les bouchers de Ben Bella et de Houari Boumediene.

« Bien plus encore, et c'est là la lacune (lacune voulue) vraiment inadmissible des accords, rien n'est prévu en ce qui concerne les musulmans pro-français, au nombre de plusieurs centaines de milliers au moins, qui ne disposent d'aucune garantie apparente.

» Par l'autodétermination prévue par les accords d'Évian, ces musulmans, algériens de statut civil local, perdront ipso facto leur nationalité française. Ils la perdront en fait et en droit. Pour ceux d'entre eux qui désirent conserver cette nationalité, cela signifie qu'ils en seront privés contre leur volonté, et cela en violation de la

Déclaration universelle des droits de l'homme, qui déclare en son article 15 : " Nul ne peut être arbitrairement privé de sa nationalité", et cela en violation des engagements les plus solennels de la France. »

Le 10 mai 1962, Maurice Allais ajoutait : « Les musulmans fidèles sont abandonnés sans défense, et cela dans des conditions les plus ignominieuses et, dans sa déclaration du 28 avril à l'Assemblée nationale, le député M. Abdesselam a pu dire, sans être contredit : "On évacue à la hâte, souvent à la sauvette et nuitamment, afin d'éviter les protestations des populations qui se retrouvent le lendemain livrées aux représailles les plus abominables." »

Citons la déclaration solennelle du général de Gaulle, prononcée au Forum le 4 juin 1958 :

– Je déclare qu'à partir d'aujourd'hui la France considère que dans toute l'Algérie il n'y a qu'une seule catégorie d'habitants. Il n'y a que des Français à part entière, avec les mêmes droits et les mêmes devoirs.

Faut-il rappeler encore l'appel lancé et la promesse faite par le général de Gaulle, le 5 juin, à Bône, aux musulmans, à ceux qui, prenant parti pour la France, couraient des risques immenses et s'exposaient pour l'avenir aux pires représailles ? « Venez à la France, elle ne vous trahira pas. »

Dans l'interview donnée à Michel Goué (*Le Monde,* 5 avril 1962), le bachaga Boualem déclarait amèrement : « Je me suis battu pendant trente ans pour la France. Maintenant je n'ai plus rien. Je ne suis même plus français. Vous me rayez d'un trait de plume. Le général de Gaulle avait dit qu'il ferait des accords avec ses élus. Il n'a pris que des délégués de l'administration. On nous a trompés. Il fallait nous dire dès le premier jour que nous devions passer au FLN au lieu de nous laisser nous battre pendant sept ans. À Évian, pour respecter les promesses, des représentants de harkis et des soldats musulmans de l'armée française auraient dû être appelés à siéger comme les combattants de l'ALN et les partisans de l'Algérie française aux côtés des politiques du FLN. »

En guise de conclusion, Maurice Allais parle d'une « capitulation sans défaite. Au terme de cette analyse, celui qui écrit ces lignes se sent envahi par une infinie tristesse et par l'indignation. Non pas par nationalisme, car il est un adversaire résolu de toute forme de colonialisme, non par conservatisme, car il n'a cessé sa vie durant de prendre parti pour des réformes novatrices, mais en tant qu'homme parce que ce à quoi il attache le plus de valeur, c'est une certaine fierté, une certaine dignité et la fidélité à la parole donnée ».

*

*   *

Les accords d'Évian apportent au FLN bien plus qu'il ne l'imaginait. Cette immense victoire gagnée sur l'État français aurait dû suffire aux dirigeants, or l'organisation révolutionnaire poursuit sa guerre en procédant à des enlèvements de civils et de militaires, dont le rythme s'amplifie.

À chaque heure de la journée, des dizaines de Français sont kidnappés, sans distinction d'âge ni de milieu social. Des familles disparaissent, ou bien vingt-sept ouvriers sont interceptés par des nationalistes et ne seront jamais retrouvés. Les gens sont tués dans la rue. « On nous tirait comme des lapins », dit Alain Féraut. La situation est jugée tellement alarmante par l'ambassadeur des États-

Unis à Alger que celui-ci prévient le Président Kennedy, qui donne à la VIe flotte l'ordre de patrouiller en permanence le long des côtes algériennes afin de porter secours à tous ceux qui le demanderaient.

Ce premier extrait puisé dans le journal *Les Écoutes* du 6 juillet 1962 relate le climat de détresse qui règne en Algérie.

> Personne ne mettra le nez dans les affaires – si sanglantes soient-elles – de l'Algérie indépendante.
>
> Mais peut-être a-t-on le droit de demander des comptes aux autorités françaises qui, jusqu'au 1er juillet, assumaient la responsabilité de l'ordre public ? Qu'ont-elles fait, ces autorités, pour retrouver et délivrer les centaines de femmes et d'hommes enlevés par les commandos FLN ?
>
> Un cas précis. La commune de Birtouta, au cœur de la Mitidja, était depuis longtemps déchirée entre le MNA et le FLN. Les Européens se tenaient à l'écart de cette querelle ; ils ignoraient même l'OAS. Cependant, lorsque la victoire du FLN se trouva assurée, les premiers actes de violence furent dirigés contre eux. Menaces, égorgements, enlèvements provoquèrent l'abandon de vastes domaines agricoles. Puis, le 13 juin, ce fut le coup de grâce : vingt-sept personnes enlevées d'un seul coup au domaine de Baba-Ali et une chapelle profanée. Les disparus sont M. Orfila, gérant de l'exploitation, sa femme, son fils, le secrétaire de l'exploitation, un voisin malade et les ouvriers musulmans. Où sont-ils ? Quel traitement leur a-t-on infligé ? Bien que ces faits se soient déroulés à vingt kilomètres d'Alger, en période de souveraineté française, nul n'a voulu ou n'a pu rechercher les ravisseurs et leurs victimes.

Le même journal nous livre la suite atroce de ce drame.

> Toujours à Birtouta, un musulman se présentait à un capitaine de l'armée française et le suppliait de prendre

sous sa protection quatre-vingt-cinq hommes, femmes et enfants littéralement terrés dans une ferme de la région.

– Il faut, lui dit-il, nous aider à fuir ou à mourir. Conduis-nous au bateau. Ou alors, sois gentil : fais-nous au moins fusiller par des soldats français.

Ces civils musulmans, pour qui rien n'a été prévu, ont reçu la promesse qu'ils seraient embarqués pour la France le 4 juillet. Nous ne savons si cette promesse a été tenue. Mais combien d'autres « Français à part entière » paieront de leur vie leur fidélité à une patrie ingrate ? On n'y pense pas sans honte.

Le gouvernement, à Paris, est-il au courant ? Et comment réagit-il devant cette violation des accords ? À ces deux questions l'historien Jean Monneret apporte une réponse. « La question des enlèvements fut abordée au Comité des affaires algériennes du 23 mai 1962. Les autorités françaises disposaient de renseignements extrêmement solides sur ce grave problème… »

Christian Fouchet, haut-commissaire en Algérie, agacé par la situation mais par ailleurs soucieux de respecter les formes et les convenances, lance un ultimatum officiel au nom de la France aux responsables du GPRA[1]. Sans résultat. Les enlèvements se poursuivent. Alors la colère s'empare du haut-commissaire, qui envisage d'arrêter Azzedine, haut responsable du FLN et principal auteur des crimes perpétrés contre les Français. Prévenu de cette intention, le Premier ministre, Georges Pompidou, lui conseille de n'en rien faire et l'engage à la prudence. Fouchet, se rangeant à son opinion, écrit à Abdérahmane Farès, président de l'exécutif provisoire, l'invitant à intervenir auprès d'Azzedine et le priant d'interrompre ses agissements.

1. Gouvernement provisoire de la République algérienne.

« À aucun moment, précise Jean Monneret, l'autorité française n'envisage d'utiliser ses forces armées et de pénétrer dans les sanctuaires des nationalistes pour briser le système des enlèvements. »

La précipitation à se désengager de l'Algérie est un piège pour le gouvernement français. À Paris, l'exécutif se trouve dans une position inconfortable. Quelle solution adopter ? Officiellement, il est contraint de suivre la voie tracée à Évian, et donc de prendre le risque de la rupture en agissant militairement. Cependant, utiliser la force consiste à entrer dans le jeu de l'OAS. Impossible ! Georges Pompidou, qui n'a que répulsion pour toutes ces affaires guerrières et qui croit interpréter la volonté du chef de l'État, fait le dos rond. Dès lors toute la chaîne hiérarchique de l'appareil d'État se met au diapason, intégrant la consigne du silence sans qu'on le lui demande. Chacun, à sa manière, s'efforce de minimiser les enlèvements.

La loi du silence trouve dans les personnes de Georges Pompidou, de Louis Joxe – chef de la délégation française à Évian –, de Robert Boulin (l'un des négociateurs), de Jean de Broglie, négociateur aussi à Évian, des artisans sans faille de la désinformation et du mensonge. Le cynisme dont ils font preuve est une injure aux familles broyées par le malheur. Ces gens mentent les yeux grands ouverts. Le mensonge aux lèvres, ils n'hésitent pas à affronter les élus de la nation à l'Assemblée nationale ou au Sénat. La lutte contre l'OAS offre aux menteurs un paravent idéal pour masquer la vérité. Et lorsque l'organisation séditieuse perpètre un attentat, ses responsables ignorent qu'ils apportent une aide considérable à l'immobilisme des politiques.

À la sinistre partition, le chef de l'État apporte même sa note grinçante. Il clôt un conseil des ministres par ces termes : « Tout ça est un magma qui va se décanter et qui était inévitable. Ça ne mérite pas qu'on se passionne. Le délire actuel de l'Algérie ne durera pas. »

Jean Monneret rappelle une autre intervention de Charles de Gaulle : « Pour la France, à part quelques enlèvements, les choses se passent à peu près convenablement. »

Vingt-cinq mille Français ont été enlevés. Jamais ils ne réapparaîtront.

*

* *

Dans un pays déstructuré, en proie à la folie et au meurtre, les familles qui ont eu un parent enlevé cherchent une autorité capable d'engager une enquête sur le disparu. À quelle porte frapper ? Les préfets sont partis, les commissaires ont plié bagage, les gendarmes craignant des représailles circulent en arborant le drapeau algérien. L'administration est démantelée. Il n'y a quasiment plus rien. Il va de soi que cette situation mortifère est en totale contradiction avec les accords d'Évian. Mais qui s'en soucie ?

Chaque famille utilise les moyens dont elle dispose pour engager une recherche. Une amitié ou une relation dans le camp du FLN peut suffire. Ainsi la famille Féraut parvient-elle à entrer en contact avec un officier de l'ALN, la branche armée du FLN. Ce dernier indique le lieu de détention du père : un camp situé à l'est d'Alger, dans les montagnes.

– Au troisième rendez-vous, rapporte Alain Féraut, l'officier ne s'est pas présenté. Sans doute s'était-il senti surveillé. Tous les contacts se sont soldés de la même façon. Chaque fois on nous opposait la langue de bois.

L'armée ne peut agir sur le territoire sans autorisation préalable de l'autorité algérienne, comme nous l'avons dit.

Cette mesure se révèle chaque jour plus meurtrière, comme le montre l'histoire d'Andrée Boissier.

Andrée Boissier – trente-quatre ans – et sa fille Christiane, âgée de onze ans, sont enlevées en plein jour, le 10 avril 1962, sur une route nationale. Les recherches de la famille et des amis pour les retrouver restent vaines. Jusqu'au jour où le cousin d'Andrée Boissier, gendarme, décide de mener sa propre enquête. Voici le témoignage de Marius, que je restitue dans toute son authenticité.

> Au mois de mai 1962, j'ai appris par un indigène pro-français l'existence d'un camp de prisonniers français, hommes, femmes et enfants, se trouvant dans les environs d'Alger, à l'Arba. Après lui avoir fait part de la disparition de deux de mes cousines, cet indigène m'a alors promis de faire le nécessaire afin de vérifier leur existence dans ce camp.
>
> Peu de jours après, il m'a répondu affirmativement qu'elles se trouvaient bien dans le camp de l'Arba, où les militaires français n'avaient pas le droit d'approcher.
>
> Le sous-lieutenant Jean-Pierre Morin, fils du général de division Morin, commandant la gendarmerie en Algérie sous les ordres duquel j'ai servi pendant douze années, était en poste aux alentours de l'Arba et je lui ai aussitôt fait part des faits. Quelques jours plus tard, le sous-lieutenant Morin me dit :
>
> – Il est exact qu'à Arba existe un camp de prisonniers, mais nous n'avons pas le droit d'y pénétrer.
>
> Quelques jours avant l'indépendance de l'Algérie, alors que j'étais secrétaire du commandement régional de la gendarmerie, j'ai été convoqué dans le bureau de l'un de mes chefs directs, le chef d'escadron Petit, chef d'état-major. Ce dernier avait une liste sous les yeux et m'a dit textuellement ceci :
>
> – Avez-vous une Mme Boissier Andrée dans votre famille ?
>
> – Oui, mon commandant. Elle est internée dans un camp à l'Arba.

– Pourquoi ne me l'avez-vous pas dit ?
– Maintenant que vous le savez, qu'allez-vous faire ?
Levant les bras au ciel, il a répondu :
– Effectivement, nous ne pouvons rien faire.
Je précise que la France était encore souveraine en Algérie. Alors je lui ai demandé de me procurer deux automitrailleuses, dix hommes, et je me faisais fort de les ramener mortes ou vivantes. La réponse du commandant est tombée, cinglante.
– C'est impossible !
J'ai alors quitté le bureau.

Le dossier n'est pas clos pour autant. Le 6 août 1982, Maurice Benassayag, secrétaire d'État chargé des Rapatriés, répond à M. Raymond Boissier, le frère de la victime : « Je comprends d'autant plus votre préoccupation que j'ai moi-même eu des membres de ma famille enlevés. » Si, comme il le prétend, il a eu des membres de sa famille enlevés, pourquoi n'a-t-il pas proposé au président Mitterrand ou au Premier ministre Pierre Mauroy l'ouverture d'une commission d'enquête sur les disparus ?

Dans un autre paragraphe, le secrétaire d'État rappelle une déclaration qu'il a faite au journal *France Horizon :* « Il nous faut des preuves, des éléments assez précis pour que le Quai d'Orsay puisse demander officiellement à l'État algérien d'ouvrir une enquête. Ensuite, tout peut être possible. Et même l'envoi d'une mission en Algérie. »

Est-il envisageable de faire plus grand étalage d'hypocrisie ?

Le 22 mai 1964, Jean de Broglie, secrétaire d'État chargé des Affaires algériennes, fait cette réponse extravagante à la mère de Raymond Sans, disparu avec son ami Antoine Munoz le 4 avril 1962 : « En effet, malgré toutes les démarches effectuées depuis deux ans par toutes les autorités françaises et algériennes dès leur enlèvement, il a été impossible de retrouver M. Sans et son camarade. Par ailleurs, étant donné qu'ils semblaient avoir été emmenés au Petit-Lac, leur sort, de ce fait, ne paraît malheureusement guère douteux. »

Le Petit-Lac est une décharge publique qui se trouve à la périphérie d'Oran. Comment Broglie sait-il que le jeune homme et son camarade y ont été emmenés ? Dans le cas où il aurait eu des preuves, pour quelle raison ne les a-t-il pas transmises à la famille ? Pourquoi n'a-t-il pas montré le document qui prouvait les démarches effectuées auprès des responsables algériens ? Bref, on l'aura compris, il s'agit de tout faire dans le but d'apaiser les familles.

*

* *

Ce qui les hante, ces familles, c'est de connaître le lieu de destination et de détention du parent enlevé. Or il arrive aux Algériens d'ouvrir les prisons.

René-Claude Prudhon est capturé le 25 juillet 1962. Sa femme fait le tour habituel : commissariat, gendarmerie, ambassade et consulat de France, sans aucun résultat. La direction des cigarettes Bastos (où travaillait Prudhon) décide d'en savoir un peu plus. Utilisant un circuit privilégié, elle est autorisée par les autorités algériennes à visiter une prison située à Alger. Elle y envoie l'un de ses collaborateurs. On lui montre une cour pleine à craquer d'Européens qui semblent avoir été maltraités. Parmi cette foule, il ne reconnaît pas le disparu.

Nicole Roca est à la recherche de son mari. Elle visite toutes les prisons que le FLN veut bien lui ouvrir. Son beau-père l'emmène à celle de Maison-Carrée.

– J'ai eu une impression bizarre ; je ne me suis pas sentie

à l'aise. L'endroit ne ressemblait en rien aux autres prisons que j'avais déjà visitées. Les types à l'entrée, deux espèces de malabars, me disaient : « Entrez… Entrez, n'ayez pas peur. » Si, justement, j'ai eu peur, et j'ai rebroussé chemin aussi vite que j'ai pu.

– Si vous étiez entrée, vous ne seriez peut-être pas ressortie ?

– C'est probablement l'impression que j'ai eue.

– Imaginons que vous ayez trouvé votre mari. Selon vous, que se serait-il passé ? Le FLN l'aurait-il libéré ?

– Sur le principe, j'aurais aimé que cela soit vrai. Hélas, ce n'est pas arrivé, donc je n'ai pas de réponse à votre question.

L'enlèvement de Marcel Astier, âgé de soixante-quinze ans, colonel en retraite, maire de Souma, disparu le 23 août 1962 entre Souma et Boufarik, fait la démonstration, s'il en était besoin, que l'on devient un élément gênant pour le nouveau pouvoir et probablement pour l'ancienne puissance dès lors que l'on connaît l'emplacement de certains camps d'internement. C'est l'opinion qu'a développée l'une des filles de Marcel Astier lors d'un entretien accordé au magazine *Valeurs actuelles*.

> Mon père était une image embarrassante. Maire de Souma pendant trente ans, il était colonel de spahis et commandeur de la Légion d'honneur. Il avait construit en 1935 un dispensaire réputé dans la Mitidja, parlait l'arabe et apportait son aide aux organismes officiels pour retrouver la piste de disparus localisés dans deux camps, l'un situé au Bordj Tafer entre Souma et Bouinan, sur les premiers contreforts du Zaccar, et l'autre à Trappe-de-Tibérine, entre Mouzaïa-les-Mines et Chéréa.
>
> Mon père connaissait l'existence de ces deux camps. C'est pourquoi il a été enlevé, au matin du 23 août 1962, au moment même où il venait demander aux représentants de la France de se décider à agir. Le seul document

officiel que nous ayons est un acte de présomption de décès, en date du 15 janvier 1965.

Parmi les élus européens et musulmans, la disparition de Marcel Astier provoque un grand choc. Le député des Bouches-du-Rhône Jean Fraissinet écrit à Pierre Messmer, ministre des Armées, afin d'obtenir des éclaircissements sur l'enlèvement du maire de Souma. Le ministre transmet la lettre à son collègue, le ministre d'État aux Affaires algériennes, qui n'est autre que Louis Joxe. Dans sa lettre, Jean Fraissinet évoque la disparition de Marcel Astier, et deux autres sujets. Il raconte notamment que, le 22 août 1962, le navire français *Sidi Okba* a embarqué à Bône cent soixante-neuf civils européens, cent dix militaires français, deux cent soixante et un musulmans. Ces derniers, sous les yeux indignés des autres passagers et de l'équipage, ont été passés à tabac par des soldats de l'ALN.

Ensuite, il fait part au ministre des informations qu'il détient, de source sûre, concernant des camps repérés par avion « où sont détenus et maltraités, sinon torturés, des Français, sans que nos forces armées interviennent pour les secourir ».

La réponse de Louis Joxe, reproduite ci-dessous, est le modèle des lettres que les familles des disparus recevront pendant quarante ans, quel que soit le secrétaire d'État. Les appelés du contingent prisonniers du FLN seront soumis au même traitement. Mêmes phrases ampoulées, mêmes promesses jamais suivies où derrière chaque mot suintent l'hypocrisie et le mensonge.

M. le Député,

M. le Ministre des Armées m'a transmis la lettre que vous lui aviez adressée pour appeler son attention sur la disparition de M. Astier, ancien maire de Souma (Algérie), sur les sévices qu'auraient subis le 22 août dernier des musulmans en instance d'embarquement pour la France, ainsi que sur l'existence, en Algérie, de camps où seraient détenus et maltraités des Européens.

J'ai l'honneur de vous faire savoir que, dès que j'ai été informé, à la fin du mois d'août, de la disparition de M. Astier, j'ai demandé à M. l'Ambassadeur Haut-Représentant de la République en Algérie d'intervenir auprès de l'exécutif provisoire pour que les plus actives recherches soient entreprises. Celles-ci n'ont malheureusement donné aucun résultat jusqu'à présent.

Des instructions très fermes ont été données à notre représentant en Algérie pour que de nouvelles démarches soient effectuées auprès du Gouvernement algérien, et qu'une action constante soit menée auprès des autorités locales pour retrouver M. Astier et parvenir à sa libération.

Je ne manquerai pas de porter à votre connaissance, dès qu'ils me parviendront, les renseignements qui me seront communiqués, car je comprends l'émotion et l'angoisse où est actuellement plongée la famille de M. Astier.

En ce qui concerne les incidents survenus le 22 août 1962 et la détention d'Européens dans des camps en Algérie, j'ai aussitôt prescrit les enquêtes qui s'imposaient.

Veuillez agréer, M. le Député, l'assurance de ma considération très distinguée.

Louis Joxe

*

* *

Si les accords d'Évian sont une imposture, il n'est pas excessif d'écrire que les événements du 5 juillet 1962, à Oran, relèvent d'un véritable complot. Ce jour-là, toute la ville est plongée dans le chaos. Gérard Israël emploie le mot de pogrom, d'origine russe, qui signifie « destruction », dans son ouvrage intitulé fort à propos *Le Dernier Jour de l'Algérie française*[1]. Quelle que soit l'expression utilisée, ce

1. Éditions Robert Laffont, 1972.

jour restera dans les annales de l'histoire pourtant mouvementée de la France comme étant celui où le chef de l'État et le Premier ministre abandonnèrent la population oranaise européenne entre les mains des bourreaux du FLN.

Oran a eu la chance d'échapper aux turpitudes entraînées par la guerre, subissant très rarement le terrorisme aveugle des révolutionnaires à l'encontre d'Alger et des autres villes. Les troubles commencent lorsque ses habitants comprennent que de Gaulle va livrer l'Algérie avec les meubles au FLN. Par réaction épidermique, il y a une mobilisation en faveur de l'OAS, davantage pour son idée d'une Algérie éternellement française que pour ses pratiques musclées et sanguinaires ressemblant trop à celles du FLN.

Le général Katz, chargé par les autorités françaises de lutter par tous les moyens contre les activistes, ne s'en prive pas. Il arrête des femmes et des hommes qu'il parque dans les stades de la ville. C'est la répétition à la française de ce qui se passera vingt ans plus tard au Chili sous la dictature d'Augusto Pinochet. Les détenus restent parfois trois jours et trois nuits sans manger ni boire. Les prisons sont encombrées d'une humanité ramassée dans les rues sous n'importe quel prétexte. Untel a eu la folle audace d'entonner le *Chant des Africains,* l'hymne des Européens d'Algérie, au passage d'un camion… À compter du 19 mars 1962, la population d'Oran doit lutter contre l'armée française et le FLN unis dans la lutte contre l'OAS.

Les 26 et 27 juin, des camions militaires français sur lesquels sont arrimés des haut-parleurs sillonnent les rues, invitant la population à ne pas rester cloîtrée chez elle le 5 juillet prochain, jour de la proclamation de l'indépendance. Mme Ezagoury se souvient.

– La voix insistait pour que nous sortions ce jour-là. Il s'agissait de fêter la réconciliation. Un comité avait été créé, lequel avait établi un programme de festivités.

– *Vous maintenez qu'il s'agissait de camions français ?*

– Formellement, sinon nous nous serions méfiés.

Ce n'est pas le seul message que les camions diffusent, comme le rapporte Gérard Israël.

« Les haut-parleurs des camions militaires promenaient dans toute la ville le lancinant et rassurant appel : “Oranais, Oranaises, ne vous affolez pas. L'armée est et restera en Algérie pendant trois ans pour assurer votre sécurité.” »

Le plan est diabolique et bien pensé. Les initiateurs ont compris que la population européenne et musulmane pro-française ne sortira pas des appartements pour assister aux manifestations de la réconciliation et encore moins à celles célébrant l'indépendance. Il faut trouver un élément qui la rassure, d'où l'utilisation de l'article des accords d'Évian spécifiant le maintien pendant trois ans de quatre-vingt mille soldats.

– C'est probablement cela qui nous a incités à sortir ce jour-là, dit Mme Ezagoury.

Le 5 juillet 1962, et depuis les accords d'Évian, l'armée française est hors jeu sur tout le territoire. Elle ne peut intervenir qu'à condition d'avoir obtenu l'autorisation de l'exécutif algérien au préalable. Cela a été dit et redit ; il n'est pas mauvais selon moi de le répéter.

« L'autorité française, c'est quoi ? s'interroge Gérard Israël. Il n'y a plus à Oran de préfet ni de commissaire de police. Il n'y a pas encore de représentant diplomatique, pas de consul général. L'autorité algérienne ? Théoriquement il devrait s'agir d'un fonctionnaire d'autorité nommé par l'exécutif provisoire. Or une telle nomination n'a pas eu lieu. Mais quel est l'imbécile qui a rédigé les instructions générales pour l'armée française après l'indépendance ? Katz, après avoir matraqué les katibas, a dû faire la guerre aux pieds-noirs, et le voilà aujourd'hui transformé en bras séculier de la République algérienne que personne ne dirige. »

À Oran, une poignée de soldats – tous du contingent – montent la garde devant le collège Ardaillon, l'école Jules-Ferry, le Château-Neuf, l'hôtel Martinez, le lycée Lamoricière, le lycée Ali Chekkal et l'hôpital Baudens. Par ailleurs il est important de signaler que, si un problème survenait, les Oranais ne pourraient appeler le commandement militaire, le central téléphonique ayant été endommagé de telle sorte que les communications ne passent pas.

Tout est calme en ce matin du 5 juillet. Vers 10 heures, on signale que des bandes incontrôlées ont envahi le quartier juif à la hauteur des rues de la Révolution et d'Austerlitz ; elles se livrent à un pillage en règle des magasins. Le quartier est vide ou pratiquement. Les juifs ont quitté Oran depuis des semaines, car dans les familles personne n'a oublié les manifestations meurtrières anti-juives des années vingt et trente. Elles savent aussi que, de toute éternité, s'il y a une émeute, ce sont les juifs que l'on vise en priorité.

11 heures du matin. La scène se passe devant le théâtre municipal. Dans la foule se mêlent des Européens et des Algériens. L'annonce faite six jours auparavant justifie la présence des Français. On y trouve aussi des responsables du FLN. Des détails trahissent leur impatience, après cent trente ans de colonisation. Le jour est important, historique même. Soudain, quatre coups de feu sont tirés. Immédiatement de jeunes Algériens quittent la foule et se ruent dans des directions opposées en criant : « C'est l'OAS, c'est l'OAS qui nous a tiré dessus ! »

« La foule est d'abord incrédule, écrit Gérard Israël, puis tout le monde se met à courir en hurlant "OAS OAS". De ce rassemblement pacifique émergent des hommes en armes qui tirent dans toutes les directions. Des hommes, des femmes tombent morts ou blessés. On tire sur les sentinelles en faction devant la mairie, le Château-Neuf ou l'hôtel Martinez.

» Place Karguentah, la fusillade éclate à peu près au même moment. Tous les Européens sont tués sur place. Dans une brasserie, quatre Français jouent aux cartes en buvant leur anisette. Des Arabes entrent dans le café, les font sortir les mains en l'air et les abattent sur place. »

– Les plus terribles, dit Mme Ezagoury, c'étaient les femmes. Quand un Français était pris, elles disaient aux hommes qui le malmenaient « laisse-le-nous, laisse-le-nous ». Poussant de sinistres youyous, elles lui crevaient les yeux ou lui lacéraient le visage jusqu'à ce qu'il ne ressemble plus qu'à une plaie vivante. Puis elles l'abandonnaient sur le trottoir, où il mourait dans d'atroces douleurs, pour se jeter sur une autre proie. Depuis quarante ans, ces images sont restées dans ma mémoire. Rien ne pourra jamais les effacer.

De partout arrivent des hordes qui traquent les Européens, les tuent et repartent, investissent les immeubles, s'engouffrent en hurlant dans les escaliers, défoncent les portes des appartements et assassinent les occupants.

On pourrait écrire des pages et des pages sur le 5 juillet 1962 à Oran. La journaliste Geneviève de Ternant l'a fait. Trois tomes totalisant sept cent soixante-six pages consignent les événements tragiques de cette journée. Sept cent soixante-six pages de folie et d'atrocités.

Le complot ne fait aucun doute, les signes qui l'ont déclenché sont parfaitement lisibles. L'annonce, faite six jours auparavant, invitant les Européens à sortir dans la rue. Les coups de feu donnant le signal font du 5 juillet la répétition à l'identique de la scène tragique qui s'est jouée à Alger le 26 mars 1962. On y retrouve les mêmes agitateurs criant : « C'est l'OAS, c'est l'OAS ! » Or, comme le fait remarquer si justement Étienne Mallarde dans son livre *L'Algérie depuis*[1], « les agitateurs ne ripostent pas en direction des toits mais en tirant sur des sentinelles de l'armée française en faction devant trois bâtiments proches. Réaction étrange, si l'on songe que les troupes commandées par le général Katz n'ont eu qu'un adversaire depuis trois mois : l'OAS. » Plus loin dans le même chapitre, Mallarde ajoute : « Cependant les tireurs haut perchés ont déjà tourné leurs armes vers les "Européens". On les dit OAS, mais ils foudroient tous ceux de leur sang qui se promènent boulevard Front-de-Mer. »

Il ne sera jamais assez répété que l'armée, les gardes mobiles et la gendarmerie sont consignés dans les casernes. L'immobilité des forces de sécurité françaises, ce 5 juillet 1962, continue d'animer les débats en 2003, et à juste titre.

À la base militaire de Valmy, des jeunes Français prennent à partie les officiers. Ils leur reprochent de laisser la population européenne et musulmane pro-française se faire massacrer sans intervenir. « Si vous n'avez pas le courage d'affronter les meutes d'assassins, donnez-nous des armes et nous le ferons à votre place. » Les officiers sont troublés, les récits d'horreurs – quatre Français ont été pendus à un crochet de boucher dans le quartier de la Marine – qu'ils entendent les bouleversent. Mais si nombre d'entre eux pensent qu'il est de leur devoir d'intervenir, l'absence d'ordre l'emporte sur leur décision.

1. Éditions de la Table ronde, 1975.

Parmi les militaires, on enregistre une seule désobéissance ; elle vient de Rabah Kheliff, un musulman pro-français né le 15 janvier 1933 à Rebeval, en Algérie, qui était lieutenant à l'époque des faits.

La première question que je lui pose porte sur les consignes.

– Je vous confirme que les consignes nous ont été lues, puis, les autorités supérieures ayant sans doute craint que nous n'ayons pas compris, elles nous ont ensuite été transmises par écrit. Que disaient-elles ? L'Algérie étant devenue indépendante depuis le 2, en conséquence, le 5 juillet, nous devions rester dans les cantonnements. Je trouvais bizarre cet ordre et surtout peu conforme aux accords d'Évian. Ceux-ci prévoyaient clairement le maintien de quatre-vingt mille hommes en Algérie pour assurer la sécurité des personnes et des biens, or le jour d'une manifestation aussi importante que celle de l'indépendance, nous ne devions pas sortir des casernes. Je dois ajouter que ce qui alimentait mon trouble venait aussi des informations que nous recevions depuis le 19 mars, faisant état d'enlèvements, d'assassinats d'Européens et de musulmans pro-français. Bref, je ne comprenais pas cet ordre, et j'ai décidé de ne pas en tenir compte.

– Le 5 juillet, vous étiez dans votre caserne, saviez-vous ce qui se passait à l'extérieur ?

– Nous étions parfaitement au courant de la situation, grâce à des informations qui arrivaient de partout. Ma première réaction a été de joindre les collègues des autres bataillons par téléphone, afin de nous concerter sur ce qu'il convenait de faire. Tous me répondaient « tu connais les ordres, on ne bouge pas ». J'ai joint ensuite le capitaine de mon bataillon, il m'a fait la même réponse. Je me suis dit que je ne pouvais pas rester inactif. Ma conscience me commandait la désobéissance. J'ai donc décidé de quitter la caserne à la tête de mes hommes.

– *De combien d'hommes disposiez-vous ?*

– Trois cents.

– *Ils n'ont fait aucune difficulté pour vous suivre ?*

– Aucune. Je pense même que certains d'entre eux étaient soulagés par la décision que j'avais prise.

– *Où vous êtes-vous rendus ?*

– J'avais capté une information indiquant que quatre cents Européens se trouvaient entre les mains d'une unité de l'ALN au quartier de Sanchidrian. Je m'y suis rendu. L'information était juste. Quatre cents Européens attendaient d'être embarqués dans des camions à destination du Petit-Lac, où ils auraient été assassinés.

– *Leur sort s'est joué à cinq minutes près...*

– À peine. Ma première manœuvre a été d'encercler les soldats algériens, puis je me suis adressé à un homme en civil, faisant office de préfet. « Monsieur, lui ai-je dit, je vous demande de donner l'ordre aux gens de l'ALN de partir au plus vite. Mon intention est de libérer les Français et les musulmans qui sont arbitrairement retenus. Je vous donne cinq minutes, pas une de plus. Au-delà du délai, j'agirai en conséquence. » Le préfet a parlementé avec l'officier algérien, et ce dernier a levé le camp avec ses hommes. Parmi les gens il y avait des blessés, je les ai fait emmener dans des casernes françaises pour qu'ils reçoivent les premiers soins d'urgence.

– *Selon mes informations, vous avez été molesté par la foule ?*

– Exact. J'ai dû affronter la foule qui était furieuse de la libération des Européens. Les gens voulaient leur mort. C'était l'ambiance d'une Saint-Barthélemy.

Les Algériens n'en restent pas là. Une poignée de soldats de l'ALN armés jusqu'aux dents attendent Rabah Kheliff à la sortie de la caserne.

– Ils voulaient me faire la peau. Je suis sorti en civil, planqué sur le plancher d'un camion avec une unité de protection. Et nous sommes partis en direction de l'aéroport.

– *Vous avez quitté Oran immédiatement ?*

– Il le fallait bien. Le FLN m'avait condamné à mort. Si je restais, j'exposais ma vie.

L'action de Rabah Kheliff a permis de sauver quatre cents personnes que les Algériens avaient vouées à la mort. La désobéissance ne lui vaudra aucun blâme de ses supérieurs, mais des félicitations. Je recopie la lettre que lui a adressée le colonel Nicolas.

> Le commandant du sous-secteur Est d'Oran et du 67e régiment d'infanterie au lieutenant Kheliff Rabah, commandant la 430e unité de force locale, dans le sous-secteur Est du regroupement autonome d'Oran, a rapidement pris en main cette jeune unité, assuré l'ordre dans le quartier de Sanchidrian et contribué à la réconciliation des deux communautés.
>
> Calme, énergique et discipliné, a fait preuve des plus belles qualités de chef et d'homme en s'exposant, personnellement, au cours d'une manifestation, le 5 juillet, pour sauver plusieurs Européens dont la vie était menacée.
>
> A été molesté en transportant des blessés en lieu sûr, mais, gardant un remarquable sang-froid, a contribué à rétablir le calme sans effusion de sang.
>
> Nicolas

« La nuit tombe sur Oran, écrit Gérard Israël, comme au plus beau jour de l'Algérie française. Le couvre-feu le plus pesant de toute l'histoire de cette ville s'abat sur les Oranais. Les quartiers européens n'existent plus, ils ont été rayés de la carte. Oran n'est plus dans Oran. »

Parmi les questions que se posent les Oranais depuis le 5 juillet 1962, une seule a toujours priorité sur les autres. Comment des personnalités telles que le chef de l'État et le Premier ministre ont-elles pu rester silencieuses ? Ont-elles eu l'intention de donner une leçon aux habitants d'Oran pour avoir fait obstacle aux accords d'Évian et s'être rangés pendant un temps au côté de l'OAS ? Si tel est le cas, reconnaissons que la punition est allée au-delà de leurs espérances. La réponse, en réalité, est contenue dans la déclaration de Charles de Gaulle que rapporte Alain Peyrefitte dans son livre *C'était de Gaulle :* « La France ne doit plus avoir aucune responsabilité dans le maintien de l'ordre après l'autodétermination… Si les gens s'entre-massacrent, ce sera l'affaire des nouvelles autorités. » Tout est dit. À compter du 19 mars 1962, la responsabilité de la France n'est plus engagée en Algérie. Les négociateurs réunis à Évian l'ont voulu ainsi, à la demande du chef de l'État français, cela va de soi, qui de cette manière peut tourner le dos aux événements sans état d'âme. Que des Français soient enlevés et disparaissent lui semble à tous égards aller dans la logique de l'esprit de « pagaille » dont il gratifie l'Algérie. Quant à intervenir militairement et arrêter le massacre auquel se livrent les Algériens, il n'y tient pas, et cela pour deux raisons. Les Français, pense-t-il, n'ont aucune envie de voir s'ouvrir un nouveau conflit après huit ans d'une longue et épuisante guerre. Ensuite il ne veut rien tenter qui puisse mettre en péril ses ambitions internationales. Le seul sujet qui préoccupe un tant soit peu l'homme de la France libre au lendemain du massacre d'Oran est le départ hâtif des fonctionnaires vers la métropole, craignant pour leur vie et celle de leurs familles. Or il songe sérieusement à en forcer quelques-uns à revenir en Algérie.

Mais la vérité sur le 5 juillet est ailleurs, terrifiante et médiocre. Il s'agissait de terroriser la population oranaise afin qu'elle quitte la ville au plus vite, laissant maisons, appartements, bureaux et magasins à la disposition des troupes du colonel Houari Boumediene massées depuis des semaines dans la région, impatientes de se saisir des biens laissés vacants par le départ précipité des Français. Il était prévu de terroriser, pas de tuer. La bavure est probablement la raison pour laquelle les événements du 5 juillet 1962 sont maintenus dans l'ombre depuis des années.

Que sont devenus les corps des Français assassinés jonchant les trottoirs de la ville ? Le témoignage de Mme Ezagoury répond à la question.

Son père fait partie des Oranais qui se sont fiés au message diffusé par les camions militaires les 26 et 27 juin, invitant les Oranais à sortir le 5 juillet. À 10 h 30, il est arrêté et disparaît. Sa fille, ne le voyant pas revenir, se précipite à la gendarmerie, où elle connaît un gendarme. Il viendra en fin d'après-midi, à son domicile, lui montrer des photographies de cadavres.

– Il me demandait si, parmi les morts, je reconnaissais mon père. Il ne s'y trouvait pas. En revanche, j'ai vu une marchande de loterie que je connaissais, elle était atrocement mutilée.

– Les photographies avaient été prises par les Français ou les Algériens ?

– Par les gendarmes français. Ce sont les gendarmes et les militaires français qui ont enlevé les corps qui se trouvaient sur les trottoirs. Avec mon fiancé nous les avons vus les charger dans des camions.

Cela signifie que le commandement militaire était au courant de ce qui allait se passer. Bernard Coll, secrétaire général de l'Association Jeune Pied-Noir, pense que les Algériens ne possédaient ni les infrastructures, ni encore moins le savoir-faire, si l'on peut oser l'expression, pour faire disparaître les centaines de morts que les unités de l'armée française – toutes armes confondues – ont ramassés et emmenés. Cela signifie aussi que des militaires savent la vérité sur la destination des Français assassinés ce jour-là et qu'ils se taisent depuis quarante ans. Nombreux sont les chercheurs qui pensent que le fameux Petit-Lac proche d'Oran a été le principal charnier. Si cela ne fait aucun doute, la saturation a été rapide, et la réponse à la question n'est pas résolue pour autant.

En 1963, des charniers ont été mis au jour dans la région d'Oran par des unités du 21e RIMA (Régiment d'infanterie de marine) ; les rapports établis par les officiers sur la sinistre découverte ont disparu officiellement des archives de l'administration militaire.

Une autre interrogation concerne la présence de la presse le 5 juillet. Le quotidien *Le Monde* évoque une folie collective, Max Clos dans *Le Figaro* écrit à peu près la même chose. Et rien d'autre. Les autres grands journaux de la presse écrite sont absents. Qu'en est-il de la presse internationale ? Un peuple accédant à l'indépendance après cent trente ans de colonisation est un événement de première importance. Mme Ezagoury affirme qu'elle a vu des journalistes étrangers. D'autres témoins me le confirment. Ont-ils écrit des articles ? Comment se fait-il que le 5 juillet à Oran soit passé inaperçu hors de nos frontières ? Que sont devenues les mille personnes parquées dans le stade d'Oran ? Devant le nombre de morts, comment l'ONU a-t-elle pu justifier son silence ?

On évoque toujours le 5 juillet, mais il faut savoir que trois jours plus tard une autre tuerie a eu lieu dans la même ville, dont les cibles étaient les Français.

Mme Ezagoury, contrainte de sortir de son appartement, se trouve au milieu d'Algériens en armes. Elle prend peur et se réfugie dans une caserne de gardes mobiles.

– Les uns après les autres, les policiers venaient me dire qu'ils étaient désolés, le 5 juillet ils n'avaient rien pu faire. Un commandant m'a avoué qu'il se tapait la tête contre les murs en entendant les cris des Français que l'on tuait.

Afin que nul ne doute de la véracité de ce qui est relaté dans ce chapitre, je reproduis un article paru dans un journal anglais, le *Daily Express,* en date du 9 mai 1962. Et je propose, en annexe, la lecture d'un procès-verbal qui m'a été obligeamment confié par Mme Anton.

Le journal titre : « Horreurs derrière des portes closes en Algérie ».

> Les corps de quarante et un Européens ont été découverts aujourd'hui mardi dans un abattoir du quartier musulman lorsqu'une patrouille militaire pénétrait dans l'abattoir, agissant sur renseignements fournis par une Française de trente-deux ans qui avait reconnu le corps de son frère dix jours plus tôt à la morgue d'Oran. « Son corps avait été saigné à blanc aux poignets après qu'il eut été enlevé il y a dix jours, alors qu'il traversait, au volant de sa voiture, le quartier musulman après la tombée de la nuit. »
>
> Les quarante et un corps découverts étaient tous saignés à blanc. Cette découverte confirme les rumeurs selon lesquelles des Européens étaient enlevés et leur sang utilisé au profit des hôpitaux musulmans mal équipés.
>
> Il est contraire à la religion musulmane de donner son sang à une banque du sang. La découverte d'aujourd'hui est susceptible de déclencher une nouvelle vague de violence.
>
> À un barrage conduisant à cette bâtisse de béton, des militaires [*français*] refusent à quiconque de franchir la barrière de fil de fer barbelé.
>
> L'officier commandant ce poste a expliqué : « J'ai vu ce qu'il y a à l'intérieur mais si je vous laissais passer les musulmans nous attaqueraient certainement et cela ferait une émeute. C'est en effet quelque chose qu'ils veulent tenir secret. Après ce que j'ai vu là-dedans, je veux partir de ce pays aussi vite que possible. »

– Enquête 15 –

L'HOMME QUI VOULAIT HABITER SA STATUE

Alors que le conflit algérien a anéanti des familles entières et que, comme on l'a vu, un silence de quarante ans pèse sur les mémoires et fait obstacle à toute tentative d'explication sur ce qui s'est passé, on est en droit de se demander comment un homme tel que Charles de Gaulle a pu laisser s'installer une pareille situation. Depuis le 20 janvier 1946, le jour où le Général a claqué la porte du Gouvernement provisoire, la traversée du désert lui semble interminable. Les médias ne lui sont pas favorables, les déplacements qu'il effectue en province pour entretenir son électorat sont souvent relégués dans les dernières pages des journaux et font tout juste une brève à la radio. Sa représentation parlementaire s'essouffle, quand elle ne risque pas de sombrer tout simplement. Aux législatives de janvier 1956, le score dépasse péniblement les 4 % pour la formation politique qu'il anime. Que faut-il faire ? Telle est la question qui hante les milieux gaullistes.

Le bourbier algérien va donner à de Gaulle l'occasion de revenir sur le devant de la scène. Mais pour y parvenir, encore faut-il trouver l'homme providentiel qui va organiser le complot. « Où que je sois, j'œuvrerai pour le retour du Général », aime à dire Jacques Chaban-Delmas. En 1957, ce dernier profite de ce qu'il est au ministère de la Défense nationale pour mettre son vœu en pratique. Pensant qu'il faut s'appuyer sur l'armée pour réussir l'opération, et puisque la totalité des troupes se trouve de l'autre côté de la Méditerranée, il installe à Alger une antenne de son ministère. De cette manière, il est directement informé des événements et peut court-circuiter les rouages de la IVe République sans pour autant en être rendu responsable. Ne pouvant agir seul et à visage découvert, Chaban recrute Léon Delbecque, trente-huit ans, fils d'ouvrier, des épaules de lutteur, un accent ch'timi à couper au couteau, des dons extraordinaires de tribun et, qui plus est, un organisateur doué. Des années plus tard, Delbecque dira sa déception d'avoir été trompé par de Gaulle. Car le coup d'État qui se prépare n'a qu'un seul objectif : garder l'Algérie à la France.

Le 13 mai 1958, initialement prévu pour honorer la mémoire des trois soldats français fusillés par le FLN à la frontière tunisienne, va se transformer en un plébiscite pour de Gaulle. À la suite de ce coup d'État, appelé par René Coty, qui subit la pression des Algérois manipulés par les chefs militaires stationnés en Algérie et les groupes d'activistes, Charles de Gaulle est nommé président du Conseil le 1er juin 1958. Le 4 du même mois, il traverse la Méditerranée. La première étape du voyage est Alger, qui l'a ramené au pouvoir vingt-deux jours plus tôt. Au balcon du Gouvernement général, il prononce le discours qui reste de nos jours l'un des fleurons de la dialectique politicienne. « Je vous ai compris, dit-il, je sais ce qui s'est passé ici. Je vois ce que vous avez voulu faire, je vois la route que vous avez ouverte en Algérie, c'est celle de la rénovation et de la fraternité. » Depuis, on continue de s'interroger sur le sens profond de ces paroles. À quelle population s'adressaient-elles ?

Après le célèbre discours du 4 juin 1958, de Gaulle visite d'autres villes de la province. À chaque étape il évoque la fraternisation entre les communautés dans le style IIIe République. Dès lors, des deux côtés de la Méditerranée, chacun se met à l'écoute des petites phrases qu'il prononce en essayant de saisir l'évolution de son plan. Car tout le monde est persuadé qu'il a un plan.

Pendant quarante-six mois, le discours de De Gaulle fluctue, au grand étonnement des observateurs et de ses collaborateurs, car de plan il n'en a aucun. Pour lui, il n'y a pas l'ombre d'une ambiguïté. « À propos de ce "sujet-là", écrira-t-il dans ses *Mémoires d'Espoir*, il va sans dire que je l'abordai sans avoir un plan rigoureusement préétabli. Les données en étaient trop diverses, trop complexes, trop mobiles pour que je puisse fixer à l'avance des détails, les phases, le rythme des solutions. »

S'il donne l'impression d'être en proie à une intense réflexion, à vrai dire il est plongé dans une rêverie. À titre personnel, l'abandon de l'Algérie serait une rupture définitive avec l'Empire. Or la province africaine symbolise cet Empire et de Gaulle en est l'un des derniers représentants. Il en a la raideur, le style, le sens du tragique et le verbe pompeux. Cependant deux facteurs puissants viennent à son secours et le sortent de sa torpeur. Son âge, et l'ambition qu'il nourrit de se construire une stature internationale, laquelle lui permettra de crier : « Vive le Québec libre ! » « Pendant la guerre, à Londres, écrit Xavier Yacono, universitaire né à Alger, il avait la cinquantaine. Revenu au pouvoir en 1958, c'était un septuagénaire et, même si son état de santé était convenable, il savait qu'il avait peu d'années devant lui pour accomplir l'œuvre immense qu'il ambitionnait de réaliser, et, parmi les projets, celui de se bâtir une stature internationale à laquelle il tenait par-dessus tout. »

Réveillé, l'œil vif, le verbe acerbe, de Gaulle prend la mesure de la situation. Il s'aperçoit qu'à titre personnel il n'aime pas l'Algérie, et encore moins les pieds-noirs, qu'il tient pour des braillards. Quand il accède au pouvoir, le contentieux avec la province datant de 1943 n'est pas réglé. À l'époque, la cause en était le général Giraud. Ce dernier avait eu les faveurs des Alliés pour prendre le commandement du débarquement en Afrique du Nord, pas de Gaulle.

Les pieds-noirs ne connaissent pas l'homme du 18 juin et, avec leur sens de l'excès, ils le reçoivent « fraîchement ». Le Général s'en tient aux apparences. Parlant d'eux, il dit « ces gens-là », et choisit en privé des expressions encore plus méprisantes.

Il fait les comptes. L'Algérie coûte plus à la France qu'elle ne rapporte. Ensuite il désapprouve le déséquilibre démographique entre les deux communautés, qui lui inspire des phrases trempées dans le vitriol. « Si l'on francise ces gens-là, bientôt mon village s'appellera Colombey-les-Deux-Mosquées. » Ou encore, à une autre occasion : « Avez-vous songé que les Arabes se multiplieront par cinq, puis par dix, pendant que la population française restera presque stationnaire ? Il y aurait deux cents, puis quatre cents députés arabes à Paris ? Vous voyez un président arabe à l'Élysée ? »

L'examen de la situation lui montre qu'aucun plan n'est envisageable ; dès lors il se met à les refuser tous. Le désengagement lui semble être la seule voie raisonnable. C'est dans cette direction, et uniquement celle-ci, qu'il va mobiliser son intelligence et son savoir-faire.

L'ambition de compter parmi les chefs d'État que l'on écoute dans le monde ne constitue pas l'unique facteur de son réveil, même si celui-ci y a contribué grandement. Une autre raison a obligé l'homme de la France libre à se mettre en mouvement. Des condamnations qui le visent directement parviennent d'un peu partout. À l'ONU – le « machin », ainsi qu'il nomme l'organisation internationale –, un jeune sénateur du nom de John F. Kennedy réclame des commissions d'enquête sur la situation en Algérie. Touché dans son orgueil, de Gaulle doit réagir au plus vite. C'est ce qu'il va s'empresser de faire.

Pour comprendre la suite et en capter toutes les subtilités, arrêtons-nous encore un instant sur la personnalité complexe de cet homme indiscutablement hors du commun.

Depuis toujours, de Gaulle a fait sienne la formule « je m'avance masqué ». De même a-t-il coutume de dire : « Il faut toujours être d'accord avec ses arrière-pensées. » À Antoine Pinay qui lui parle de loyauté politique, il répond : « Allons ! Vous savez bien que la ruse est le meilleur instrument de la politique. » Nous pourrions y ajouter le mensonge. Le mensonge, pour un dirigeant, est-ce un acte politique ? La question renvoie à Paul Valéry, qui écrit dans *Moralités* : « Je te dirai ce que tu veux comprendre. Tu ne peux comprendre le vrai. Je ne puis même essayer de te l'expliquer. Je te dirai donc le faux. C'est là le mensonge de celui qui désespère de l'esprit d'autrui, et qui lui ment, parce que le faux est plus simple que le vrai. Même le mensonge le plus compliqué est plus simple que le vrai. La parole ne peut prétendre à développer tout le complexe de l'individu. »

Dans son dialogue intérieur, le Général sait qu'il ne ment pas ; il se range du côté de la formule édictée par le philosophe Emmanuel Kant : « En politique, la vérité n'est pas toujours obligatoire, mais le mensonge n'est pas licite. » Or on ne peut ignorer que la chose publique n'est pas nécessairement juste, ni même légitime. Jusqu'à l'indépendance de l'Algérie, il vit dans la crainte que ses intentions ne soient connues avant qu'il ait trouvé l'événement propice pour les divulguer. Enfin, de Gaulle sait aussi que tout dirigeant est soumis à une vérité permanente : il cesse de dérouter dès qu'il décline.

*

* *

Pour mettre sur pied le plan de son désengagement de l'Algérie, de Gaulle a besoin d'un confident. Son fils remplira la mission ; une importante correspondance s'établit entre les deux hommes. Philippe de Gaulle en dévoilera une infime partie à la mort de son père. Ce qui est légitime.

Avec Alain Peyrefitte il trouve le collaborateur attentif, inventif, cultivé et patient dont il a besoin. Rendons justice à Peyrefitte de nous avoir éclairés sur les années que nous évoquons, et sur les différents retournements du Général, dans trois tomes intitulés fort à propos *C'était de Gaulle*. Ensuite, il faut à de Gaulle un négociateur discret, possédant une dose suffisante de cynisme pour impressionner ses interlocuteurs : Georges Pompidou est l'homme de la situation. Depuis son bureau de la banque Rothschild, suivant à la lettre les instructions discrètes venues de l'Élysée, il agit. Rencontres secrètes avec les responsables du Gouvernement provisoire de la République algérienne (GPRA) en compagnie de Louis Joxe ; ce dernier dirigera la délégation française à Évian.

En mai 1961, le GPRA rompt les premières ébauches de pourparlers secrets. Le refus agace de Gaulle, qui y voit une entrave à son envie pressante de désengagement. Pour lui, la situation est simple : les nationalistes reculent devant les responsabilités qui les attendent et préfèrent la poursuite du conflit à une coopération négociée. « Il [*le*

GPRA] craint, dit le Général, d'avoir à faire ses preuves dans les œuvres de paix, continuer cette fausse guerre est pour lui la facilité. »

De Gaulle a raison, le Gouvernement provisoire retarde le moment où lui faudra prendre les commandes du pays. Les dirigeants savent en effet que pas un seul d'entre eux ne possède l'envergure d'un chef d'État. Sans compter que les problèmes algériens, plus idéologiques qu'économiques, devront être résolus en fonction des promesses faites au peuple. Nul n'ignore au sein de l'organisation nationaliste que le fait de tenir ces promesses risque de provoquer des dérapages préjudiciables pour l'avenir de l'Algérie. De son côté, M. Marcel Jeanneney en apporte la preuve. Ambassadeur de France en Algérie, le 29 novembre 1962 il envoie à Louis Joxe, ministre d'État chargé des Affaires algériennes, un rapport confidentiel portant sur la dégradation de l'Algérie, quatre mois après l'indépendance. Le document n'a jamais été divulgué jusqu'à ce jour. Il s'agit ici d'extraits.

L'ambassadeur fait état de deux millions de chômeurs et d'une demande pressante de ressortissants algériens de s'expatrier pour venir en France. À propos des dirigeants, il écrit : « En réalité, les dirigeants algériens actuels sont déchirés entre l'œuvre à réaliser, qui serait celle d'un gouvernement de restauration, prudent et empirique, et la volonté révolutionnaire qui les a animés pendant sept ans et qui aujourd'hui, dans l'Algérie qu'il faut remettre en route, s'applique si mal aux faits.

» Ils cèdent parfois à cette tentation révolutionnaire et lancent alors, à propos de la réforme agraire par exemple, ou des nationalisations, des idées dangereuses à travers le pays. Pressés par les nécessités immédiates, ils font heureusement, d'autre part, et plus utilement, une politique plus réaliste de remise en ordre.

» À Alger même, dans les ministères, un travail d'organisation s'effectue actuellement avec le concours de fonctionnaires français venus en mission au titre de la coopération. Cette action au sommet devrait porter ses fruits, mais avant qu'elle fasse sentir ses effets aux différents échelons de l'administration, il est probable que l'intérieur du pays aura glissé dans un état de sous-administration et de désordre latent d'où il sera difficile de le tirer. »

Charles de Gaulle installe deux équipes à l'Élysée. L'une est favorable à l'Algérie française, quelles qu'en soient les modalités, tandis que l'autre milite pour le désengagement. Cette organisation lui permet de puiser les arguments dont il a besoin pour continuer d'avancer masqué et de brouiller les cartes autant qu'il le souhaite.

Après la rupture provoquée par le GPRA, de Gaulle jette dans le camp des nationalistes une « poire d'angoisse » afin de leur rendre insupportable le statu quo dans lequel ils s'entêtent : il convoque Alain Peyrefitte et lui demande de réfléchir au projet d'une partition de l'Algérie. « Je fis observer au Général, dit Peyrefitte lors d'un entretien accordé à la revue *Historia* (n° 400), que si la partition n'était qu'une menace tactique, elle n'aurait pas plus d'effet sur les rebelles qu'un revolver à bouchon. Elle ne les dissuaderait de préférer la poursuite de la guerre à la négociation que si elle apparaissait comme concrètement possible. Elle devrait faire l'objet d'études précises et entraîner un début de réalisation, à tout le moins un mouvement d'opinion favorable. »

De Gaulle montre à son collaborateur que la partition permettrait de regrouper les Européens, dont la plupart demeuraient déjà entre Alger et Oran ; que cette bande de terre serait beaucoup plus facile à défendre, et qu'il y aurait vite plus de candidats pour la partie française que pour celle qu'on abandonnerait aux rebelles. Le FLN, invulnérable tant qu'il était désincarné, deviendrait vulnérable quand il serait soumis à des représailles sur le sol qu'il administrerait. De Gaulle sait que le plan qu'il mûrit s'étend jusqu'à la communauté pied-noir, désormais divisée entre le camp de ceux qui sont favorables au partage, et ceux qui y sont hostiles.

Malgré sa détermination, la tâche est rude pour le président. La difficulté majeure à laquelle il se heurte est d'opérer le basculement de l'Algérie française vers une Algérie indépendante. Les obstacles qui se dressent sur sa route ne manquent pas. Le premier est représenté par la majorité des musulmans défavorables à une Algérie algérienne, contrairement à ce qui a été écrit et dit pendant des années. Bernard Coll, secrétaire général de l'Association Jeune Pied-Noir, dans son ouvrage consacré aux harkis, apporte un éclairage juste et réel par rapport à l'adhésion des masses musulmanes à la thèse nationaliste. « La guerre d'Algérie n'a jamais été une guerre entre Européens et musulmans. C'est avant tout une guerre arabo-arabe, entre musulmans qui ont choisi l'évolution vers la culture et la société occidentales, et les autres, partisans d'une société arabo-musulmane dont les principes politiques et économiques se rattachent à la tradition musulmane et aux utopies socialistes. Aussi, pour les Arabes et Berbères partisans de l'Algérie française, leur engagement dans l'OAS est la suite logique de leur engagement pour la France puissance européenne. »

L'autre obstacle empêchant la naissance d'une nouvelle Algérie est constitué par les Européens et les musulmans pro-français, qui détiennent le pouvoir économique.

Le film qui se déroule devant les yeux du chef de l'État – où pas la moindre zone d'ombre n'a été occultée, où ni clan ni groupe n'ont été oubliés – lui désigne la voie qu'il doit emprunter, s'il veut (et c'est ce qu'il souhaite) obtenir le désengagement de la France en Algérie dans les meilleurs délais. Il faut d'abord intensifier la lutte contre l'Algérie française, en traquant impitoyablement ses partisans et en particulier ceux qui se réclament de l'OAS. Pour y parvenir, le pouvoir gaulliste invente une police parallèle dont les membres sont malicieusement nommés « barbouzes » par le journaliste et écrivain Lucien Bodard dans un célèbre article de *France Soir*.

La lutte contre l'OAS servira de justificatif pour camoufler les basses manœuvres du pouvoir, rapts, assassinats, attentats, interdiction de journaux, etc. Concernant le combat contre les factieux, de Gaulle sort sa batterie de phrases venimeuses à chaque fois que l'occasion lui en est donnée ; elles seront nombreuses, comme le montre sa déclaration reproduite dans le journal *Le Monde* du 2 juillet 1961. « L'Algérie française est dépassée. Ceux qui sont encore en sa faveur sont des "fumiers". On ne peut imposer la nationalité française. Nous allons faire un essai pour aboutir encore à l'association. Il y a une période de réflexion. Les négociations vont reprendre. Si elles ne réussissent pas, nous ferons des regroupements autour d'Alger et d'Oran, au moins provisoirement. Une fois qu'ils seront achevés, il y aura peut-être la possibilité de tenter un nouvel essai d'association. »

Pour arriver à ses fins, de Gaulle veut contrôler la presse et tous les moyens d'information existant dans le pays. Un ministère est créé pour la circonstance, celui de l'Information. Alain Peyrefitte est le premier à inaugurer la fonction, au mois de décembre 1962. Il va de soi que le ministère de l'Information et celui de l'Intérieur, travaillant en étroite collaboration, font tout ce qui est en leur pouvoir pour saboter les réunions visant à contester la politique algérienne du chef de l'État, comme le prouve cet extrait du livre de Jacques Soustelle, *L'Espérance trahie*[1] :

1. Éditions de la Table ronde, 1967.

« Enfin, à partir du printemps, le CIPAS organisa une série de réunions, à Lille, à Avignon, à Aix-en-Provence, à Nice, à Toulon, etc., au cours desquelles je m'attachai à montrer les incohérences, les contradictions et les dangers de la politique algérienne du général de Gaulle. Tout fut mis en œuvre par les autorités pour nuire à l'efficacité de ces meetings : interdits, en tant que réunions publiques, ils ne pouvaient se tenir qu'en privé sur invitations ; les préfectures faisaient dire, la veille, que les manifestations n'auraient pas lieu ; les députés "inconditionnels" adjuraient leurs ouailles de ne pas paraître. En dépit de tout cela, les salles étaient bondées, les auditoires sympathiques, attentifs, souvent enthousiastes. »

Le casse-tête est loin d'être résolu. Reste à régler le sort des musulmans pro-français et des harkis ; ce sont souvent les mêmes. Les chiffres apportent la solution. On compte approximativement trois cent mille engagés au côté de la France. Si on leur applique le coefficient familial de 6 pour 1, on atteint une population de presque deux millions d'individus. Celle-ci s'ajoutant au million de pieds-noirs, la population francophone s'élève à trois millions. Dans les faits, cela signifierait que la France devrait rapatrier, à court ou plus ou moins long terme, une population de trois millions de personnes. Impossible ! La différence entre les Européens et les musulmans se creuse. Les Français seront opérationnels immédiatement, ce qui ne serait pas le cas des autres. La majorité d'entre eux parlent mal le français – parfois pas du tout –, ils n'ont aucune formation professionnelle, l'insertion dans la société industrielle risque de se révéler complexe et coûteuse. Il n'y a pas d'autre solution que de les abandonner.

Et les Européens ? Si le référendum d'autodétermination est concluant, ce qui est fort probable, que feront-ils ? Combien d'entre eux reviendront en France ? Et combien resteront en Algérie ? La réponse à la question arrive du camp des nationalistes algériens. Dès le commencement de la guerre, les bases de la révolution ont été clairement exprimées et n'ont jamais été modifiées au cours du long combat. Dans le programme de restauration d'une Algérie indépendante, les Européens n'ont pas leur place. On ne peut être plus clair !

Cependant, les accords conclus à Évian prévoient une phase transitoire de trois ans pour les Français d'Algérie. Délai qui doit leur permettre de réfléchir et de décider soit de leur retour en France, soit d'adopter la nationalité algérienne et donc de rester en Algérie. Ces trois années jugées inacceptables par les membres du GPRA – parce que trop longues selon eux – seront malgré tout inscrites dans le texte de l'accord mais, en secret, tout le monde s'entend pour qu'il n'en soit rien. Les vrais acteurs des accords du côté algérien, qui se trouvent encore dans l'ombre et qui tirent les ficelles à distance, Ben Bella et Boumediene, sont au moins favorables à cette clause. Il faut récupérer au plus vite les biens que les Français auront laissés. C'est une promesse qui a été faite dès le début du conflit à la population et qui fut maintes fois répétée tout au long de la guerre.

Les problèmes essentiels sont posés. Reste à trouver les moyens pour atteindre les objectifs. Or la logique cède la place à la raison. Si un obstacle vient à ralentir le cours d'un événement, deux solutions sont possibles. Son contournement, mais l'obstacle subsiste toujours, ou son élimination par une action radicale.

Il est donc clair qu'il faut soit éliminer physiquement les harkis, soit exercer sur les Européens un terrorisme à outrance, afin de les obliger à quitter l'Algérie avant le délai de trois ans prévu dans les accords d'Évian.

Alain Peyrefitte aborde cette question dans son livre *Faut-il partager l'Algérie ?*, paru aux éditions Plon au mois d'octobre 1961. « Pour réussir la prise du pouvoir simultanée sur l'ensemble du pays, il faut qu'ils amènent le gouvernement français à éliminer lui-même *tous les adversaires* ; à organiser lui-même l'évacuation de la communauté européenne en métropole ; à sacrifier *lui-même* à l'autorité exclusive du FLN les autres tendances (musulmans élus sur les listes "Algérie française", musulmans à tendance "association" ou "soutien au général de Gaulle", MNA, etc.), à installer *lui-même* l'exécutif provisoire unitaire, qu'ils ne peuvent accepter que s'il est composé de leurs doublures ; à créer *lui-même* les conditions d'une dictature du FLN. Les objectifs du GPRA peuvent se résumer en un seul : obtenir de la France un fidéicommis pour toutes les populations algériennes. »

Alain Peyrefitte écrit ensuite : « Si l'OAS occupe certaines villes d'Algérie, le gouvernement essaiera de les isoler. Elles seront enfermées dans un blocus économique et militaire, tandis que les autorités s'efforceront de faire appliquer l'accord dans tout le reste du pays jusqu'au moment où les zones insurgées céderont par asphyxie. »

Bernard Coll apporte son jugement sur le texte qui précède : « Pouvait-on être plus explicite pour justifier le blocus de Bab-el-Oued, la fusillade de la rue d'Isly du 26 mars 1962, une semaine seulement après le cessez-le-feu, et la liquidation par l'armée française et le FLN des maquis franco-musulmans "Algérie française" ? »

Dans son ouvrage, Alain Peyrefitte prévoit en effet le massacre des harkis et l'assassinat des Européens. « L'état d'inquiétude est tel qu'il suffit d'un faux bruit pour déclencher une réaction collective incontrôlable. Ces phénomènes, encore localisés, n'en sont pas moins des signes précurseurs d'une probable Grande Peur. Les réfugiés musulmans qu'elle amènerait sans doute en France, à la fois leur nationalité française et leur misère nous mettraient dans l'impossibilité morale de les repousser.

» À défaut de précisions numériques, on peut fixer au moins l'ordre de grandeur minimum pour cette catégorie. On suppose en effet que, sinon tous, en tout cas l'immense majorité des musulmans engagés aux côtés de la France demanderaient à quitter une Algérie dominée par le FLN. Rappelons qu'il s'agit, sur le plan militaire, d'environ cent cinquante mille hommes qui se décomposent en militaires de carrière, harkis, mokhaznis, maghzen des SAS et GMS ; sur le plan politique, d'au moins cinquante mille personnes, dont quelque dix mille conseillers municipaux que l'on accusera d'avoir "collaboré". On arrive à un minimum de deux cent mille hommes, ce qui donnerait, le "coefficient familial" appliqué aux familles étant ordinairement fixé à 5,5, environ un million cent mille réfugiés.

» Un autre calcul permet de pressentir le nombre de musulmans qui s'enfuiraient d'une Algérie révolutionnaire. Le terrorisme du FLN a fait en sept ans dix mille victimes musulmanes en métropole (dont trois mille morts et sept mille blessés) et quarante mille victimes musulmanes en Algérie (dont quatorze mille tués). Le nombre des victimes musulmanes du terrorisme est près de sept fois supérieur au nombre des victimes européennes.

» Ce chiffre suffit à replacer dans sa vraie perspective la théorie selon laquelle le peuple musulman est un État indivisible, et tout entier derrière le FLN. S'il en était ainsi, les seules victimes du terrorisme seraient les Européens : il s'agirait d'une guerre raciale, comme en Palestine ou au Kenya. En fait, la guerre d'Algérie est aussi une guerre civile entre frères de race et de religion. Certes, le FLN pourrait nuancer, du moins pendant une période transitoire, son attitude à l'égard des "collaborateurs". Mais il n'est nullement exclu qu'il y ait pendant une période des luttes intestines, qui laissent prévoir une certaine remontée du MNA ; ces luttes provoqueraient à leur tour un afflux de "réfugiés politiques" auxquels la France serait contrainte d'accorder le droit d'asile. Enfin, pendant la période de flottement qui précédera l'autodétermination, bien des contrôles risquent d'être moins sévères, ne serait-ce que pour détendre les rapports d'une rive à l'autre de la Méditerranée, et nombre de musulmans déjà désireux de venir travailler en France en profiteront sans doute, vite rejoints par ceux qui prendraient le large pour des mobiles politiques. »

Les bases du plan sont posées. La lutte à outrance contre l'OAS sert à camoufler les actions du pouvoir, le terrorisme à l'encontre des Européens doit les obliger à quitter le pays avant le délai de trois ans, l'abandon des harkis – et leur fin tragique – est annoncé. Le plan prévoit l'installation d'un exécutif provisoire composé de doublures du FLN. La majorité des négociateurs présents à Évian sont donc mis hors course ; certains obtiennent des postes subalternes, d'autres finissent assassinés.

De Gaulle va suivre le plan concocté par lui-même et ses fidèles collaborateurs sans jamais s'en écarter. Et pour qu'il fonctionne, il libère les tueurs du FLN pris par l'armée française, dont Houari Boumediene a besoin pour renforcer les rangs de son armée particulièrement clairsemée. Jamais de Gaulle ne s'est préoccupé de savoir si le FLN agissait dans le même sens avec les prisonniers français. S'est-il une seule fois inquiété de leur sort ? Il ouvre les barrages du Maroc et de la Tunisie afin que les unités militaires algériennes puissent pénétrer au moment opportun, le 5 juillet 1962 par exemple, sans qu'elles rencontrent le moindre obstacle. Dès 1961, il rapatrie des pans entiers de l'armée française, cela des mois avant les accords d'Évian. Il liquide autant qu'il le peut les poches de résistance à sa politique algérienne ; on trouve parmi les résistants de hauts fonctionnaires qui ont servi la France avec compétence, à l'exemple de Jacques Soustelle. Comme prévu, les harkis sont désarmés et licenciés de l'armée.

Sans état d'âme, sans le moindre mouvement de compassion pour les Français enlevés ou assassinés, sûr de son bon droit, de Gaulle est soutenu dans son action par les accords qu'il a inspirés et qui lui servent de faire-valoir : « À compter du 19 mars, la France n'a plus de responsabilité en Algérie », aime-t-il à répéter. Pour parachever le tout, il fait voter en 1963, spécialement pour l'Algérie, une loi d'amnistie sur les crimes de guerre (voir p. 263 ce qu'en dit Me Emmanuel Altit) le couvrant, lui et les siens – y compris les ennemis d'hier –, contre toutes poursuites éventuelles. Ainsi, la France a pu inscrire dans son histoire tumultueuse un fait rare, probablement unique : pour la première fois, le pouvoir n'hésite pas à sacrifier des milliers de ses ressortissants pour satisfaire l'ambition de son dirigeant.

Libéré du fardeau de l'Algérie, de Gaulle peut enfin se consacrer tout entier à son projet international. Pour y parvenir, il décolonise les pays d'Afrique noire où la France avait imposé sa domination. Comme l'écrit Xavier Yacono dans son étude sur les relations entre de Gaulle et le FLN, « avec la création des Républiques d'Afrique noire, il devient un guide du tiers-monde ». Il place à leur tête des hommes qui lui sont dévoués, puis crée la Francophonie, une autre forme de colonisation. Les pays nouvellement indépendants entrent à l'ONU par la grande porte, apportant à leur bienfaiteur les voix dont il a besoin pour ne jamais subir de sanctions lorsque l'envie le prendra d'adresser des critiques acerbes aux États-Unis. En s'élançant dans le monde, de Gaulle ne satisfait pas seulement son ambition d'être une voix écoutée, il veut aussi régler ses comptes.

– Enquête 16 –

LA LOI DU SILENCE

Face au plan de désengagement concocté par un de Gaulle sans état d'âme, le silence s'est imposé de lui-même, envahissant l'appareil d'État sans connaître le moindre heurt. Les fonctionnaires de toutes les administrations ne sont pas épargnés, y compris ceux qui se trouvent au bas de l'échelle hiérarchique. Reconnaissons qu'il s'agit de l'omertà collective la plus réussie à ce jour.

Parmi les élus de la nation, les archives mentionnent l'action du député Bernard Lafaye, ainsi que celle du sénateur Étienne Dailly. En quarante ans, c'est plutôt maigre... Les lettres du sénateur Lafaye adressées aux familles des disparus sont des modèles de réelle compassion. Le sénateur Dailly s'est, lui, longuement préoccupé du sort des appelés prisonniers du FLN. C'est lui qui a révélé l'affaire André Aussignac lors d'une séance au Sénat. Le dossier qu'il a constitué sur les arrestations et les enlèvements lui permet à tout moment de confondre le secrétaire d'État aux Affaires algériennes Jean de Broglie et de mettre en lumière les mensonges de celui-ci, comme nous le montre cet extrait de la séance le 24 novembre 1963, page 2572.

Étienne Dailly s'adresse à Jean de Broglie.

Je ne peux pas, non, je ne peux pas vous laisser évoquer ce problème dans les conditions où il vient de l'être sans présenter un certain nombre d'observations.

Tout d'abord, ce que vous venez de nous dire, il fallait nous le dire l'an dernier, lorsque l'ensemble du problème a été évoqué ici même. C'est à l'époque qu'il fallait nous répondre.

J'ai appris depuis – je vous en donne acte – qu'effectivement un certain nombre de fonctionnaires, dont ce n'est sans doute pas la mission ordinaire, ont effectué en Algérie des missions. C'est vrai ! Et des missions dangereuses, c'est encore vrai ; et sur votre ordre personnel, c'est toujours vrai. Et cela malgré les consignes de silence, qui vous étaient données aussi bien à l'Hôtel Matignon qu'à l'Élysée, cela je le sais aussi, et de grâce ne me forcez pas à m'étendre longuement sur ce sujet. Et tout ceci grâce à un service des disparus que vous avez pris l'initiative d'organiser – c'est encore vrai, et je vous en donne acte – et même avec des crédits que vous avez dû dégager plus ou moins clandestinement, puisque M. le ministre des Finances vous les refusait. À cet égard, je suis persuadé qu'un inspecteur des finances habile et diligent découvrirait facilement que vous les avez en quelque sorte détournés à cette fin. Ce en quoi vous avez bien fait.

Ceci dit, mes chers collègues, lorsque j'ai porté cette affaire à la tribune, le 19 novembre 1963, il ne s'agissait que de disparitions postérieures aux accords d'Évian et qui s'échelonnaient donc à partir d'avril 1962. Venir nous dire un an et demi, bientôt deux ans après, que vous auriez tout fait et que vous auriez même fait plus que votre devoir ! Excusez-moi, mais comment voulez-vous que nous vous croyions ?

L'an dernier, à cette tribune, j'avais cité des exemples d'un volumineux dossier. Tout à l'heure, j'ai dit à M. le secrétaire d'État : Si vous persistez à vouloir aborder le problème des disparus, bien que je ne sois pas inscrit dans ce débat, je vais l'ouvrir à nouveau, et je viens d'aller le chercher.

À titre d'exemple, j'avais, l'an dernier, évoqué seulement six cas. Sur cinq d'entre eux, monsieur le secrétaire d'État, vous n'avez rien trouvé à me répondre, rien, vous vous en souvenez parfaitement, mes chers collègues. Rien pour ce lieutenant de méharistes traîné de douar en douar, rien pour cette jeune femme d'officier retrouvée, ne vous en déplaise, dans une maison close, sortie de là par son ancien locataire musulman et qui traîne aujourd'hui de centre psychiatrique en centre psychiatrique. Vous ne pouvez ignorer le cas de cet ouvrier d'un grand constructeur d'automobiles français, employé à la succursale d'Oran, enlevé le 5 juillet 1962, enfermé vingt-neuf jours à l'usine de farine de poissons de la SAPS, presque sans boire et sans manger, il y subit d'horribles sévices et il voit abattre devant lui des dizaines de Français. On les enterre dans la cour de l'usine. Qui sait s'ils n'y sont pas encore ? [*Rappelons que l'action décrite par le sénateur s'est déroulée en juillet 1962, et que l'intervention rapportée ici date de novembre 1963 !*] Quant à lui, on l'emmène dans une camionnette, les poignets liés de fil de fer avec un autre détenu. Dans un sursaut imprévisible il rompt le fil de fer, ses poignets portent encore de profondes entailles : plus loin, ils sautent en marche. Ils sont recueillis blessés, épuisés, par une patrouille de gendarmes français qui les évacuent vers la France. Aujourd'hui, cet homme est employé par la même marque d'automobiles dans la succursale d'une grande ville.

J'ai déjà écrit dans un précédent chapitre que Louis Joxe et Jean de Broglie ont été des défenseurs zélés et acharnés de la loi du silence, n'hésitant pas à mentir devant les élus de la nation et à faire circuler des contrevérités.

Au secrétariat d'État aux Affaires algériennes, Jean de Broglie met en place une opposition « compréhensive » à tous ceux qui cherchent la vérité. Les familles désemparées trouvent en lui un fonctionnaire « apparemment » compatissant, donnant des conseils sur les démarches administratives. En fait, il s'agit tout bonnement de brouiller les cartes, d'envoyer l'interlocuteur se perdre dans les dédales des ministères afin de ne pas le revoir de sitôt.

Parmi le personnel politique, tous ceux qui ont occupé le siège du secrétariat d'État aux Affaires algériennes (ou, plus tard, aux Rapatriés) ont eu une attitude identique. Le seul qui se soit distingué fut André Santini, député-maire d'Issy-les-Moulineaux. S'il n'a pas brisé l'omertà, il n'a pas ignoré les harkis pour autant. Il s'est rendu dans les camps où les tenants de la République les avaient jetés en 1962. Il leur demanda pardon au nom de la France. De 1986 à 1988, il s'est beaucoup investi auprès de Jacques Chirac, alors Premier ministre, dans le projet de la reconnaissance officielle du rôle joué par la France dans le massacre des harkis ; il est à l'origine de la date désormais acquise du 25 septembre commémorant leur abandon. Il est le seul (et il le reste) à avoir annoncé que le chiffre des Français enlevés est de vingt-cinq mille. À ce jour, il n'a jamais été démenti par aucun fonctionnaire. Voici la reproduction d'un entretien qu'il accorda au journaliste Jean-Michel Décugis pour le *Figaro Magazine* du 27 mai 2000.

Le Figaro – Le président Bouteflika a appelé les pieds-noirs à retourner en Algérie pour y investir leurs capitaux et leur savoir-faire. Cela vous paraît-il réaliste ?

André Santini – Dans l'immédiat, non. Mais il faut bien qu'il y ait un début au processus de réconciliation. Peut-être, lorsque l'Algérie aura retrouvé la paix civile, y aura-t-il certaines possibilités. Les pieds-noirs seront plus que jamais indispensables à ce pays.

– Un certain nombre d'entre eux ainsi que les harkis sont heurtés par la visite du président algérien. [*Lors d'une cérémonie officielle, il a refusé de serrer la main du président de la Fédération des harkis de France.*]

– Bouteflika a fait un geste de réconciliation en direction de la communauté pied-noir, mais il demeure une sorte d'ostracisme à l'égard des harkis. Je crois que le président se grandirait en ouvrant les portes de l'Algérie à tous ceux qui l'ont quittée à un moment de l'histoire.

– Beaucoup craignent que la réconciliation entre Alger et Paris s'établisse aux dépens de la vérité historique...

– J'ai demandé à plusieurs reprises la reconnaissance officielle de la Ve République dans le massacre des cent cinquante mille harkis et la disparition de vingt-cinq mille pieds-noirs après le 19 mars 1962 en Algérie. Les harkis ont été sacrifiés, mais la France ne veut pas encore en entendre parler. Ce n'est pas acceptable.

Avec l'arrivée de François Mitterrand à la présidence de la République en 1981, nous étions en droit de penser que la loi du silence serait brisée. La longue opposition du dirigeant socialiste à de Gaulle aurait pu le pousser à liquider les contentieux de la guerre d'Algérie. Il a préféré, lui aussi, garder le silence.

Dans son entourage on compte un certain nombre de pieds-noirs, à commencer par son beau-frère, le comédien Roger Hanin. Au sein du Parti socialiste, les militants et les responsables nés en Algérie sont nombreux. Pas un seul n'a fait preuve d'un élémentaire courage républicain.

La harka commandée par Jean-Pierre Chevènement a été désarmée et les harkis ont été tués le 20 mars 1962 à Saint-Denis-Sig, en Oranie. Jean-Pierre Chevènement était à Oran le 5 juillet 1962 ; il a été témoin de l'assassinat de huit cents Européens. Selon ses propres révélations, il a échappé de justesse à un enlèvement. Malgré ce qu'il a vu, et ce qu'il sait, il s'est tu. Pourquoi ?

Des survivants de l'équipe au pouvoir en 1962, il ne reste que Pierre Messmer. Maintes fois contacté par des historiens et des journalistes, il refuse de s'expliquer sur ce qu'il sait.

Si aucune preuve tangible ne m'autorise à écrire que Jacques Chirac était au courant du plan ourdi par de Gaulle, établi par Alain Peyrefitte et discuté par Georges

Pompidou en secret avec les émissaires du FLN, tous les éléments portent à croire qu'il ne pouvait pas l'ignorer, et qu'il connaissait certainement ses effets sur le terrain. Jeune fonctionnaire fraîchement sorti de l'ENA, il a été parmi les rédacteurs des accords d'Évian, concernant la partie économique.

Jacques Chirac est lié à l'Algérie. Il y a effectué son service militaire et ne cesse de répéter que ce fut la partie la plus « exaltante » (sic) de sa vie. Ami de Pierre Lagaillarde, il s'est demandé au moment des barricades s'il devait basculer du côté des insurgés, dont il ne rejetait pas les options, ou se tenir à l'écart. C'est une période de doute d'où il est sorti grâce à l'aide de Georges Pompidou, qui l'a remis sur le chemin d'une possible carrière en ayant deviné une bête politique chez ce jeune homme nerveux.

Devenu chef de l'État, Jacques Chirac a reconnu l'implication de l'administration française comme relais de la mort dans les arrestations des juifs et des tsiganes pendant la Seconde Guerre mondiale. Depuis peu, il a admis le rôle de la France dans le processus de destruction des harkis. Il lui reste à illuminer le second mandat que les Français lui ont confié en 2002, à la tête de la nation, en reconnaissant officiellement le statut de prisonniers des appelés du contingent, et en ouvrant des enquêtes sur les disparus et la fusillade du 26 mars 1962.

*
*   *

En menant ma propre enquête, je me suis aperçu qu'après l'indépendance le gouvernement français a envoyé une noria de fonctionnaires en Algérie. Leur mission était de venir en aide à la création du nouvel État. On peut dire que les lois de la République algérienne sont nées sous la plume de rédacteurs français. La gendarmerie fut la plus présente, et cela pendant des années. Ses cadres participèrent à la mise en place d'une gendarmerie algérienne. Or je n'arrive pas à croire que les fonctionnaires qui ont résidé en Algérie pendant des mois n'aient rien vu, rien entendu. Ils ne vivaient pas en autarcie et se trouvaient forcément au contact de la population la plus diverse. Ce qui est surprenant, c'est que jamais un Algérien n'a parlé. Ne s'est vanté. Ne s'est montré bavard. Jamais un fonctionnaire n'est tombé sur un rapport, par hasard... Nul n'a donc jamais découvert un lieu, un fait, un document qui lui a semblé étrange ? Non : les coopérants vivaient dans une Algérie lisse et sans passé.

J'ai alors réalisé que M. Hervé Bourges devait en savoir plus que les autres. Connu du grand public pour avoir été président de la chaîne de télévision TF1, puis président du CSA[1] et ambassadeur de France à l'ONU, il a été, peu de gens le savent, le mentor d'Ahmed Ben Bella durant les années où celui-ci était prisonnier en France, et pendant quatre ans son conseiller lorsqu'il est devenu chef de l'État algérien[2].

Charles de Gaulle, réunissant ses conseillers des Affaires algériennes, s'interroge sur la personnalité du futur maître de l'Algérie. D'après ce que lui rapportent Louis Joxe et Jean de Broglie, il semblerait que parmi les nationalistes pas un seul n'ait la dimension d'un chef. Ils finissent par admettre qu'Ahmed Ben Bella ferait un président acceptable. L'arraisonnement par les services secrets français de l'avion qui le transportait a fait de lui un chef charismatique auprès des masses algériennes. Le président décide de lui appliquer le même système qu'aux présidents africains :

1. Conseil supérieur de l'audiovisuel.
2. Voir Annexe 4.

un conseiller fourni par la France. Mais qui, dans le vivier des fonctionnaires d'État, peut remplir cette mission ? Le ministre Yvon Bourges fait savoir que son cousin Hervé Bourges, proche des révolutionnaires algériens et ami de Ben Bella, pourrait convenir. Militant anticolonialiste venu des milieux catholiques, sorti premier de l'École supérieure de journalisme de Lille, il a commencé sa carrière à *Témoignage chrétien* avant d'effectuer son service militaire en Algérie. Il est également énarque, promotion Vauban, la même que celle de Jacques Chirac. Chargé de mission auprès d'Edmond Michelet, Garde des Sceaux, il a entrepris à l'initiative de son ministre une très courageuse mission clandestine afin de sauver de nombreux militants FLN menacés de mort. De Gaulle comprend que le cousin du ministre a le profil.

Est-ce pour des raisons tactiques ou idéologiques qu'Hervé Bourges reste étrangement muet sur son changement de nationalité ? Par arrêté du 4 juillet 1963, il prend la nationalité algérienne. L'annonce est parue au *Journal officiel de la République algérienne* du 9 août 1963. Or, en 2003, il n'est pas redevenu français, ce qui signifie qu'il est toujours algérien. Dans ces conditions, il ne pouvait pas être nommé à la tête d'un organisme d'État tel que le CSA. La situation d'Hervé Bourges est une violation des lois de la République, mais elle n'a ému ni François Mitterrand ni les hauts fonctionnaires. Bernard Coll, le très actif secrétaire général de l'Association Jeune Pied-Noir, écrit : « Ni le droit français, ni le droit algérien ne reconnaissent la double nationalité à un Français né en métropole. Hervé Bourges ne peut être qu'algérien ou français. N'ayant pas renié sa nationalité algérienne comme il le fit pour la nationalité française en juillet 1963, il est donc algérien et ne peut donc prétendre au poste de président du CSA. »

Par ailleurs, son passé en faveur des porteurs de valises (ainsi étaient nommés les militants d'extrême gauche qui, en France, aidaient le FLN en collectant de l'argent pour la révolution) est mal vu dans le monde combattant. Pour les soldats qui participèrent à la guerre d'Algérie, l'argent récolté servait à acheter des armes avec lesquelles les Algériens tuaient de jeunes Français. Réaction simpliste, diront certains, mais qui puise cependant toute sa force dans la réalité du terrain.

Faisant l'impasse sur les conditions réelles qui l'ont conduit à quitter la France pour l'Algérie, dans son ouvrage intitulé *Une chaîne sur les bras*[1], Hervé Bourges donne sa version des faits, laquelle n'est pas forcément mensongère si l'on admet qu'elle s'est déroulée après la décision prise par Charles de Gaulle de l'envoyer en Algérie.

> Un jour d'août 1962, alors que Ben Bella était devenu président du Conseil, je reçois un coup de téléphone de son directeur de cabinet, devenu ensuite un de mes amis très chers, Mohamed Hadj Smaïne, qui avait été l'adjoint de Yaacef Saadi, le commissaire politique de la zone autonome d'Alger. Il me dit :
>
> – Je t'appelle de la part de Si Ahmed [*Ben Bella*], qui te propose de nous rejoindre pour nous aider à construire l'Algérie.
>
> – À quel titre ? Comment ?
>
> – Il aimerait que tu fasses partie de son cabinet. Tu as une expérience de l'administration française, tu peux nous aider ; est-ce que tu viendrais à titre de conseiller ?
>
> Je n'ai pas hésité une seconde. Aujourd'hui, je mesurerais tous les risques d'une telle aventure, mais emporté par l'élan de la jeunesse j'ai dit oui et, au grand dam de ma famille, je suis parti pour Alger.

1. Éditions du Seuil, 1987.

Deux précisions s'imposent à la lecture de ce texte. Avec un ton très dégagé, l'auteur évoque Mohamed Hadj Smaïne et Yaacef Saadi. Rappelons que ces deux individus – avant qu'ils ne soient jetés en prison par les Français – assassinaient des enfants, des femmes et des hommes (tous des civils, cela va de soi) de la façon la plus lâche et la plus odieuse qui soit, en faisant poser des bombes par des jeunes femmes dans des lieux publics.

Hervé Bourges est donc devenu conseiller de Ben Bella, puis directeur de la Jeunesse et de l'Éducation, et il est entré au ministère de la Justice. Avec le coup d'État de Houari Boumediene en 1965, sa situation se complique. Son protecteur étant destitué, le nouveau dirigeant le jette en prison. Il y restera deux jours. Il doit sa libération à Jacques Chirac, son ancien camarade de promotion de l'ENA, qui intervient auprès du nouvel homme fort. Un accord est trouvé sur le sort de Bourges : il entre au ministère de l'Information, où il s'occupera jusqu'en 1966 de la formation des nouveaux journalistes.

Pendant quatre années, Hervé Bourges a vécu au centre de l'appareil d'État algérien. Que sait-il du massacre des harkis ? Des disparus français ? Pouvait-il ignorer leurs lieux de détention ? Pressé par les associations de familles de disparus et par les anciens prisonniers, aux uns et autres il oppose un refus constant. Pour les besoins de mon enquête, je suis entré en contact avec lui. J'ai menti pour obtenir une entrevue. Annulation du premier rendez-vous à la dernière minute. Pour le second, je l'ai retrouvé rue Bleue, à Paris, dans le IXe arrondissement, à une adresse abritant une association de journalistes internationaux dont il était devenu le président. Après un échange de banalités, j'ai orienté la conversation dans la direction qui m'intéressait. Son regard a changé, il s'est levé et m'a prié de sortir.

Afin de ne pas me montrer négatif à son égard – telle n'est pas mon intention –, je dois reconnaître qu'il a clairement indiqué que la torture se pratiquait sous la présidence de Ben Bella et qu'elle s'est poursuivie sous la dictature de Boumediene, comme le prouve cet extrait de son livre intitulé *L'Algérie à l'épreuve du pouvoir*[1].

> On a torturé sous Ben Bella, on torture davantage sous Boumediene : voilà la triste évidence. La torture, si souvent dénoncée et à plus d'un titre rejetée par la grande majorité des Algériens comme un acte de barbarie dont ils ont été longtemps les victimes, est devenue une institution (…), elle est largement pratiquée dans les locaux de la police, dans les caves de la sécurité militaire (…), les arrestations et les séquestrations deviennent monnaie courante. L'individu est bafoué dans ses droits, humilié dans sa dignité, etc.

*

*   *

Comment le silence s'est-il installé dans les médias : radio, télévision et presse écrite ? Il faut revenir à l'année 1962 pour le comprendre. L'information est alors muselée, le nouveau ministère de l'Information veille farouchement sur les sujets diffusés dans les journaux télévisés. La presse écrite n'est pas autorisée à reproduire les séances à l'Assemblée nationale sans avoir obtenu au préalable l'autorisation du ministre. Sinon, c'est la saisie. Devant les mesures coercitives qui touchent à l'économie même de l'entreprise, des journaux qui opposent de la résistance se voient rapidement obligés de mettre la clé sous la porte ou de plier l'échine.

---

1. Éditions Grasset, 1967.

La lecture des journaux de 1962 à 1968 montre une presse globalement consensuelle qui n'affiche pas d'opposition claire au régime. C'est pourtant une période riche en interdits, où l'on pratique la censure tous azimuts. Au cinéma, dans la presse, la littérature et la chanson. Il serait d'ailleurs intéressant de faire le compte des chansons interdites sur les antennes des radios et à la télévision durant cette période.

Rares sont les journalistes qui parlent des harkis et des enlèvements. Pas un mot sur les appelés prisonniers du FLN. Combien d'années a-t-il fallu à Jean Daniel, créateur du *Nouvel Observateur,* né en Algérie, pour évoquer le massacre des harkis ? Devant le mouvement qui prenait de l'ampleur, il est vivement monté dans le train en marche. Ce n'est qu'en 1986 que Raymond Aron osera, timidement, évoquer la responsabilité de Charles de Gaulle dans l'affaire des harkis et la disparition des Français.

La consultation de la presse met en avant deux journalistes. Max Clos, dans *Le Figaro,* parle sans faux-semblants de l'ambiance délétère qui sévit en France. Dans ses articles, il interpelle le pouvoir et lui demande qui dirige en France. Le chef du gouvernement à l'Hôtel Matignon, ou Ben Bella depuis Alger ? À cause de tels propos, son journal est parfois saisi.

L'historien et journaliste Henri Amouroux se montre plus courageux. Dans le journal *Sud-Ouest* où il tient chaque semaine un éditorial, il interpelle le gouvernement avec vigueur sur la disparition des Français, le massacre des harkis et le sort des appelés prisonniers du FLN. Voici, par exemple, ce qu'il écrivait au mois de janvier 1963 :

> Le gouvernement français a su que sept personnes de la même famille avaient été enlevées. Qu'a-t-il fait ? Qu'a-t-il dit ? Alors qu'il a à sa disposition la télévision, la radio et un certain nombre de journaux ? M. de Broglie – qui

est juge et partie car il fut l'un des négociateurs d'Évian, ce qui permet d'émettre un doute sinon sur son honnêteté mais sur la rigueur de son jugement –, M. de Broglie a, devant l'Assemblée, indiqué que de « pressantes démarches » avaient eu lieu par le passé, tant en faveur des harkis que des personnes disparues.

Quelle publicité a été donnée à ces « pressantes démarches » alors que seule la publicité (et la menace de couper les fonds à cette Algérie indépendante qui, à deux reprises, fut à la veille d'être en état de cessation de paiement), que seule la publicité pouvait, peut-être, arrêter les enlèvements ?

Il y a quelques mois de cela, téléphonant au cabinet de M. Joxe et faisant cette remarque de simple bon sens, je me suis entendu répondre que les protestations avaient été volontairement tenues secrètes.

Je n'ai pu m'empêcher de répliquer qu'il en avait été de même de... 1940 à 1944, lorsque le gouvernement français s'élevait contre les expulsions et arrestations d'Alsaciens et de Lorrains.

De la France occupée et vaincue de 1943 à la France glorieuse et cocoricante de 1963, il y a une différence assez grande pour qu'elle puisse nous permettre de parler clair et haut à M. Ben Bella.

D'ailleurs, la vérité est toujours payante... fût-ce à long terme. C'est parce que la presse commence à s'émouvoir (et même la plus conformiste), c'est parce que les députés, mardi, ont mis en parallèle l'effort fait pour l'Algérie et l'effort fait pour tant de départements sous-développés, que M. de Broglie est sorti quelques minutes des chemins exaltants de l'optimisme et que M. Ben Bella a déclaré qu'il ouvrirait enfin les portes des prisons et des camps à la Croix-Rouge internationale.

Le sort des disparus et des harkis n'en est pas réglé pour autant, surtout dans un monde où l'on confond parole et action. La promesse conjointe de Broglie-Ben Bella ne doit pas être destinée à apaiser les journalistes curieux et les familles inquiètes... Il faudrait enfin que l'on sache.

Que l'on connaisse le sort des trois cents soldats français prisonniers du FLN, et dont personne ne parle plus.

Le sort des milliers de disparus, qu'il s'agisse de Français ou de soldats musulmans...

Le sort de la famille Maruchi, le sort du soldat Chabrier, disparu le 21 juillet ; de M. Étienne Alberge, enlevé avec tant d'autres à Oran le 5 juillet...

C'est seulement lorsque la paix civile aura été rétablie que l'Algérie pourra voir venir ou revenir les Français indispensables encore, et pour longtemps.

Tant que les enlèvements continueront, fût-ce à cadence « réduite », tant que les spoliations se poursuivront, tant que l'impôt arbitraire sera prélevé au bout de la mitraillette, il est vain, en effet, d'espérer le retour des huit cent mille rapatriés. Aujourd'hui en France, mal logés pour la plupart, mal habitués et mal employés, ils savent que les ministres sont comme les hirondelles. Ils font le printemps ! M. de Broglie, à peine arrivé en Algérie, nous apprend que pour la première fois il y a eu plus de départs de Français pour l'Algérie que de retours. Mille cent soixante-dix-sept en une semaine.

C'est tant mieux. Mais, à cette allure, il faudra tout de même six cent soixante-six semaines pour que l'Algérie retrouve sa substance française perdue en cinq mois !

L'éditorial indique l'existence de relations suivies entre le secrétaire d'État et le président Ben Bella. L'information recueillie aujourd'hui constitue une preuve supplémentaire du mensonge de Jean de Broglie lorsqu'il affirme dans les lettres aux familles des disparus qu'il ne peut rien faire « en dépit de ses efforts auprès des autorités algériennes ». Quant à la promesse faite par Ben Bella d'ouvrir les prisons et les camps d'internement, le témoignage – datant de 1965 – de M. Djelloul Gheziel, un fonctionnaire algérien, apporte un éclairage intéressant sur le comportement et l'état d'esprit du président de la République algérienne.

Le gouvernement algérien convoque périodiquement les diplomates étrangers, les journalistes, les démocrates du FLN, dans une cour de prison, et libère de manière théâtrale quelques détenus politiques.

Parmi les bénéficiaires de ces mesures de clémence figure un fonctionnaire français qui fut arrêté quelques jours après le 1er juillet 1962 et dont nous devons taire le nom et la qualité. Il vient de rejoindre Paris dans des conditions extraordinaires.

À peine sorti de prison – celle de Maison-Carrée –, il s'engouffra en effet dans une voiture dont il avait pu se réserver l'usage et gagna, en quatrième vitesse, une rue discrète d'Alger où il changea de véhicule. De là, il fonça sur Oran, puis sur Mers-el-Kébir. Et c'est de Mers-el-Kébir que, finalement, un avion militaire français le ramena en territoire hexagonal.

Pourquoi tant de hâte et de précautions ? Parce que ce fonctionnaire sait ce que les diplomates et journalistes ameutés par M. Ben Bella ignorent : les prisonniers politiques graciés avec tant d'éclat sont généralement assassinés dans les quarante-huit heures qui suivent leur « libération ». Ainsi le régime conserve-t-il le bénéfice de son geste humanitaire tout en s'assurant l'avantage d'une épuration définitive.

Le fonctionnaire dont nous venons de lire le témoignage peut affirmer que la torture est de pratique courante dans les geôles où il a vécu. Il garde lui-même sur son dos les traces indélébiles des coups de fouet qui l'ont lacéré. Mais il y a pis. Lorsque des adversaires politiques de M. Ben Bella ont franchi les portes de Maison-Carrée, ils sont invités le plus aimablement du monde à prendre une douche. Pourquoi se méfieraient-ils ? L'hygiène est de règle en pays socialiste. Va donc pour la douche ! L'homme qui se présente à la salle d'eau est attendu par deux Noirs qui se saisissent de lui, l'immobilisent et l'émasculent.

*

* *

Reste-t-il encore des prisonniers européens en Algérie ? Depuis 1962 la question ne cesse de hanter les familles des disparus civils et militaires. Le capitaine Leclair alerta l'opinion publique dès l'indépendance en faisant paraître un document toujours d'actualité, *Disparus en Algérie.* Des camps de travaux forcés et des prisons avec leur emplacement géographique y sont clairement identifiés.

Il n'est pas raisonnable d'imaginer en 2003 que des femmes et des hommes, âgés de quarante ou cinquante ans à l'époque des événements, aient pu survivre à des traitements que l'on suppose inhumains. Mais ne perdons pas de vue les personnes plus jeunes, notamment les enfants. Ils furent enlevés en grand nombre, en particulier les petites filles ; leur kidnapping n'était pas innocent. Grâce à une source sûre et officielle qu'il ne m'est pas possible de révéler, on sait qu'elles étaient vendues à des marchands nomades. Ceux-ci en ont fait leurs femmes ou leurs esclaves.

Le fameux rallye Paris-Dakar est passé voici quelques années par l'Algérie. Un motard qui participait à la compétition a vu dans des villages ou des rassemblements de nomades des femmes au physique européen… À l'aide de gestes, elles lui faisaient comprendre que lorsqu'elles étaient enfants, elles avaient été enlevées. Il est de notoriété publique que des Françaises enlevées, notamment des femmes d'officiers français, ont été enfermées dans des maisons closes.

Il ne serait donc pas surprenant que des prisonniers enfants à l'époque des faits eussent survécu. Après la libération des camps de la mort érigés par l'Allemagne nazie, des déportés qui avaient échappé à l'extermination –

emmenés par les armées soviétiques – ont été retrouvés cinquante ans plus tard en Sibérie. Dans une grande déchéance physique et mentale, certes, mais ils étaient vivants !

En avril 1982, le journaliste Marc Dubrowski, dans le journal *France Soir,* s'intéresse au sujet. Et, pour l'illustrer, il apporte un témoignage émouvant et significatif de la machination du silence.

> Le 4 mai 1962, à Alger, Daniel Falcone est enlevé. En avril 1963, son père reçoit une lettre de la Croix-Rouge : Daniel, détenu par le FLN, a été libéré en juin 1962, après avoir subi les pires tortures. « Grand blessé de la face, votre enfant a été rapatrié et hospitalisé à Nancy. »
>
> M. Falcone court à Nancy : on n'a jamais vu Daniel. Même pas à Lyon, où sa présence était également signalée. Le père n'a jamais pu en apprendre davantage, sauf cette terrible confidence d'une religieuse, qu'il est difficile de démontrer, et pour cause : « On cache les victimes des fellaghas tant que ne sont pas effacées les traces monstrueuses des tortures subies. »

Pour conclure, le journaliste pose la question suivante : « Faut-il croire qu'il y avait alors des hôpitaux français clandestins pour les pieds-noirs torturés par le FLN ? »

Francis Attard répond dans le journal *Midi libre :* « Quelle que soit la cruelle vérité, les familles ont le droit de savoir, ont droit à la vérité. Car il est inhumain de jouer avec de tels drames qui auraient dû secouer depuis longtemps l'opinion publique française. »

Le débat sur les survivants a été relancé avec la publication d'une lettre émanant du Comité international de la Croix-Rouge, indiquant que sept cents Français seraient toujours retenus prisonniers en Algérie. Nous sommes en 1986.

La lettre provoque une terrible onde de choc parmi les familles de disparus, comme on peut l'imaginer, et surprend le monde politique. Chacun s'y met pour hurler au complot : on veut saper les bonnes relations entre la France et l'Algérie… La lettre est forcément un faux. Devant le tollé grandissant, son auteur, P. -A. Conod, est contraint – par agences de presse interposées – d'apporter un démenti formel. Il est muté à Hanoï. Tout redevient calme, les politiques sont rassurés, les dossiers embarrassants de la guerre d'Algérie retournent aux oubliettes.

Un témoin m'a informé que, en 1998, des rumeurs auraient remis la question des survivants à l'ordre du jour. Jack Lang aurait conduit une commission d'enquête, emmenant avec lui des associations telles que la LICRA… En 2002, j'ai envoyé une télécopie à l'ancien ministre de la Culture, directement à son bureau place des Vosges, sur la recommandation de l'un de ses collaborateurs et amis. Je sollicitais un entretien afin de connaître le résultat de l'enquête et profiter de l'occasion pour recueillir ses impressions sur le drame des disparus. Il n'a pas jugé utile de me répondre.

Les familles sauront la vérité le jour où l'un des dirigeants – peu importe son appartenance politique –, animé des principes fondateurs de la République, mènera campagne pour que soit autorisée la consultation des quinze cartons arrivés en février 1991, dans la plus grande discrétion, au Centre des archives de Nantes (CADN), et qui sont toujours entreposés au fond d'un placard. Les colis possèdent la cote « Alger consulat série B », avec la mention : « Enlèvements des Français 1962-1970 ».

– Enquête 17 –

LES ACTIONS DES ANCIENS COMBATTANTS ET DES FAMILLES DE DISPARUS

La FNACA et l'UNC

Deux grandes formations occupent le terrain du monde combattant. Dans l'ordre d'importance par rapport au nombre d'adhérents, nous trouvons la FNACA – Fédération des anciens combattants d'Algérie, Maroc et Tunisie – et l'UNC, Union nationale des combattants. La FNACA regroupe exclusivement des anciens combattants d'Algérie, du Maroc et de la Tunisie, tandis qu'à l'UNC se côtoient tous ceux qui ont participé aux conflits qui ont émaillé le XXe siècle.

Concernant le problème des anciens prisonniers du FLN, sans vouloir remettre en cause le travail accompli par Bernard Clergé et Serge Drouot à la FNACA, il faut reconnaître que l'UNC a une longueur d'avance, notamment grâce à l'engagement salutaire d'Oswald Calégari, président de la Commission nationale des anciens prisonniers et familles des disparus. Attentif, dévoué aux autres, ne ménageant ni son temps ni sa fatigue, ses qualités exceptionnelles le désignaient tout naturellement pour prendre en main le combat pour la reconnaissance des anciens prisonniers.

Après avoir effectué son service militaire en Algérie, Oswald Calégari adhère à l'UNC. Sa formation universitaire lui permet d'assumer immédiatement des responsabilités au sein de l'organisation combattante.

Lors d'un congrès départemental, la situation d'un ancien détenu d'Algérie est évoquée.

– On nous informait qu'un adhérent faisait de la déprime. Mais je dois avouer que ce qui a retenu notre attention fut d'apprendre qu'il avait été fait prisonnier par le FLN.

Guy Huel, président fondateur de l'UNC, décédé depuis lors, avait auparavant mené des recherches et découvert qu'une première tentative de recensement des prisonniers avait déjà été établie à l'initiative de Jean-Pierre Marchand, lui-même ex-détenu. Après des années de silence, ce dernier avait éprouvé le besoin de retrouver ses anciens camarades et les avait réunis à Chaumont. La majorité d'entre eux ne s'étaient pas revus depuis quarante ans. Ce fut un choc salutaire, puisque chacun exposa ses revendications à l'égard du pouvoir politique. Jean-Pierre Marchand mourut ; c'est ainsi que Guy Huel reprit les rênes de la Commission. Atteint d'une grave maladie, il la confia à Oswald Calégari. Depuis lors, une équipe soudée a pu continuer les recherches. Elle se compose entre autres de Jean-Pierre Roche, Michel Tondi, Anicet Thévenot, Marcel Poli, Christian Durain, Odette Bouchemal et Anne-Marie Thouvenot, directrice de l'ONAC des Vosges.

– Nous voulions trouver le maximum de prisonniers, raconte Oswald Calégari, et nous avons inséré des annonces dans la presse combattante. Le résultat a été immédiat. Mais ce qui nous interpellait, c'était de savoir combien il y avait eu de prisonniers…

Se tournant vers le ministère de la Défense et le secrétariat des Anciens Combattants et Victimes de guerre, il constate avec surprise qu'il n'existe pas de liste officielle. Poursuivant ses investigations, il apprend qu'au moment des accords d'Évian de Gaulle aurait voulu avoir la certitude que le FLN avait libéré tous les prisonniers qui se trouvaient encore en sa possession. Les responsables algériens et la Croix-Rouge internationale présentèrent une liste de deux cents noms de soldats prisonniers ou exécutés, faisant l'impasse sur les autres. Pour quelle raison ? L'historien Jean Monneret suppose que les gens du FLN n'auraient pas osé avouer que la majorité des prisonniers avaient été exécutés.

Dans un article publié par le journal *L'Est républicain,* le 3 mai 1962, le journaliste Pierre François revient longuement sur la liste des prisonniers français : « À Évian, les pourparlers en vue de la conclusion du cessez-le-feu avaient longuement achoppé, pendant près d'une journée, sur ce problème. Les représentants du Gouvernement provisoire de la République algérienne paraissaient n'être pas en mesure d'obtenir de l'Armée de libération nationale la liste complète et nominative des prisonniers français qu'elle détenait, liste exigée par nos négociateurs. »

De Gaulle, pressé d'en finir avec l'Algérie, n'alla pas plus loin et se contenta de la liste fabriquée à la hâte, accompagnée d'une justification qui ne voulait pas dire grand-chose, et qui surtout n'apportait aucun éclaircissement au problème posé. « Tous les prisonniers ont été bien traités et les libérés en ont porté témoignage », déclarèrent en chœur les émissaires du FLN. Comme il s'y était engagé, le président français libéra les centaines de détenus algériens qui se trouvaient dans les prisons françaises. Il faut donc puiser dans le mensonge du FLN l'explication de l'absence de toute liste de prisonniers et, par conséquent, de chiffre officiel.

Même s'il peut se féliciter d'avoir obtenu des résultats, Oswald Calégari continuera de lutter tant qu'il n'aura pas atteint ses objectifs. C'est un homme têtu et tenace. La lettre qu'il a envoyée au président de la République est un exemple de cette ténacité.

À Monsieur le Président de la République.

Je tiens à vous communiquer le bilan que j'ai présenté au Congrès national de Lille le 12 mai 2002, devant les représentants nationaux et départementaux.

Je vous avais déjà tenu informé, il y a deux ans, du douloureux problème des anciens prisonniers du FLN et des disparus.

L'année 2002 étant le 40e anniversaire de la fin de la guerre d'Algérie, je souhaitais que vous connaissiez exactement la situation de nos soldats libérés ou disparus, eux qui avaient été oubliés par les négociateurs d'Évian en 1962.

Si la reconnaissance de la nation a bien été effective pour les militaires, qu'ils fussent de carrière ou du contingent, il n'en a pas été de même pour ceux qui, oubliés depuis plus de quarante ans, souffrent profondément de cette méconnaissance.

Pire, des familles de disparus continuent inlassablement à rechercher des indices au travers de quelques archives militaires au château de Vincennes.

Leur seul objectif est de pouvoir faire un jour le deuil véritable de la mort soit de leur mari, frère, cousin, neveu et même père.

Même si la France a reconnu enfin les « disparus » « morts pour la France » quelques années après leur disparition, le deuil des familles ne sera complet que lorsqu'elles en sauront plus sur les raisons de leur disparition, [...] de leur mort, à l'exemple des États-Unis qui continuent de rechercher les corps.

Les survivants, les libérés, les évadés, eux, attendent une reconnaissance officielle par la délivrance d'un statut spécifique identique à celui attribué aux victimes de la captivité en Algérie (ex-supplétifs), qui furent leurs frères d'armes. Pourquoi une telle différence pour cette centaine de survivants ?

Pourquoi ne pas inviter les familles des disparus le jour même de l'inauguration du mémorial dédié à tous les morts pour la France en AFN comme vous l'aviez très bien fait le 25 septembre 2001, à Paris, aux Invalides, pour honorer les « harkis » ?

Pourquoi ne pas les faire recevoir officiellement en préfecture ou même une journée à l'Élysée ?

Pourquoi ne pas accorder aux dix-sept évadés, seulement, la médaille des Évadés ?

Pourquoi, enfin, ne pas instaurer un jour unique du souvenir en dehors des dates semi-officielles du 19 mars et 16 octobre, qui posent problème ?

Ce jour unique ne pourrait-il pas être le jour où vous allez inaugurer à Paris le Mémorial national des morts pour la France en AFN ?

Monsieur le président de la République et ancien d'AFN, vous qui venez d'être réélu avec une large majorité républicaine, prenez en considération cette proposition.

Cette date mettrait fin aux « batailles stériles » entre associations et anciens d'AFN.

Elle serait la seule date officielle qui unirait enfin en une seule fois par an les autorités et tous les anciens d'AFN de quelque tendance que ce soit, ainsi que les familles des disparus, des victimes de la captivité et sans oublier les victimes civiles d'Afrique du Nord (Français d'Algérie).

Enfin nous pourrions, nous, les anciens d'AFN, transmettre plus efficacement notre devoir de mémoire envers la jeunesse.

À l'heure actuelle, c'est une idée qui germe et fait son chemin et, je pense, qui serait bien accueillie par l'ensemble des associations, et surtout des AFN de terrain, si vous faisiez voter cette proposition, vous qui êtes le chef des armées.

Imposer à tous cette date officielle pour le quarantième anniversaire de la fin des combats serait une décision très appréciée.

Veuillez agréer, Monsieur le Président, l'expression de mes respectueuses salutations.

Oswald Calégari

Souvenir des Français disparus en Algérie

L'association a été créée par le colonel Gaston Bautista en 1998. Sa santé ne lui permettant pas de soutenir un long entretien, c'est le vice-président Christian Gille qui a répondu à mes questions.

– Je suis arrivé fin juin 1962 sur le sol métropolitain et la France n'était pas une terre d'accueil. Face à des compatriotes sinistrés à cent pour cent, le maire de Marseille Gaston Defferre leur a demandé d'aller se réadapter ailleurs, des familles de harkis se sont retrouvées dans des camps derrière des barbelés et, dans un emploi de reclassement, des collègues m'ont traité facilement de fasciste ou de colonialiste. Je ne disposais pourtant avec ma femme que de quarante kilos de bagages, et l'équivalent en poche de vingt mille francs. Pour m'éloigner de la désinformation permanente dans laquelle mon pays était plongé, j'ai eu la grande chance – dès le mois d'octobre – de pouvoir m'expatrier, avec l'aide d'une personnalité amie du monde industriel parisien. J'ai été très aimablement reçu en République de Côte-d'Ivoire, et je n'ai retrouvé que quatre années plus tard la mère patrie, où l'environnement était enfin un peu plus compréhensif.

– *Pourquoi avez-vous adhéré à l'Association du souvenir des disparus ?*

– En 1998, à la retraite, mon voisin le colonel Bautista m'a prêté le livre du capitaine Leclair sur les Français disparus en Algérie. Un passage particulier provoqua en moi un véritable choc. « On n'a guère parlé des quatre cent cinquante prévenus européens enfermés à la prison de Tizi-Ouzou, et livrés à la justice algérienne le 15 juin 1962. » Responsable local d'un centre de formation professionnelle pour une centaine de jeunes de dix-huit à vingt ans, j'ai assisté fin mai 1962 à l'arrestation de sept apprentis. Ils ont été rapidement transférés dans cette prison de Tizi-Ouzou, au cœur de la Kabylie, pour être jugés légalement par une cour martiale de notre Ve République ! Je ne peux admettre ce que je considère comme un crime ignoble et une horrible lâcheté. En effet, quinze jours avant un scrutin dit d'« autodétermination » dans un département français, dans une ville où siégeait un préfet de la République disposant de forces militaires et de gendarmes, dans une prison où flottait encore notre drapeau, de jeunes Français ont pu être livrés enchaînés à des tortionnaires dont on ne connaissait que trop, depuis des années, les comportements barbares qui se perpétuent encore. Que sont devenus mes sept jeunes apprentis ? Je l'ignore, et j'ai une pensée émue pour leurs parents. Ce long développement afin de vous faire comprendre pourquoi j'ai participé à la création de cette Association du souvenir des Français disparus.

– *Quels sont vos rapports avec les pouvoirs politiques ?*

– En décembre 1999 et janvier 2000, notre association a décidé d'adresser une lettre de quatre pages au chef de l'État, au Premier ministre, mais aussi – et individuellement – à chaque sénateur et chaque député. Hélas, fort peu de réponses en retour : lettres habituelles de politesse du président de la République et des ministres ; dix députés ont réagi aimablement, dont deux femmes découvrant avec stupeur l'ampleur du drame, y compris une simple carte de meilleurs vœux pour l'an 2000. Un seul élu des Bouches-du-Rhône a téléphoné : il ne pouvait imaginer que les faits cités dans notre lettre fussent exacts. Après l'entretien, il ne s'est plus jamais manifesté. En décembre 2000, M. Alain Madelin et l'ancien juge Thierry Jean-Pierre ont demandé au président de la République la reconnaissance de la responsabilité de l'État dans l'abandon criminel de nos supplétifs. Dès février 2001, une journée pour les harkis était annoncée pour le mois de septembre. C'était un immense pas en avant, mais beaucoup d'autres seront nécessaires.

– Je sais que le président de votre association, le colonel Bautista, souhaitait ouvrir une procédure judiciaire pour « non-assistance à personne en danger, arrestations, séquestrations arbitraires et crimes contre l'humanité ». Qu'en est-il ?

– Ce qui caractérise un État de droit, c'est le maintien de l'ordre, ainsi que la prise en charge de la sécurité des citoyens et de leurs biens. Mais, à partir du 19 mars 1962, notre Ve République a totalement renié en Algérie ces principes légaux de base. Des familles entières et même des militaires pouvaient alors être enlevés, séquestrés ou massacrés sous les yeux de nos forces armées, qui avaient l'ordre de ne pas intervenir. Les massacres du 5 juillet à Oran furent tolérés, et peut-être même favorisés pour ouvrir les allées du pouvoir à Ben Bella, qui avait des amis à Paris. Les gouvernements successifs ont verrouillé tous les accès possibles au dépôt de plaintes. Les décrets du 21 mars 1962 (complétés jusqu'en juillet 1998) ont amnistié les infractions liées à l'insurrection de 1954 ou au maintien de l'ordre. Dès 1964 le bâtonnier Me Jean-Louis Tixier-Vignancour a ouvert une procédure qui n'a pas été instruite, et celles déposées pour non-assistance à personne en danger ne correspondaient qu'à des délits prescriptibles en trois années. La qualification de crime contre l'humanité consacrée par le Code pénal français en 1993 n'est pas rétroactive, et la théorique imprescriptibilité ne s'applique qu'aux faits commis entre 1940 et 1944 par les forces de l'Axe, conformément à la jurisprudence constante de la Cour de cassation.

– Comment estimez-vous devoir orienter vos actions ?

– Nos luttes et espoirs dépendent des interventions possibles auprès des hommes politiques mais aussi de leur compréhension morale de nos drames pour :

» Qu'une journée nationale du Souvenir soit décrétée à une date non partisane. Le 19 mars marque pour les repliés le début des massacres de masse, et un exode populaire dans les plus ignobles conditions.

» Que ce qui reste de nos archives soit immédiatement accessible aux historiens, chercheurs et étudiants, c'est-à-dire pour dévoiler des faits réels.

» Que le terme de "colonisation" ne soit plus traité avec mépris.

» Que le Mémorial de l'œuvre de la France d'Outre-Mer enfin promis par écrit par le président Jacques Chirac le 17 avril 2002 soit mis en chantier, alors que nous l'attendons depuis l'arrêté du 28 avril 1987.

Association Jeune Pied-Noir

L'Association Jeune Pied-Noir est animée par Bernard Coll et Taouès Titraoui, son épouse.

– Le nom de Jeune Pied-Noir, dit Bernard Coll, a volontairement été choisi par défi, du fait que la communauté française d'Algérie est théoriquement vouée à disparaître puisqu'il n'y a plus de nouveaux pieds-noirs depuis le 3 juillet 1962. En complémentarité avec les autres associations plus tournées vers le souvenir, la culture, ou – par nécessité – plus préoccupées par l'indemnisation des biens matériels, nous avons voulu porter notre action à la fois vers le futur, la survie de la communauté et les problèmes moraux. Lors d'une discussion, notre ami, le talentueux journaliste et chanteur Jean-Pax Mefret, nous a demandé pourquoi ne pas l'appeler « Jeune Pied-Noir ». L'objectif principal de l'association est de faire connaître et de défendre l'œuvre de la France en Afrique du Nord et outre-mer.

– *Quel a été votre premier combat ?*

– Le drame des harkis. Je vous rappelle que l'association a été créée en 1981, or à cette époque – pourtant pas si lointaine – les harkis vivaient encore en grande majorité dans des camps indignes de leur sacrifice et indignes de la vocation humanitaire de la France. Nous avons été confrontés à des drames humains qu'il fallait résoudre au plus vite. Des familles étaient dans la misère et des personnes âgées dans un dénuement insupportable au pays des droits de l'homme. Avec les faibles moyens financiers dont nous disposions, nous nous sommes demandé comment nous pouvions agir vite et efficacement. C'est ainsi que l'idée nous est venue de leur porter une assistante concrète, de jumeler des familles harkis avec des familles pieds-noirs ou de métropole dans le cadre des mairies.

– *Pour quelle raison avez-vous mis des mairies dans le coup ?*

– Pour plusieurs raisons. D'abord pour agir dans un cadre officiel permettant aux harkis et à leurs familles d'être reconnus comme de vrais citoyens. Ensuite pour bénéficier des services sociaux accordant une aide rapide aux cas les plus urgents. Enfin, pour montrer à nos amis harkis l'existence d'une réelle solidarité française. En sensibilisant les maires, nous pensions que les harkis seraient mieux traités. C'est ce qui s'est passé.

– *Combien avez-vous conclu de jumelages ?*

– Cent trente-deux dans trente-cinq villes différentes. Je dois reconnaître que l'arrivée d'André Santini à la tête du secrétariat d'État aux Rapatriés nous a été d'un grand secours. Dès qu'il a été mis au courant de notre travail, il nous a apporté son soutien moral et financier. Grâce à lui, nous avons édité un diplôme et frappé une médaille à la Monnaie de Paris, nous avons ainsi tout un matériel qui officialise les jumelages. Je veux rappeler une fois encore qu'André Santini est le seul élu qui se soit rendu dans un camp de harkis en disant : « Je viens vous demander pardon. » C'est encore lui qui a fait pression sur Chirac pour qu'il fasse reconnaître officiellement la dette morale de la France. Une loi a été votée le 16 juillet 1987. Elle a donné droit à une indemnité forfaitaire de soixante mille francs sans que les familles aient besoin de justifier quoi que ce soit. Vingt mille familles environ ont pu en bénéficier. La loi du 11 juin 1994 qui a été votée par l'Assemblée nationale ajoute un complément de cent dix mille francs. Ces deux versements additionnés ont permis à des familles de quitter les camps et de se faire construire une petite maison. Le souhait des harkis n'était rien d'autre que de se fondre dans la population française, ce qui aurait dû être fait dès 1962, mais certainement pas de vivre dans des camps immondes.

– À vous écouter, l'envie nous prend de dire : bravo, monsieur Santini !

– Il est le seul homme politique en exercice à avoir reconnu publiquement le massacre de cent cinquante mille harkis et la disparition de vingt-cinq mille pieds-noirs après le 19 mars 1962.

– La question qui vient maintenant est de comprendre la signification du dépôt d'une plainte contre X des harkis pour crime contre l'humanité et complicité, génocide et complicité, enlèvement, séquestration, détention arbitraire.

– C'est une autre étape. Ce qui a été accordé en 1987 et en 1994 est une reconnaissance de la nation pour services rendus en tant que militaires. Ce que veulent les harkis à présent est une reconnaissance officielle des souffrances qu'ils ont endurées et des crimes qui ont été commis contre eux, puisque leur drame est la conséquence directe de la politique d'abandon préméditée de Charles de Gaulle. Seul le président de la République actuel peut prendre cette décision, comme il l'a fait pour nos compatriotes juifs.

– *Sacré dilemme ! Il lui faudra désigner officiellement la personne de Charles de Gaulle. Et nul n'ignore l'admiration qu'il porte à l'homme de la France libre…*

– Les hommes politiques s'adaptent vite à l'évolution de l'opinion publique. Je ne crois pas me souvenir qu'il ait défendu Maurice Papon, pourtant grand serviteur de l'État et du général de Gaulle…

– *Difficile de mettre dos à dos les deux personnages !*

– La réalité ne peut conduire le chef de l'État qu'à la reconnaissance des faits, ceux-ci appartiennent désormais à l'histoire. Il n'est en rien responsable des décisions que Charles de Gaulle a pu prendre en 1962. À titre personnel, il n'a pas pu ignorer les événements qui se sont déroulés. Il a été l'un des rédacteurs des accords d'Évian pour la partie économique, avec son épouse il a vécu au Rocher-Noir tandis que l'Algérie baignait dans le sang. Si ce qui vient d'être dit ne peut le qualifier de responsable, cela n'en fait pas pour autant un nouveau-né sans mémoire. À des détails, on sent que chez lui son passé algérien pèse lourd. Il vit dans ce passé dont il connaît la cruelle réalité. Comme beaucoup d'autres, il a préféré se taire pour protéger sa carrière politique. Soyons clairs, la mission que nous nous sommes fixée est de défendre l'intérêt des victimes et non de trouver des excuses aux bourreaux.

– *Selon vous, assisterons-nous un jour à un procès ?*

– Compte tenu de l'évolution du droit international, je le pense, oui. Les dirigeants de la République se trouvent devant une situation simple : soit ils donnent un grand coup de scalpel dans l'abcès et ils reconnaissent la vérité, aussi dure soit-elle, soit ils continuent de mentir. Et dans ce cas, les populations martyrisées continueront d'aller devant les tribunaux. Le droit l'emporte toujours, ce n'est qu'une question de temps. Avec le temps tout finit par se savoir, disait déjà Euripide.

» Nous n'avons évoqué que les harkis, mais je vous rappelle que nous sommes aussi très actifs en ce qui concerne les disparus européens. À ce jour, nous avons déposé deux plaintes contre X pour crime comme l'humanité. La première est en appel ; le second dépôt, vous étiez présent au Palais de Justice, d'ailleurs, a eu lieu le 5 juillet 2002. Les quarante-quatre familles plaignantes savent, et nous aussi, que le chemin sera peut-être long. Nous envisageons ce délai avec sérénité, désormais rien ne pourra entamer notre détermination.

» Vous pourriez me poser la question suivante : "Pourquoi cette action vient-elle quarante ans après les événements ?" L'observation des grands bouleversements m'a conduit à m'apercevoir que les populations qui les ont subis ont eu besoin d'un temps assez long pour accuser les coups reçus, en comprendre les causes avant d'engager une action réparatrice. Les enfants juifs sur lesquels vous avez écrit et auxquels on a volé leur identité pendant une période de leur enfance, qui ont vu leurs parents disparaître sans savoir où on les emmenait, au bout de combien d'années après la guerre se sont-ils mis en mouvement pour la reconnaissance de leur souffrance ? Personnellement, j'avais quatorze ans lorsque l'Algérie cessa d'être française. Pied-noir de la ville, du quartier de Bab-el-Oued plus exactement, j'ai vécu au quotidien, de l'enfance à l'adolescence, la lutte d'une province française qui désirait demeurer française. Puis il y a eu l'exil. Les Français d'Algérie sont en effet des exilés et non des rapatriés, terme impropre imposé volontairement par les gouvernants de l'époque. Les années de bannissement et le temps du mépris suivirent. Les Français d'Algérie furent alors des parias de la société française, les fascistes, les racistes et les exploiteurs dont la presse bien-pensante d'alors se chargeait de créer et d'entretenir l'image. Pour beaucoup, ce furent les années du silence, pour quelques-uns celui de la révolte et, malheureusement pour d'autres, celui du désespoir et parfois du suicide.

» Pour clore notre entretien, je vous rappelle que si notre détermination paraît incompréhensible, ceux qui s'en étonnent ignorent que la souffrance augmente à mesure qu'avancent les années. Pour des familles de disparus, elle est devenue intolérable. Ce qui nous motive, mon épouse et moi-même, et les amis comme vous qui nous accompagnent dans notre combat, c'est le sort des victimes, certainement pas celui des coupables.

Taouès Titraoui est l'épouse de Bernard Coll et fille de harki. Son père s'est engagé en 1939 puis en 1955 dans l'armée française. En 1962, comme nombre de ses compatriotes, elle a dû fuir l'Algérie avec ses parents et ses frères.

– Nous sommes arrivés en métropole grâce à l'initiative d'officiers français qui ont refusé d'obéir aux ordres de nous abandonner sur place. Ils ont trouvé un préfet complaisant pour que nous ayons des papiers en règle. Ensuite, nous avons eu de la chance d'être accueillis par le prince et la princesse Philippe de Mérode, qui possédaient un domaine dans le Nord de la France. Nous logions dans les communs avec dix autres familles de harkis, soit trente-cinq personnes. Mes parents travaillaient dans la propriété.

– Vous étiez enfant au moment des événements. En avez-vous des souvenirs ?

– J'ai vu des attentats, j'ai connu la peur, en particulier la nuit. Mon père était militaire, il s'absentait souvent, ce qui fait qu'à la maison il ne restait que les femmes et les enfants. Les autres devaient le savoir, car ils venaient nous attaquer uniquement la nuit. Ils mitraillaient les maisons, frappaient aux portes comme des sourds ou jetaient des cailloux dans la cour.

– *Ils voulaient vous terroriser ?*

– Ils y réussissaient.

– *Arrivait-il au FLN de réclamer à votre père de payer l'impôt de la révolution ?*

– Uniquement après que l'armée française l'eut désarmé, le 19 mars 1962. Les gens du FLN rôdaient autour de la caserne. Puis, un jour, ils ont réussi à coincer mon père. Ils lui ont dit : « Vous étiez dans l'armée française depuis sept ans, vous nous devez un arriéré de sept années. »

– *Votre père a payé ?*

– Nous avons quitté l'Algérie à temps.

– *Vous souvenez-vous si ce départ a été une déchirure ?*

– Mes parents étaient angoissés et, du coup, je l'étais aussi. J'ai un souvenir précis du départ, le 9 juin 1962. Des camions militaires sont arrivés à la caserne de M'Sila, proche de Sétif, à 4 heures du matin. Sur la route, ils roulaient lentement pour ne pas éveiller la population. La veille, j'avais ramassé quatre petits cailloux, je les ai glissés dans ma poche. Je comprenais que nous partions pour longtemps.

– *Ces cailloux, les avez-vous gardés longtemps ?*

– Des années. Et puis j'ai fini par les perdre.

– *Ces cailloux vous rattachaient à l'Algérie, ils étaient comme une sorte de passeport…*

– Certainement. Mon père a fait le choix de la France, et j'en suis fière. L'Algérie restera éternellement mon pays de naissance, mais je n'y ai aucune attache. Ma vie et mon avenir sont ici, en France.

– *Les difficultés que vous rencontrez dans le magnifique combat que vous menez à côté de votre mari n'écornent-elles pas votre amour de la France ?*

– Non, au contraire. Elles le renforcent, d'autant plus que nous allons réussir à faire triompher la vérité. Le combat dont je suis aussi très fière est mon action locale, car j'ai réussi en tant qu'élue du peuple français à débaptiser officiellement la rue du 19-mars-1962 de ma commune. J'aurais aimé que mon père soit là pour assister à ma première bataille politique sur le terrain.

Voici les principales revendications de l'Association Jeune Pied-Noir.

– L'État français doit reconnaître officiellement la responsabilité de la Ve République dans le massacre de cent cinquante mille harkis et la disparition de vingt-cinq mille pieds-noirs en Algérie après le 19 mars 1962. Une proposition de loi allant dans ce sens est actuellement à l'étude.

– La création d'une commission d'enquête parlementaire et l'ouverture immédiate de toutes les archives : Comité des affaires algériennes, Croix-Rouge française et internationale, secrétariat d'État aux Affaires algériennes, armée et gendarmerie, etc.

– La nomination d'un ministre d'État pour clore définitivement, par un programme étalé sur cinq ans, la dette morale et matérielle de l'État envers tous les Français d'AFN de toutes confessions.

– La réception par le chef de l'État d'une délégation des familles de disparus.

– L'attribution d'une fréquence FM nationale à la communauté des deux millions des anciens d'AFN et d'une émission télévisée hebdomadaire d'une heure diffusée sur une chaîne publique.

Cette dernière revendication, qui n'est pas liée directement aux autres, est une nécessité pour la survie d'une communauté éclatée sur tout le territoire national et à l'étranger.

En cas de carence de la justice française, Jeune Pied-Noir appellera à la création d'un collectif des victimes de l'État regroupant les familles des victimes des décisions gouvernementales françaises du 19 mars 1962…

– Enquête 18 –

LA JUSTICE

Confronté à un pouvoir politique qui ment depuis quarante ans et à une justice qui se réfugie derrière la loi d'amnistie de 1963, le combat pour la vérité engagé par les familles de disparus ne se trouve guère facilité.

Soutenues par l'Association Jeune Pied-Noir, quarante-cinq familles ont déposé une plainte auprès du tribunal de grande instance de Paris, dont l'énoncé est le suivant : plainte pour crimes contre l'humanité et complicité, génocide et complicité, enlèvements, séquestrations, détentions arbitraires.

D'un point de vue juridique, le problème n'est pas simple. D'un côté la loi d'amnistie française, écrite et votée dans le but d'effacer les exactions commises lors des « événements », entrave ceux à qui revient la décision de diligenter une enquête – sans compter la loi d'amnistie algérienne rédigée par des juristes français dans le cadre de la coopération entre la France et l'Algérie mise en place dès l'indépendance. D'autre part l'incrimination pour crime contre l'humanité et génocide n'a été introduite que tardivement dans le Code pénal français, en 1994, ce qui autorise la Cour de cassation à ne pas reconnaître comme crimes contre l'humanité ou génocides les assassinats de masse commis avant cette date (Algérie, Cambodge, etc.), à l'exception de ceux qui se sont produits durant la Seconde Guerre mondiale et pour lesquels il existe une disposition juridique particulière introduite en 1945.

Pour gérer ce dossier complexe et trouver les voies juridiques qu'il mérite en accord avec les familles déposantes, l'Association Jeune Pied-Noir a fait appel à deux avocats, Me Emmanuel Altit et Me Philippe Reulet, spécialistes de droit international. Me Altit, avec qui j'ai eu le plaisir de m'entretenir longuement, est avocat à Paris, et s'occupe spécialement des affaires de droit pénal international (génocides, crimes contre l'humanité) et de droit humanitaire. Il est intervenu au Rwanda après le génocide, a plaidé dans les affaires de massacres inter-ethniques au Burundi, participé à la remise sur pied des systèmes judiciaires dans de nombreux pays touchés par des guerres civiles : Kosovo, Bosnie, Cambodge, etc. En Bosnie, il est chargé des réformes pénales auprès du Haut-Représentant de l'ONU et a participé à la rédaction du nouveau Code pénal et du nouveau Code de procédure pénale.

Comme la plainte déposée par les familles des disparus comprend quarante pages, il n'est pas possible de la recopier dans son intégralité. En voici cependant un extrait, où il est question notamment de crime contre l'humanité et de génocide, mais aussi d'enlèvements et séquestrations arbitraires.

> À la suite des accords d'Évian signés le 18 mars 1962, la France s'engageait à rester garante du maintien de l'ordre sur le territoire algérien jusqu'au 2 juillet 1962, soit jusqu'à la veille de la date d'accession à l'indépendance de l'Algérie [*3 juillet 1962*].
>
> De nombreux Français seront alors sur le territoire métropolitain après avoir perdu tous leurs biens.

Ceux restés sur place, comme ils en avaient reçu la proposition, seront l'objet de persécutions à divers titres, tant avant qu'après l'indépendance.

Ainsi à Oran, le 5 juillet 1962, les auxiliaires temporaires occasionnels, miliciens détenant cependant officiellement les fonctions de l'exécutif destinées à assurer la transition, se livrèrent à des exactions systématiques.

Les assassinats dénoncés dans le cadre de la présente plainte s'inscrivent indéniablement dans le cadre de l'exécution d'un plan concerté établi par l'intervention simultanée d'agresseurs en nombre considérable opérant avec une unité de temps et de lieu ayant déterminé au préalable la qualité de leur victime, ceux-ci constituant par leur nombre un groupe de populations civiles, sur des critères raciaux et politiques, voire religieux, et constituent de ce fait un crime contre l'humanité.

Les faits ainsi dénoncés entrent dans le cadre des prévisions de l'article 6c du statut du Tribunal militaire international de Nuremberg, annexé à l'accord de Londres du 8 août 1945 et prévoyant notamment :

« L'assassinat, l'extermination, la réduction en esclavage, la déportation et tout autre acte inhumain commis contre toutes les populations civiles, avant ou pendant la guerre, ou bien les persécutions pour des motifs politiques, raciaux ou religieux, lorsque ces actes ou persécutions, qu'ils aient ou non constitué une violation du droit interne du pays où ils sont perpétrés, ont été commis à la suite de tout crime entrant dans la compétence du tribunal en liaison avec ce crime. »

Ce texte a été régulièrement intégré à l'ordre juridique interne français après sa signature et sa promulgation par décret du Gouvernement provisoire de la République française en date du 6 octobre 1945.

En outre l'article unique de la loi n° 63-1326 du 26 décembre 1964 tendant à constater l'imprescriptibilité des crimes contre l'humanité dispose :

« Les crimes contre l'humanité, tels qu'ils sont définis par la résolution des Nations unies du 13 février 1946, prenant acte de la définition des crimes contre l'humanité, telle qu'elle figure dans la charte du Tribunal international du 8 août 1945, sont imprescriptibles par leur nature. »

Il s'agit de crimes contre l'humanité en général, sans caractère limitatif, comme le démontre la référence à la résolution des Nations unies du 13 février 1946 qui vise les crimes.

Il existe plusieurs autres résolutions postérieures de l'Assemblée générale des Nations unies faisant obligation aux États de poursuivre les auteurs de faits constitutifs de crimes contre l'humanité sans avoir à tenir compte de leur nationalité, de celle de la victime et du lieu du crime.

Ainsi notamment la résolution n° 3074 (XXVIII) du 3 décembre 1973 intitulée « Principes de la coopération internationale en ce qui concerne le dépistage, l'arrestation, l'extradition, le châtiment des individus coupables de crimes contre l'humanité » énonce comme premier principe :

« Les crimes de guerre et les crimes contre l'humanité, où qu'ils aient été commis et quel que soit le moment où ils ont été commis, doivent faire l'objet d'une enquête, et les individus contre lesquels il existe des preuves établissant qu'ils ont commis de tels crimes doivent être recherchés, arrêtés et traduits en justice, et s'ils sont reconnus coupables, châtiés. »

La France est signataire de l'ensemble de ces résolutions dont la répétitivité tant de la proclamation des mêmes principes que de l'adhésion qu'elle en a faite doit être source d'obligation pour elle, puisque constituant une source du droit au titre de la coutume.

Les crimes contre l'humanité apparaissent comme étant par nature imprescriptibles, et cela sans aucune limite légale, ce qui doit amener à les considérer comme constituant une catégorie d'infraction interdisant de les apparenter à des crimes de droit commun.

Cette appréciation est de plus conforme à la primauté de la norme internationale sur la loi interne, ce que souligne définitivement l'article unique de la loi du 26 décembre 1964 en reprenant la définition du crime contre l'humanité par adoption pure et simple de la définition de la résolution des Nations unies du 13 février 1946.

Il apparaît impératif dans ces conditions de considérer que la qualification de crime contre l'humanité, telle qu'elle émane du statut du Tribunal militaire international de Nuremberg, ne saurait se limiter à ceux « commis au nom des puissances de l'Axe ».

L'article 6 détermine les éléments constitutifs du crime contre l'humanité en le définissant dans son paragraphe premier précisant les circonstances de lieu et de fait fondant la compétence du tribunal.

L'article 6 précise en effet les éléments de compétence du tribunal « établi pour juger et châtier les grands criminels des pays européens de l'Axe, agissant individuellement et à titre d'organisation ».

Il ne s'ensuit pas que cette disposition de compétence vienne modifier les éléments constitutifs du crime contre l'humanité précédemment évoqué dans l'article 6 du statut du Tribunal militaire international de Nuremberg.

Cependant les dispositions concernant les crimes contre l'humanité, le crime de guerre et d'intelligence avec l'ennemi ne font nullement référence à des crimes particuliers : ceux commis par les puissances de l'Axe.

Ces dispositions définissent des incriminations en vertu desquelles les accusés ressortissants des pays de l'Axe et leurs complices devront être jugés.

Aucune restriction expresse n'est apportée permettant, sans trahir les dispositions de cet article, de limiter la portée de l'article 6 du statut du Tribunal militaire international de Nuremberg aux seuls accusés de Nuremberg.

Bien au contraire, les déclarations des Alliés et les divers outils juridiques utilisés entre 1943 et 1945 démontrent que les Alliés voulaient légiférer sur de nouvelles catégories d'infractions applicables à l'avenir.

Il reste qu'il résulte en effet du rapprochement des dispositions de l'article 4 de l'accord de Londres du 8 août 1945 et de l'article 6 du statut du Tribunal militaire international de Nuremberg ainsi que de la résolution du 18 février 1946 (accord et résolution portant l'un et l'autre référence à la déclaration de Moscou du 30 octobre 1943 et visés tous les deux par la loi du 26 décembre 1964) que toutes les mesures nécessaires doivent être prises par les

États membres des Nations unies, dont la France, pour que soient réprimés les crimes contre l'humanité.

En outre, compte tenu de la spécificité du crime contre l'humanité et de la pratique des organisations internationales notamment en ce qui concerne la mise en place des tribunaux ad hoc, il est possible, en écartant le principe de non-rétroactivité des lois, d'appliquer les dispositions du Code pénal et notamment de l'article 212-1 ainsi libellé :

« La déportation, la réduction en esclavage, la pratique massive et systématique des exécutions sommaires, d'enlèvements de personnes suivis de leur disparition, de la torture ou d'actes inhumains, inspirés par des motifs politiques, philosophiques, raciaux ou religieux et organisées en exécution d'un plan concerté à l'encontre d'un groupe de populations civiles sont punies de la réclusion criminelle à perpétuité… »

Les circonstances factuelles dans lesquelles sont intervenues les différentes disparitions établissent de manière certaine que la qualification d'arrestation, de détention, voire de séquestration arbitraire telle que prévue par les articles 224-1 et suivants du Code pénal est établie.

En effet, l'interception des victimes démontre que l'arrestation qui s'en est suivie ainsi que par la suite la détention ont été accomplies sans ordre des autorités constituées et hors les cas prévus par la loi.

De toute évidence les auteurs qui ont personnellement accompli l'un des actes matériels avaient pleine conscience de priver sans droit les victimes de leur liberté.

Ainsi doivent être recherchés à la fois ceux qui ont procédé aux arrestations illégales et ceux qui ont procédé aux détentions et séquestrations arbitraires constitutives du crime lui-même.

La détention des personnes disparues s'avère toujours punissable puisque constituant un délit continu dont le premier terme de la prescription ne commence à courir qu'à partir du moment où elle prend fin.

Conformément aux dispositions de l'article 689 du Nouveau Code de procédure pénale, dès qu'une infraction principale commise à l'étranger relève de la loi française, les tribunaux français sont compétents pour juger non seulement son auteur mais également son complice.

Il ressort en outre des dispositions combinées des articles 52 et 693 du Code de procédure pénale que le juge d'instruction près le tribunal de grande instance de Paris est territorialement compétent, et cela d'autant plus que l'une des victimes a sa résidence à Paris.

Les faits rappelés ci-dessus justifient la présente plainte avec constitution de partie civile pour ces motifs et tous autres que pourraient révéler les investigations qui seront menées.

Je vous remercie, en conséquence, monsieur le doyen des juges d'instruction, de bien vouloir ordonner les formalités légales de consignation.

Compte tenu de la situation de revenus particulièrement modeste de chacun des plaignants, il vous est demandé de les dispenser de consignation.

*

* *

Je regrette de ne pas pouvoir faire figurer ici l'intégralité de l'entretien passionnant que Me Altit m'a accordé. J'ai préféré m'en tenir à l'essentiel afin de rendre la lecture du dossier claire et fluide.

– *À quoi sert la plainte ?*

– Saisir la justice, c'est lui demander de distinguer les responsabilités individuelles et collectives afin que chacun rende compte de ce qu'il a fait. Le politicien qui par l'intermédiaire du général donne l'ordre au soldat de tuer, cela constitue une succession d'actes qui a amené à commettre soit un assassinat, soit un massacre de masse. Il faut remonter la chaîne des responsabilités et déterminer la part prise par chacun.

» C'est cela, le rôle de la justice : déterminer les responsabilités individuelles afin de distinguer le bourreau de la victime. Sans justice, il n'y a pas de vie sociale possible. Que serait une société fondée sur l'irresponsabilité ?

– *Que pensez-vous de la loi d'amnistie française ?*

– Cette loi a été mal faite et mal pensée. Elle ne couvre pas tout, puisque les Algériens ont été dans l'obligation d'en créer une spécialement à leur usage. À ce propos, remarque intéressante, la loi algérienne que je viens d'évoquer a été rédigée par des fonctionnaires français. Cela signifie que des Français ont aidé à créer une loi couvrant les crimes commis par des étrangers à l'encontre de Français. Les Algériens étaient des étrangers à compter de l'indépendance.

» Que devons-nous comprendre ? Qu'il a fallu faire une seconde loi afin de colmater les brèches et de couvrir les Algériens qui ne l'étaient pas suffisamment par la première. Conclusion : la loi française ne tient pas debout.

» Surtout, cette loi d'amnistie n'a pas de sens. Elle est dénégation même de la justice, refus de la responsabilité individuelle, proclamation de l'irresponsabilité érigée en politique générale ; c'est une loi circonstancielle, immorale, une loi qui prône l'impunité et empêche le citoyen de faire valoir ses droits en justice. Que valent les droits des citoyens pour les promoteurs de la loi ? Rien !

– *Selon vous, le dossier entre-t-il dans la juridiction des crimes contre l'humanité ?*

– La question est posée clairement : s'agit-il d'un crime exceptionnel ? La réponse ne fait aucun doute. Oui, les enlèvements, les séquestrations arbitraires, les tortures, la réduction en esclavage de centaines d'hommes, de femmes et d'enfants, les assassinats individuels et collectifs relèvent bien de la notion de crime contre l'humanité.

» Nous pouvons prouver que les massacres ont été perpétrés dans le but de terroriser une population et de la faire fuir afin d'abord de faire main basse sur ses biens, ensuite de purifier ethniquement un territoire. Les exactions, leur raison d'être, le mode opératoire, tout cela répond parfaitement à la définition, telle qu'elle existe dans les textes, du crime contre l'humanité. C'est pour cela que nous nous sommes engagés dans cette voie. Avec mon confrère et ami Philippe Reulet, nous plaidons un peu partout dans le monde des dossiers similaires à celui-ci. Le massacre des pieds-noirs et des harkis est à l'évidence un crime contre l'humanité.

» La question posée est la suivante : ce crime peut-il être considéré comme tel par les juridictions françaises et instruit par elles ? Il n'y a pas de réel obstacle ; nous avons vu que la loi d'amnistie ne tient pas. Quant à l'inclusion tardive du concept en droit français, il s'agit d'une interprétation restrictive que démentent les faits : la France a signé en 1948 la Convention réprimant le génocide et en en proclamant l'imprescriptibilité elle a reconnu que la notion de crime contre l'humanité préexistait à la Shoah.

– Si la Cour de cassation allait dans votre sens, que se passerait-il ?

– Cela signifierait que l'on pourrait ouvrir une instruction sur la base du crime contre l'humanité sans que l'on nous oppose des obstacles juridiques.

» Un juge d'instruction pourrait conduire une instruction lors de laquelle il tenterait de recueillir tous les éléments qu'il pourrait trouver, tant en France qu'en Algérie, à propos des exactions, meurtres, massacres et expropriations. Il remplirait son rôle : remplacer les parties dans la recherche de la vérité. Nous obtiendrons probablement la preuve que les assassinats et les enlèvements étaient programmés et que la partie française ne pouvait ignorer ce qui se passait.

– Est-ce que cela veut dire qu'à l'issue de l'enquête menée par le juge, un grand procès aura lieu ?

– Évidemment.

ANNEXES

– Annexe 1 –

LES DÉCLARATIONS D'ÉVIAN ET LES DROITS ET GARANTIES DES EUROPÉENS

Voici la reproduction d'un document, jamais divulgué, édité en marge des accords d'Évian par le Haut-Commissariat de la République en Algérie.

HAUT-COMMISSARIAT DE LA RÉPUBLIQUE EN ALGÉRIE

Les citoyens français, consultés en métropole, en Algérie et Outre-Mer, ont, par référendum du 8 janvier 1961, décidé que les habitants de l'Algérie choisiront librement leur destin politique par rapport à la France (autodétermination).

Les déclarations gouvernementales du 19 mars 1962, faites à l'issue des pourparlers d'Évian, définissent ce que seront les rapports entre la France et l'Algérie, ainsi que les principes de l'organisation intérieure de l'Algérie si la France, d'une part, et l'Algérie, de l'autre, les approuvent.

L'approbation de la France a été donnée par référendum du 8 avril 1962.

Ces déclarations vont être maintenant soumises aux citoyens d'Algérie : ceux-ci se prononceront par le scrutin d'autodétermination du 1er juillet.

Si, comme il est probable, ce vote est positif, les déclarations du 19 mars entreront immédiatement en vigueur ; elles s'imposeront à l'État algérien.

Ainsi, les déclarations d'Évian vont devenir à la fois le fondement juridique et la base politique des rapports entre la France et l'Algérie et des relations entre les communautés à l'intérieur de l'Algérie.

Les droits et garanties des Européens de ce pays, tels qu'ils sont définis par les actes d'Évian, ne peuvent pas être dissociés des rapports généraux existant entre la France et l'Algérie. C'est donc le contexte franco-algérien qu'on rappellera d'abord dans son ensemble.

CHAPITRE PREMIER
LES RAPPORTS FRANCO-ALGÉRIENS

La date du 1er juillet 1962 signifiera-t-elle, comme beaucoup le craignent, une cassure brutale entre les deux pays ? Il y a bien des raisons de penser que ce ne sera pas le cas et que les rapports franco-algériens demeureront particulièrement étroits :

– cent trente ans de présence française ont laissé des traces trop profondes pour que celles-ci soient effacées par l'accession de l'Algérie à l'indépendance ;

– la langue française est aujourd'hui plus répandue que jamais en Algérie grâce aux progrès de la scolarisation. Renoncer à l'usage de cette langue signifierait pour l'Algérie un recul, ainsi qu'un retard dans son développement ;

– tout indique que, sans aliéner sa liberté politique et diplomatique, l'Algérie future voudra demeurer ce qu'elle est : un pays occidental ;

– il existe entre la France et l'Algérie, dans les domaines de la culture, de la technique et de l'économie, des intérêts solidaires ou complémentaires assez puissants pour que, de toute façon, la coopération entre les deux pays réponde à la nature des choses. C'est cette coopération que les déclarations ont voulu organiser. On en rappellera les principes essentiels.

I – Enseignement et échanges culturels

La coopération dans ce domaine peut se résumer ainsi :

– la France aidera l'Algérie à développer son propre enseignement ;

– il demeurera, en Algérie, des établissements universitaires et scolaires français ;

– les deux pays développeront leurs échanges culturels.

a] L'aide de la France au développement de l'enseignement et de la recherche en Algérie se manifestera par l'envoi de techniciens, de spécialistes et de chercheurs. La France aidera l'Algérie à développer son enseignement supérieur afin que celle-ci soit en état d'organiser, au sein des établissements algériens d'enseignement supérieur, des enseignements de base communs aux universités françaises, dans des conditions analogues de programmes, de scolarité et d'examens.

b] La France conservera, en Algérie, un certain nombre d'établissements d'enseignement.

Dans les écoles, lycées et instituts universitaires français en Algérie sera donné un enseignement conforme aux programmes, horaires et méthodes pédagogiques français. Cet enseignement sera sanctionné par les diplômes français.

Les établissements français en Algérie seront rattachés à son Office universitaire et culturel de la France en Algérie.

II – Coopération technique

Ici, encore, les principes sont simples :

– la France mettra à la disposition de l'Algérie, dans la mesure où celle-ci le jugera utile, des fonctionnaires et techniciens qui participeront au fonctionnement des services algériens ;

– la France aidera l'Algérie à former ses propres techniciens.

III – Coopération économique et financière

Les rapports entre la France et l'Algérie seront fondés, dans ce domaine, sur les principes suivants :

– l'Algérie garantira les intérêts de la France, ainsi que les droits acquis par les personnes physiques et morales ;

– la France s'engage, en contrepartie, à accorder à l'Algérie son assistance technique et culturelle et à apporter au financement de son développement économique et social une contribution privilégiée que justifie l'importance des intérêts français existant en Algérie ;

– dans le cadre de ces engagements réciproques, la France et l'Algérie entretiendront des relations privilégiées, notamment sur le plan des échanges et de la monnaie.

Voici quelques applications de ces principes :

– la France poursuivra son aide financière au développement de l'Algérie pour une première période de trois ans renouvelable ; cette aide sera fixée dans des conditions comparables et au niveau équivalent à ceux des programmes en cours ;

– l'Algérie, qui aura son indépendance commerciale et douanière, établira avec la France un régime particulier des échanges commerciaux, correspondant aux rapports de coopération entre les deux pays (institution de tarifs préférentiels ou absence de droits ; organisation des marchés de certains produits ; clauses de navigation aérienne et maritime entre les deux pays, etc.) ;

– l'Algérie fera partie de la zone franc ;

– les transferts à destination de la France bénéficieront d'un régime de liberté ;

– l'Algérie assurera, sans aucune discrimination, une libre et paisible jouissance des droits patrimoniaux acquis sur son territoire avant l'autodétermination. Nul ne sera privé de ses droits sans indemnité équitable préalablement fixée ;

– dans le cadre de la réforme agraire, la France apportera à l'Algérie une aide particulière en vue du rachat éventuel, pour tout ou partie, des droits de propriété détenus par des ressortissants français ; les autorités algériennes établiront un plan de rachat et les modalités de l'aide française seront fixées par accord entre les deux pays ;

– les droits acquis en matière de pension ou de retraite ou d'invalidité sont garantis ;

– l'Algérie facilitera le paiement des pensions dues par la France aux anciens combattants et aux retraités ; elle autorisera le service français des anciens combattants à poursuivre, en territoire algérien, l'exercice de son activité en matière de paiements, de soins et de traitement des invalides ;

– les sociétés françaises installées en Algérie, ainsi que les sociétés dont le capital est en majorité français, auront le droit d'exercer normalement leur activité et aucune discrimination ne pourra avoir lieu à leur préjudice.

IV – Coopération pour la mise en valeur des richesses du sous-sol du Sahara

– Les droits acquis par les titulaires de titres miniers au Sahara sont garantis ;

– pendant six ans l'Algérie accordera, à égalité d'offre, la priorité aux sociétés françaises en matière de permis de recherches et d'exploitation ;

– la mise en valeur rationnelle des richesses du sous-sol saharien est confiée à un organisme technique franco-algérien. Le conseil d'administration de cet organisme comprendra un nombre égal de représentants de l'Algérie de la France.

Dès maintenant, la mise en œuvre des principes de coopération rappelés ci-dessus est engagée. Le Haut-Commissariat et l'exécutif provisoire tiennent périodiquement des réunions destinées à assurer la continuité de l'administration et de la justice, à organiser la prochaine rentrée scolaire ainsi que les examens de septembre et d'octobre, à préciser le régime des échanges commerciaux entre la France et l'Algérie, à partir de cet été, à mettre sur pied l'organisme franco-algérien de coopération au Sahara, etc.

Toutes ces formes de coopération, qui correspondent aux intérêts et aux besoins de l'Algérie, permettent en même temps à l'influence française de continuer à s'exercer dans ce pays.

On rappellera, dans un autre ordre d'idées, que les déclarations d'Évian comportent des clauses militaires :

– les forces françaises en Algérie, ramenées à quatre-vingt mille hommes dans un délai de douze mois à compter de l'autodétermination ;

– l'utilisation de la base aéronavale de Mers-el-Kébir est concédée à bail à la France par l'Algérie pour une période de quinze ans ; ce bail est renouvelable par accord entre les deux pays.

Tel est, sommairement évoqué, le texte général des rapports franco-algériens. C'est dans ce cadre qu'il faut examiner maintenant la situation des Français européens d'Algérie.

– L'Algérie concède également à la France l'utilisation de certains aérodromes, terrains, sites et installations militaires.

CHAPITRE II
LES DROITS ET GARANTIES DES EUROPÉENS D'ALGÉRIE

Les déclarations d'Évian ont fait une distinction entre les Européens de ce pays suivant que leurs liens avec l'Algérie sont plus ou moins profonds et anciens. Les problèmes que pose une famille française installée depuis plusieurs générations dans ce pays ne sont évidemment pas les mêmes que ceux qui intéressent un fonctionnaire de passage. Entre ces deux situations extrêmes, il existe un grand nombre de cas intermédiaires qu'il a bien fallu distinguer selon certaines règles. La distinction a été faite suivant que les intéressés remplissent ou non l'une des trois conditions suivantes :

– être né en Algérie et justifier de dix années de résidence habituelle et régulière sur le territoire algérien au jour de l'autodétermination ;

– justifier de dix années de résidence habituelle et régulière sur le territoire algérien au jour de l'autodétermination et avoir un père ou une mère né en Algérie qui remplisse ou aurait pu remplir les conditions pour exercer les droits civiques algériens ;

– justifier de vingt années de résidence habituelle et régulière sur le territoire algérien au jour de l'autodétermination.

Ceux qui remplissent une au moins de ces conditions seront appelés à exercer les droits civiques algériens. Les autres n'exerceront pas ces droits.

I – Français d'Algérie n'exerçant pas les droits civiques algériens

Ils bénéficieront des dispositions des conventions d'établissement à conclure entre la France et l'Algérie. Dès maintenant, les principes suivants ont été établis et entreront en vigueur au lendemain de l'autodétermination si les populations algériennes choisissent l'indépendance et la coopération :

– les Français pourront entrer en Algérie et en sortir en étant simplement munis de leur carte nationale d'identité française ou d'un passeport français en cours de validité ;

– ils pourront circuler librement en Algérie et fixer leur résidence au lieu de leur choix ;

– s'ils veulent sortir du territoire algérien pour s'établir en France ou ailleurs, ils pourront transporter leurs biens mobiliers, liquider leurs biens immobiliers, transférer leurs capitaux et conserver le bénéfice des droits à la pension acquis en Algérie ;

– ils bénéficieront en territoire algérien du même traitement que les nationaux algériens pour tout ce qui concerne la jouissance des droits civils, le libre accès à toutes les professions, le bénéfice des lois sur l'assistance et la Sécurité sociale ;

– ils auront le droit d'utiliser la langue française dans leurs rapports avec la justice et les administrations ;

– ils pourront envoyer leurs enfants dans les établissements scolaires de leur choix ; s'ils le désirent, ils pourront ouvrir et gérer en Algérie des établissements privés d'enseignement ;

– aucune mesure arbitraire ou discriminatoire ne sera prise à l'encontre des biens, intérêts et droits acquis des ressortissants français. Nul ne pourra être privé de ces droits sans une indemnité équitable préalablement fixée ;

– le statut personnel, y compris le régime successoral des Français, sera régi par la loi française ;

– les Français pourront participer en Algérie à l'activité des syndicats, des groupements de défense professionnelle et des organisations représentant les intérêts économiques ;

– les sociétés civiles et commerciales de droit français ayant leur siège social en France et qui ont ou auront une activité économique en Algérie jouiront, en territoire algérien, des droits les plus larges ;

– les Français pourront obtenir en territoire algérien des concessions, autorisations et permissions administratives et être admis à conclure des marchés publics dans les mêmes conditions que les ressortissants algériens ;

– les Français ne pourront être assujettis en territoire algérien à des droits, taxes ou contributions différents de ceux perçus sur les ressortissants algériens.

En somme, ces Français seront, en Algérie, des étrangers, mais des étrangers privilégiés.

II – Français appelés à exercer les droits civiques algériens

Ce sont ceux qui remplissent l'une des conditions rappelées ci-dessus (naissance en Algérie, durée du séjour en Algérie, etc.). On examinera leur situation en ce qui concerne leur nationalité, la définition de leurs droits, leur participation aux affaires publiques et leurs garanties.

1° Nationalité

Il a fallu tenir compte de deux réalités :

– ces Européens d'Algérie sont des Français ;

– beaucoup d'entre eux considèrent l'Algérie comme étant leur pays.

La solution adoptée est la suivante :

– après l'autodétermination, pendant la période de trois ans qui suivra l'autodétermination, les intéressés seront français et rien que français ;

– mais ils exerceront les droits civiques algériens (fonction publique, participation aux élections, possibilité d'être élus dans les diverses assemblées, etc.). Ils seront dispensés cependant du service militaire ;

– à l'expiration du délai de trois ans, les intéressés acquièrent la nationalité algérienne par une demande d'inscription ou de confirmation de leur inscription sur les listes électorales. S'ils ne font pas cette demande, ils sont considérés comme des Français résidant en Algérie en qualité d'étranger, et ils bénéficient des clauses de la convention d'établissement dont il a été question ci-dessus. Si, au contraire, ils acquièrent la nationalité algérienne, la France, pour ce qui la concerne, continuera à les regarder, eux et leurs descendants, comme ayant, au regard de l'État français, la nationalité française. Cette nationalité ne sera pas opposable à l'État algérien.

En somme, il y a une période d'essai de trois ans pendant laquelle les intéressés restent exclusivement français tout en exerçant les droits civiques algériens ; à l'expiration de cette période les intéressés choisissent, étant entendu que s'ils décident d'acquérir la nationalité algérienne, ils ne perdent pas leur lien de nationalité avec la France.

2° Droits de la minorité européenne d'Algérie

Ces droits seront reconnus pendant la période de trois ans aux Français exerçant les droits civiques et, ensuite, aux Algériens de statut civil de droit commun (c'est-à-dire, pour employer l'expression habituelle, aux Européens d'Algérie). Ces droits sont essentiellement les suivants :

a] Les Algériens de statut civil de droit commun (pendant les trois premières années les Français exerçant les droits civiques) jouiront du même traitement et des mêmes garanties en droit et en fait que les autres Algériens. Ils seront soumis aux mêmes obligations.

Les droits et libertés définis par la Déclaration des droits de l'homme leur seront garantis ; il ne pourra être pris à leur égard aucune mesure discriminatoire.

b] Les caractères particuliers des Européens d'Algérie seront respectés.

– En ce qui concerne la langue, il est prévu que les textes officiels seront publiés ou notifiés dans la langue française en même temps qu'ils le seront en langue arabe. La langue française sera utilisée dans les rapports entre les services publics algériens et les Algériens de statut civil de droit commun. Ceux-ci auront le droit d'utiliser la langue française, notamment dans la vie politique, administrative et judiciaire ;

– la liberté de conscience est garantie, ainsi que la liberté des cultes catholique, protestant et israélite. L'Algérie assurera à ces cultes la liberté de leur organisation, de leur exercice et de leur enseignement, ainsi que l'inviolabilité des lieux de culte ;

– les Algériens de statut civil de droit commun conserveront leur statut personnel actuel jusqu'à la promulgation, en Algérie, d'un cadre civil moderne à l'élaboration duquel ils seront associés ;

– ces Algériens auront le droit de choisir librement entre les divers établissements d'enseignement ; ils seront libres d'ouvrir et de gérer des établissements d'enseignement. L'Algérie organisera dans ses établissements scolaires des sections françaises que les jeunes Algériens de statut civil de droit commun pourront fréquenter s'ils le désirent.

c] Pendant cinq ans les Algériens de statut civil de droit commun seront dispensés du service militaire.

d] Des garanties devant les tribunaux leur sont assurées :

– existence, en tout état de cause, du double degré de juridiction, du jury en matière criminelle et du recours en cassation ;

– présence obligatoire d'un juge algérien de statut civil de droit commun dans toute juridiction civile ou pénale devant laquelle comparaîtra un Algérien de ce statut ;

– présence dans le jury d'un tiers de jurés de statut civil de droit commun, si un Algérien de ce statut passe en jugement ;

– présence d'une majorité de juges de statut civil de droit commun dans la juridiction, quand est jugée une affaire intéressant exclusivement le statut personnel d'un Algérien de statut civil de droit commun.

3° Participation à la gestion des affaires publiques

– Une proportion équitable d'Algériens de ce statut civil de droit commun sera assurée dans les différentes branches de la fonction publique ;

– ces Algériens seront représentés au sein des assemblées municipales, en proportion de leur nombre dans la commune ;

– dans toute commune où il existe plus de cinquante Algériens de statut civil de droit commun et où ceux-ci ne seraient pas représentés au sein du conseil municipal, il sera désigné un adjoint spécial, représentant cette catégorie de citoyens ;

– pendant les quatre années qui suivront le scrutin d'autodétermination, les villes d'Alger et d'Oran seront administrées par des conseils municipaux dont le président ou le vice-président sera choisi parmi les Algériens de statut civil de droit commun.

Pendant ce même délai Alger et Oran seront divisées en circonscriptions municipales qui seront au moins au nombre de dix pour Alger et de six pour Oran.

Dans les circonscriptions où la proportion des Algériens de statut civil de droit commun dépassera la moitié, l'autorité placée à la tête de la circonscription appartiendra à cette catégorie de citoyens.

– La représentation des Algériens de statut civil de droit commun dans les assemblées à caractère économique, social et culturel devra tenir compte de leurs intérêts moraux et matériels.

– Dans les assemblées à caractère politique et dans les assemblées à caractère administratif (conseils régionaux et municipaux), leur représentation ne pourra être inférieure à leur importance au sein de la population. À cet effet, dans chaque circonscription électorale, un certain nombre de sièges à pourvoir sera réservé aux candidats algériens de statut civil de droit commun.

4° Une association de sauvegarde groupera l'ensemble des Algériens de statut civil de droit commun

Cette association pourra intervenir auprès des pouvoirs publics, plaider devant les tribunaux, administrer des établissements culturels et de bienfaisance.

5° Une cour des garanties sera instituée

Toute personne qui se plaindra d'une violation des droits et garanties de la minorité pourra s'adresser à cette cour. Celle-ci pourra annuler les décisions illégales et attribuer des indemnités.

La cour des garanties comprendra quatre magistrats algériens, dont deux de statut civil de droit commun, et un président désigné par le Gouvernement algérien sur proposition des quatre magistrats.

Ce tableau des garanties ne serait pas complet si on ne rappelait pas qu'outre ce qui sera convenu avec l'Algérie, la France, unilatéralement, apportera son aide et son soutien aux Européens d'Algérie. On ne peut dire qu'elle aidera à rester en Algérie ceux qui voudront y rester et qu'elle aidera à en partir ceux qui voudront en partir. C'est la liberté qui doit dominer le règlement de ce grave problème humain.

Pour n'évoquer que ce qui est dès maintenant acquis, on rappellera d'une part l'aide aux rapatriés et d'autre part les mesures prises en faveur des fonctionnaires et des employés : ordonnance sur les fonctionnaires titulaires de l'État en Algérie en date du 30 mai 1962, convention d'intégration des agents de la SNCFA[1] dans les cadres de la SNCF, ordonnance sur les agents des collectivités locales, décret d'intégration des personnels d'Électricité et Gaz d'Algérie, etc.

Ainsi, loin d'être des textes théoriques destinés à demeurer lettre morte, les déclarations d'Évian constituent à la fois un aboutissement et une étape.

Ces déclarations mettent fin d'une façon réaliste à un long et douloureux conflit. Elles établissent les rapports franco-algériens sur des bases correspondant aux nécessités du monde moderne.

En même temps, ces déclarations offrent aux deux pays, et, au sein de l'Algérie, aux Européens et aux musulmans, des perspectives de coopération dont il appartient à chacun d'entre nous de faire des réalités concrètes et vivantes.

---

1. Société nationale des chemins de fer algériens.

– Annexe 2 –

LES DÉPUTÉS ÉLUS EN ALGÉRIE EN NOVEMBRE 1958

Voici la liste des députés élus en Algérie lors de la consultation de novembre 1958. On s'aperçoit qu'il s'agit de gens de terrain et qu'ils auraient été à leur place à la table des négociations, à Évian, où s'est décidé le sort de l'Algérie ; ils avaient sûrement des suggestions à proposer.

ABDESSELAM, Robert
Alger-banlieue, 2
Né le 27 janvier 1920 à El-Biar (Alger). Avocat à la cour d'appel d'Alger (Lic. en droit, Sc. Po.). Ancien international et champion du monde de tennis. Attaché à la délégation française à l'ONU (11e et 12e sessions, 1956-1957) ; membre du cabinet du Dr Sid-Cara, secrétaire d'État : membre du CSP Algérie-Sahara. Officier de réserve, chev. de la L. d'H. ; cr. de g. 39-45 (3 cit.) ; Bronze Star.

ACGA-MIB, Mohamed
Orléansville, 5
Né le 5 avril 1904 à Méchéria (Saïda, Sud-Oranais). Commandant en retraite. Ancien administrateur des Mines du Zaccar, ancien membre du cabinet militaire des gouverneurs généraux Chataigneau et Naegelen. Off. de la L. d'H. ; cr. de g. 39-45 (palmes) ; cr. de g. TOE[1] ; cr. du combattant.

ABNULF, Étienne
Orléansville, 5
Né le 11 mars 1920 à Flatters (Orléansville). Inspecteur des domaines. Maire de Duperré.

AZEM, Ouali
Grande-Kabylie, 6
Né le 3 mars 1913 à Agouni-Guéghrane (Grande-Kabylie). Électricien. Ancien travailleur STO[2] en Allemagne ; ancien militant MNA. Maire d'Agouni-Guéghrane, conseiller général de Grande-Kabylie. Président de la Fédération des maires de Kabylie, vice-président du CSP Algérie-Sahara.

BAOUYA, Mohamed
Orléansville, 5
Né le 30 aout 1901 à Cherchell (Orléansville). Négociant (import-export).

BARBOUCHA, Mohamed, Salah
Philippeville, 14
Né le 5 mars 1926 à Condé-Smendou (Orléansville). Régisseur-comptable des Ponts et Chaussées. Ancien secrétaire de Ferhat Abbas.

---

1. Territoire d'Outre-Mer.
2. Service du travail obligatoire.

BEDREDINE, Mohamed
Philippeville, 14
Né le 4 novembre 1918 à Philippeville (Constantine). Rédacteur de l'Assistance publique. Conseiller municipal, conseiller général de Philippeville.

BEKRI, Mohamed, Kébir
Oran-campagne, 8
Né en 1921 à Méchéria (Saïda). Instituteur coranique. Nationaliste qui résida plusieurs mois au Caire au début de la rébellion ; passa six mois dans un camp d'internement en Oranie.

BELABED, Slimane
Tlemcen, 9
Né le 12 décembre 1910 à Bedeau (Saïda). Conseiller aux Affaires musulmanes. Maire de Nédroma, conseiller général de Tlemcen. Off. de la L. d'H., chev. du Mérite agricole, off. du Nicham Iftikhar, off. du Ouissam Allaouite.

BENDJELIDA, Ali
Sétif, 17
Né le 31 mars 1915 à Cherchell (Orléansville). Greffier-notaire.

BENELRADI, Banalia
Médéa, 4
Né le 15 février 1913 à Sidi-Aïssa (Aumale). Attaché de SAS (Section administrative spécialisée). Adjoint au maire.

BEHACINE, Abdelmadjid
Constantine, 13
Né le 20 février 1914 à Constantine. Surveillant animalier (Station expérimentale d'élevage). Médaille militaire.

BENHALLA, Khéfil
Sétif, 17
Né en 1914 à El-Main, Les Bibans (Bougie). Fonctionnaire. Maire de Treffec (Sétif), premier vice-président du conseil général de Sétif.

BENSSEDIK, Cheikh
Mascara, 11
Né en 1911 à Renault (Mostaganem). Cultivateur. Adjoint au maire. Membre du conseil central de l'ONIC. Chev. du Mérite agricole.

BERROCAINE, Djelloul
Oran-campagne, 8
Né le 22 janvier 1923 à Oued-Bérkèches (Oran). Chef de douar à Ain-Témouchent. Arrêté alors qu'il s'apprêtait à passer à la rébellion, se rallia à la France ensuite.

BOUABSA, Kheira
Mascara, 11
Née le 4 février 1931 à Mascara (Mostaganem). Institutrice.

BOUALAM, Saïd
Orléansville, 5
Né le 2 octobre 1906 à Souk-Ahras (Bône). Ancien officier d'active (capitaine). Ancien caïd des services civils ; bachaga. Le premier à avoir organisé une harka de supplétifs musulmans pour lutter contre le FLN. Commandeur de la L. d'H., cr. de g. 39-45 (3 cit.), cr. de la valeur militaire (2 cit.), cr. du combattant, off. du Nicham Iftikhar.

BOUDJEDIR, Hachmi ben Tayed
Constantine, 13
Né le 31 mai 1924 à Châteaudun-du-Rhumel (Constantine). Boulanger.

BOUHADJERA, Belaïd
Constantine, 13
Né le 1er octobre 1903 à Méradia, La Catte (Bône). Commandant en retraite. Off. de la L. d'H., cr. de g. (9 cit.), comm. du Mérite combattant, comm. du Nicham Iftikhar.

BOULSANE, Mohamed
Constantine, 13
Né en 1908 à Collo (Constantine). Agriculteur. Ancien délégué à l'Assemblée algérienne, conseiller général. Membre du conseil de l'École d'agriculture de Philippeville, membre de la Commission du port de Collo. Officier des Palmes académiques.

BOUTALBI, Ahmed
Bougie, 18
Né le 28 février 1902 à Béni-Chébana (Sétif). Agriculteur. Maire de Béni-Chébana, conseiller général. Médaille de la Résistance.

CANAT, Edmé
Constantine, 13
Né le 11 décembre 1896 à Constantine. Conseiller fiscal. Off. de la L. d'H., cr. de g. (4 cit.)

CHELHA, Mustapha
Alger-banlieue, 2
Né le 23 septembre 1925 à Alger. Industriel (ancien sous-officier). Conseiller municipal. Médaille coloniale, commémorative Indochine, com. Algérie.

CHIBI, Abdelbaki
Bône, 16
Né le 22 mars 1915 à Souk-Ahras (Bône). Caïd des services civils. Diplômé de langue arabe de la faculté de lettres d'Alger. Maire de Khédara (Bône).

COLONNA, Henri
Tizi-Ouzou, 6
Né le 25 janvier 1901 à Roquebrune-Cap-Martin (A.-M.). Commissaire de police honoraire. Ancien combattant 1914-1918 et 1939-1945. Chev. de la L. d'H., cr. de la valeur militaire, cr. du Combattant volontaire, chev. du Nicham Iftikhar.

DERANCHI, Mustapha
Mostaganem, 10
Né le 16 juin 1908 à Ténès (Orléansville). Chef comptable. Maire de Mostaganem, conseiller général, membre du CSP local.

DJEBBOUR, Ahmed
Alger-ville, 1
Né le 24 juillet 1931 à Ténès (Orléansville). Commerçant. Ancien élève de la médersa d'Alger. Candidat à une élection législative partielle en 1956, à Paris, et soutenu alors par MM. Le Pen et Demarquet, députés.

DJOUINI, Mohamed Lakhdar
Bône, 16
Né le 12 décembre 1912 à Tébssa (Batna). Oukil judiciaire diplômé. Diplômé de la médersa d'Alger ; diplômé de langue arabe de la faculté des lettres d'Alger. Ancien membre de l'Assemblée algérienne.

FOUQUES-DUPARC, Henri
Oran, 7
Né le 17 juin 1903 à Oran. Assureur. Maire d'Oran, conseiller général. Élu conseiller de la République RPF le 7 novembre 1948, et député RPF le 17 juin 1951. Secrétaire d'État à l'Aviation civile dans le cabinet Mendès France. Gaulliste depuis 1940, se présente en 1958 comme UNR. Lieut.-colonel d'aviation de réserve, commandeur de la L. d'H., cr. de g., médaille de la Résistance.

GAHLAM, Makhlouf
Médéa, 4
Né le 13 mars 1924 à Fort-National (Tizi-Ouzou). Employé des contributions directes. Adjoint au maire de Berrouaghia (Médéa).

GRASSET, Yvon, François
Né le 19 mars 1917 à Eugène-Étienne (Tlemcen). Agriculteur. Maire d'Eugène-Étienne, conseiller général. Cr. de g. (2 cit.).

GUETTAF, Ali
Blida, 3
Né le 11 mars 1917 à Laghouat (Oasis). Comptable. Adjoint au maire de Blida. Sous-officier de réserve (campagne d'Italie).

HASSANI, Noureddine
Aurès, 15
Né le 5 janvier 1928 à El-Haouch (Biskra). Cultivateur. Membre du conseil d'administration de la Caisse de solidarité des départements et communes algériennes. Maire d'El-Haouch.

IHADDADEN, Mohamed, Elfodèle
Bougie, 18
Né le 16 mai 1898 en Kabylie. Agent principal des contributions. Cr. de G. 1914-1918, médaille de Syrie.

IOULALEN, Ahcène
Grande-Kabylie, 6
Né le 18 février 1916 à Acif-Boulma (Grande-Kabylie). Fonctionnaire (ancien caïd). Maire d'Aomar, conseiller général. Chev. de la L. d'H., cr. de g. 1939-1945, off. du Mérite agricole, valeur militaire.

KADDARI, Djellali
Tiaret, 12
Né le 2 juin 1914 à Franda (Tiaret). Secrétaire-interprète des services civils. Maire de Tiaret.

KAOUAR, Mourad
Alger, 1
Né le 14 avril 1919 à Aumale (Aumale). Caissier-comptable à Électricité-Gaz d'Algérie. Adjoint au maire de Saint-Eugène. Footballeur très populaire en Algérie. Cr. de g. (3 cit.).

KHEBTANI Rebiba
Sétif, 17
Née le 7 mai 1926 à Bougie. Sans profession (son époux est entrepreneur de travaux publics). Devenue maire de Sétif après les élections législatives.

KHORSI, Sadok
Grande-Kabylie, 6
Né le 16 mars 1921 à Port-Gueydon (Grande-Kabylie). Instituteur. Vice-président du conseil général d'Alger.

LAFFONT, Pierre, Marie, Charles
Oran-campagne, 8
Né le 12 mars 1913 à Marseille (B.-du-R.). Directeur de *L'Écho d'Oran*. Chev. de la L. d'H.

LAGAILLARDE, Pierre, René, Roger
Alger, 1
Né le 15 mai 1931 à Courbevoie (Seine). Avocat à Blida. Ancien président de l'AGEA , rôle important le 13 mai, membre du CSP Algérie-Sahara. Ss-lieut. de réserve de parachutistes, cr. de la Valeur militaire.

LARADJI, Mohamed
Blida, 3
Né le 25 décembre 1925 à Cherchell (Orléansville). Caïd des services civils (détaché à la SAS de Cherchell).

LAURIOL, Marc, Jean
Alger-banlieue, 2
Né le 18 août 1916 à Alger. Conseiller juridique, professeur de droit à l'École supérieure de commerce d'Alger. Docteur en droit ; ancien avocat, ancien conseiller juridique du Gouvernement tunisien, ancien professeur au Centre d'études juridiques de Tunis, ancien membre du Comité constitutionnel consultatif (loi du 3 juin 1958). Officier de char d'assaut durant la guerre 1939-1945, mutilé de guerre à 100 %, cr. de g.

LEGROUX, Armand, Paul, Émile
Mostaganem, 11
Né le 27 août 1922, à Besançon (Doubs). Docteur en médecine. Croix de guerre 1939-1945.

LOPEZ, François
Oran-ville, 7
Né le 21 janvier 1923, à Oran. Avocat à la cour. Conseiller municipal d'Oran, conseiller général. Ancien délégué à l'Assemblée algérienne (de 1951 à 1956), où il est rapporteur de la Commission des finances. Se présente à Oran comme UNR. Croix de guerre.

MALLEM, Ali
Batna, 15
Né le 26 septembre 1915, à Batna. Avocat. Docteur en droit. Ancien journaliste. Membre du Comité directeur de l'UNR. Membre du CSP Algérie-Sahara. Ancien « nationaliste » en relation avec Ferhat Abbas, puis avec le PPA[1] de Messali Hadj. A épousé une Européenne, native de Toulouse, professeur d'anglais au collège de Batna.

MALOUM, Hafid
Bougie, 18
Né le 25 aout 1914 à Michelet (Grande-Kabylie). Avocat.

MARCAIS, Philippe, André
Alger-banlieue, 2
Né le 16 mars 1910 à Alger. Doyen de la faculté des lettres d'Alger (chaire de langues et de civilisation nord-africaines). Auteur d'ouvrages sur la langue arabe, les dialectes algériens, la sociologie nord-africaine et la civilisation musulmane. Cousin de Me Rémi Montagne, qui battit M. Mendès France, dans l'Eure, le 23 novembre 1958. Chev. de la L. d'H., off. des Palmes académiques.

---

1. Parti populaire algérien.

MARQUAIRE, Louis
Blida, 3
Né le 7 août 1905 à Alger. Agriculteur. Maire d'Ameur-el-Aïn, membre du CSP de Blida. Chev. de la L. d'H., chev. du Mérite agricole.

MEKKI (Bezzeghoun dit) René
Oran-ville, 7
Né le 24 novembre 1919 à Oran. Industriel. Adjoint au maire d'Oran, conseiller général. Neveu de l'ancien député d'Oran, Mekki, dont il a pris le nom. Musulman converti au catholicisme. Se présente sous l'étiquette UNR.

MOULESSEBHOUL, Abbès
Tlemcen, 9
Né le 2 juillet 1920 à Sidi-bel-Abbès (Oran). Syndicaliste. Conseiller général.

MESSAOUDI, Khaddour
Médéa, 4
Né en 1920 à Bou-Saâda (Médéa). Commerçant. Maire de Bou-Saâda.

MOLINET, Maurice, Aimé
Bougie, 18
Né le 15 février 1918 à Djidjelli (Bougie). Avoué. Commandant de réserve, cr. de g. (2 cit.), médaille coloniale.

MOREL, Léopold, Henri, Maxime
Philippeville, 14
Né le 9 janvier 1912 à Nice (A.-M.). Directeur de *La Dépêche de Constantine.* Docteur en droit. Ingénieur agronome. Conseiller général, délégué à l'Assemblée algérienne de 1949 à 1956. Off. de la L. d'H., cr. de g., off. du Mérite agricole, médaille de la Reconnaissance française.

PORTOLANO, Pierre, Georges
Bône, 16
Né le 11 août 1909 à Bône. Avocat, ancien bâtonnier. Docteur en droit, diplômé de Sc. Po.

PUESCH-SAMSON, Pierre, Gustave, Joseph
Mostaganem, 10
Né le 28 décembre 1915 à Gaillac (Tarn). Industriel (directeur d'une manufacture de tabac). Membre du CSP Algérie-Sahara. Ancien combattant FFL, lieutenant-colonel de réserve, commandeur de la L. d'H., compagnon de la Libération, DSO.

RENUCCI, Dominique
Batna, 15
Né le 31 mars 1897 à Lambèse (Batna, Aurès). Général de division. Grand officier de la L. d'H., cr. de g. 1939-1945, cr. de g. TOE.

ROTH, Roger
Philippeville, 14
Né le 31 octobre 1912 à Sédrata (Bône). Avoué. Maire de Philippeville. A remplacé M. Léopold Morel, élu sénateur.

SAADI, Ali
Tizi-Ouzou, 6
Né le 10 mai 1910 à Palestro (Tizi-Ouzou). Fonctionnaire des Services civils. Maire de Palestro, conseiller général. Off. de la L. d'H., cr. de la Valeur militaire, médaille de la Reconnaissance française, chev. du Mérite agricole.

SAHNOUNI, Brahim
Aurès, 15
Né en 1912 à Bouderhem (Batna). Conseiller aux Affaires musulmanes. Maire de Khenchela. Chev. de la L. d'H., cr. de g. 1939-1945. Valeur militaire, chev. du Mérite agricole, commém. guerre 1939-1945, com. du Nicham Iftikhar.

SAIDI, Berrezoug
Tiaret, 12
Né en 1899 à Tafraoua (Tiaret). Commandant en retraite. Conseiller aux Affaires musulmanes. Conseiller municipal, président du conseil général. Officier de la L. d'H., médaille militaire, cr. de g., médaille de la Résistance.

SALADO, Xavier
Tiaret, 12
Né le 18 août 1917 à Franda (Tiaret). Ingénieur topographe. Maire de Trezel, conseiller général. Ancien délégué à l'Assemblée algérienne (de 1954 à 1956). Chev. de la L. d'H.

SID-CARA, Chérif
Oran-campagne, 8
Né le 21 novembre 1902 à Mila (Constantine). Docteur en médecine. Maire de Misserghin (Oran), président du conseil général. Conseiller de la République le 8 décembre 1946, réélu en 1948 et 1952. Député à l'Assemblée nationale le 20 septembre 1953. Secrétaire d'État dans les cabinets Bourgès-Maunoury et Gaillard. Coprésident du CSP Algérie-Sahara. Chev. de la L. d'H., médailles de Reconnaissance française, des Épidémies, de l'Assistance publique.

SID-CARA, Néfissa
Alger-banlieue, 2
Née le 18 avril 1910 à Saint-Arnaud (Sétif). Professeur de cours complémentaire. Vice-présidente du Comité d'action sociale et de solidarité féminine. Médaille d'or de l'Étoile du bien et du mérite. Nommée ultérieurement secrétaire d'État aux Aff. musulmanes.

TEBIE, Abdallah
Bône, 16
Né le 22 février 1898 à Constantine. Commandant en retraite. Adjoint au maire de Bône, conseiller général. Off. de la L. d'H., croix de guerre.

VIGNAU, Pierre
Médéa, 4
Né le 16 août 1908 à Benchicao (Médéa). Agriculteur. Conseiller général. Ancien questeur de l'Assemblée algérienne. Membre influent de la CGA. Champion de boules (jeu national). Chev. de la L. d'H.

VINCIGUERRA, René
Alger-ville, 1
Né le 21 novembre 1919 à Rouiba (Alger). Directeur adjoint des Anciens Combattants à la Délégation générale. Licencié en droit. Secrétaire général des Républicains sociaux d'Alger avant le 13 mai. Attaché au cabinet de M. Chaban-Delmas (ministre de la D. nat.). Membre du CSP Algérie-Sahara. Chev. de la L. d'H., cr. de g., médaille de la Résistance.

WIDENLOCHER, William
Sétif, 17
Né le 9 novembre 1912 à Bordj-Bou-Arréridj (Sétif). Avoué. Adjoint au maire de Sétif, conseiller général. S'est présenté sous l'étiquette SFIO.

ZEGHOUF, Mohamed, Tahar
Mascara, 11
Né le 17 janvier 1917 à Menguablet (Tizi-Ouzou). Retraité de la gendarmerie. Caïd des Services civils. Médaille militaire, médaille de la guerre 1939-1945.

– Annexe 3 –

LES SECTIONS ADMINISTRATIVES SPÉCIALISÉES (SAS)

Extrait de La Dernière Chance de l'Algérie française, du gouvernement socialiste au retour de De Gaulle, 1956-1958, *par Philippe Bourdrel, Albin Michel, 1996.*

Les SAS ont été créées le 26 septembre 1955. À cette époque, devant l'ampleur prise par la rébellion, seul un appel aux cadres de l'armée pouvait permettre d'envisager l'indispensable succès de la mission fixée : *reprise en main des populations.*

Les besoins étant immenses, l'appel devait être massif et c'est pourquoi, tandis qu'un arrêté du 26 septembre 1955 créait le service des Affaires algériennes proprement dit, il était simultanément décidé d'y détacher, pendant la période grave que traverse l'Algérie, un nombre égal d'« officiers en mission » qui, se joignant à leurs camarades des Affaires algériennes, collaboreraient à la même tâche et rempliraient dans les mêmes conditions la même mission...

... La circulaire n° 1783/CM définissait le cadre général d'emploi des officiers des Affaires algériennes. Il est bon de souligner que ces instructions, datées du 4 octobre 1955, visaient la situation de cette époque. Elles ont conservé leur valeur, mais certains points demandent à être précisés et complétés à la lumière d'une expérience de plus d'une année, tandis que la réorganisation communale en cours exige du chef de SAS un effort accru.

La mission d'un chef de SAS

Sa mission essentielle est, en effet, la reprise en main de la population et son adaptation progressive aux nouvelles instructions communales, selon les directives et les conseils de l'autorité administrative dont il relève.

Cette tâche complexe, délicate et variée exige :

– la présence physique du chef de SAS au sein d'une fraction déterminée,

– la mise à sa disposition de moyens de protection et d'action, de moyens financiers, de moyens administratifs,

– l'établissement et l'approfondissement de contacts d'abord avec les éléments valables de la population, puis, par leur intermédiaire, avec l'ensemble de celle-ci,

– la centralisation, par le chef de SAS, de tous les besoins, observations, demandes, suggestions, etc., et leur transmission immédiate à l'autorité administrative à laquelle il est rattaché,

– la recherche du renseignement dans tous les domaines – militaire, social, culturel, etc. – et leur exploitation selon des modalités à déterminer, dans chaque cas, sur le plan local,

– un combat psychologique incessant visant à renverser le climat d'insécurité de manière à limiter puis à paralyser l'action rebelle et à préparer, par des mesures judicieuses, le retour à la vie normale.

Ces prescriptions tiennent compte surtout des conditions dans lesquelles ont été implantées les premières SAS, à l'intérieur des zones insurgées ou sur le point de le devenir, alors que le quadrillage militaire était encore, d'une manière générale, très insuffisant. Depuis lors, des SAS ont été créées sur l'ensemble du territoire et leur implantation a parfois bénéficié soit d'une période calme précédant une extension en surface, soit de la réussite de la pacification dans certaines zones.

Les possibilités d'action des SAS

À l'heure actuelle, la situation et les possibilités d'action des SAS sont très différentes suivant les régions : ici, le chef de SAS ne peut se déplacer que sous une étroite protection de la troupe ; là, il peut travailler en dépit d'un certain climat d'insécurité ; ailleurs, enfin, il participe normalement à la remise en route de l'action administrative et sociale.

Dans ces dernières zones surtout, l'impossibilité où se sont trouvées, en totalité ou en partie, les autorités et administrations locales d'assurer l'exercice normal de leurs attributions au cours de la période qui vient de s'écouler pourrait inciter parfois à la tentation de lui confier toutes les tâches qu'elles ont momentanément abandonnées ou insuffisamment remplies.

Certes, le chef de SAS doit s'attacher à faciliter sur son territoire la reprise de la vie administrative avec les prolongements nouveaux qui lui sont dorénavant donnés (modernisation de régions rurales, développement des PTT, réforme agraire, Sécurité sociale, retraite des vieux, etc.), mais il ne faut pas qu'il devienne pour autant le simple exécutant des administrations intéressées. Sa mission est de contact, de contacts directs, et il importe qu'il ne se laisse pas submerger par des tâches de bureau qui ont peu à peu paralysé l'action de ses prédécesseurs.

Ensemblier local des diverses activités qu'il lui appartient de contrôler sur place, il sera le représentant et le coordonnateur des divers services, mais non leur exécutant. Il les renseignera sur les possibilités d'action, les résultats enregistrés, les améliorations à apporter dans la circonscription qui lui est impartie. Son bordj ou son installation provisoire constitueront à la fois le refuge de sécurité à l'abri duquel peuvent trouver place personnels et matériels et le lieu de rassemblement des administrés pour l'accomplissement des diverses formalités administratives.

École et centre d'apprentissage, salle de consultation ou centre de santé, agence postale, etc. trouveront place auprès de lui, fonctionneront sous sa protection et son contrôle ; mais il ne se laissera pas distraire de son rôle d'administration générale et la responsabilité directe de la gestion de ces organismes incombera aux divers services intéressés.

Action du chef de SAS dans le cadre communal

En matière communale cependant, son action sera, pour un temps, beaucoup plus directe. Toutes les communes mixtes de l'Algérie du Nord ont disparu le 15 janvier 1957, les nombreuses communes nouvelles auxquelles elles donnent naissance devront pouvoir s'administrer directement dès les premiers mois de l'année.

Il arrivera que les circonstances ne permettent pas de trouver dans l'immédiat soit les membres d'une délégation spéciale, soit une personnalité acceptant la charge de délégué spécial.

Dans ce cas extrême, c'est, le plus souvent, le chef de SAS qui sera désigné et qui *guidera ainsi les premiers pas de la nouvelle commune.* Il lui faudra donc défendre ses intérêts lors du partage de l'actif et du passif, recruter son personnel, installer ses services, peut-être construire sa mairie, certainement remplir, pendant quelques semaines, voire quelques mois, tous les actes courants de l'administration communale.

Mais, là encore, sa mission essentielle est de contact : il lui faut convaincre la population, rechercher les nouvelles élites, les attirer prudemment en vue de l'évolution nécessaire vers une administration démocratique. Pour ce faire, il doit solliciter les avis des chefs de famille, s'entourer de conseillers officieux, voire clandestins, et les grouper, dès que possible, en une petite assemblée qui deviendra, lorsque les circonstances le permettront, la délégation spéciale officielle.

Dès l'installation de cette délégation, le chef de SAS doit cesser toute gestion communale directe, mais, échelon avancé de l'administration de tutelle, il deviendra naturellement *le conseiller de la nouvelle municipalité et le représentant sur place du sous-préfet dont désormais il relève.* Cette double mission lui incombe également dans les communes où, dès le début, il aura été possible soit de désigner un délégué spécial non fonctionnaire, soit de nommer une délégation spéciale, soit encore de procéder à des élections.

En tant que conseiller, il lui faut souvent corriger les erreurs du secrétaire, et quelquefois lui prêter en renfort son propre personnel, guider la main parfois malhabile du président ou du maire, orienter de l'extérieur les débats de l'assemblée communale, suggérer des améliorations, aider à l'étude et à l'exécution des petits travaux communaux.

En tant que contrôleur, il doit renseigner très exactement son sous-préfet sur les difficultés, les intrigues, les petits conflits locaux et l'éclairer ainsi sur les différents aspects des affaires soumises à son approbation. Il doit le seconder également dans sa tâche de maintien de l'ordre et pourra, à cet égard, recevoir certaines délégations particulières.

Lorsque se constitueront les syndicats des communes, le rôle du chef de SAS s'amplifiera encore ; de conseiller d'administration communale, il deviendra promoteur de progrès et de modernisation. Ses qualités d'initiative et d'organisation aideront le nouveau groupement à développer ce qui n'a encore été qu'ébauché, souvent avec des moyens de pistes, empierrement de routes, organisation de marchés, construction d'écoles et de salles de consultation, améliorations de l'habitat, etc. Peut-être même y aura-t-il intérêt quelquefois à confier directement à la SAS certains travaux entièrement financés sur le budget de l'Algérie sans aucune participation communale et que la commune ou le syndicat ne serait pas susceptible de mener à bien.

Ainsi se précise, à mesure que se développe la pacification, la mission du chef de SAS. Elle s'épanouit dans cette tâche d'« ensemblier local » dont les contours et le contenu ont été définis. Animation de la vie locale, éducation des nouvelles municipalités, tutelle des collectivités, coordination des activités administratives dans le cadre de chaque circonscription seront les éléments essentiels de cette mission qui, exercée avec doigté, discernement, initiative et foi, sera de nature à séduire les âmes bien nées et à leur procurer des satisfactions égales, et peut-être plus profondes, que celles qu'a pu donner aux administrateurs des services civils la pratique de l'administration directe.

– Annexe 4 –

HERVÉ BOURGES

Extrait de L'Encyclopédie politique française, Faits et Documents, 1992, *par Emmanuel Rattier.*

Journaliste, né le 2 mai 1933 à Rennes (Ille-et-Vilaine). Cousin de l'ancien ministre de la Défense, Yvon Bourges, ce militant anticolonialiste venu des milieux catholiques est sorti premier de l'École supérieure de journalisme de Lille. Il a débuté sa carrière à *Témoignage chrétien* (1955-1959), avant d'effectuer son service militaire en Algérie (1959-1960). Non soumis au port de l'uniforme et n'ayant jamais combattu, il fut instituteur auprès des enfants musulmans de la base Alat-101 à Aïn-Arnat. Chargé de mission auprès du Garde des Sceaux Edmond Michelet, il « entreprit à l'initiative de son ministre de très courageuses missions clandestines afin de sauver de nombreux militants FLN menacés de mort. C'est à cette époque qu'il rencontra à la prison de Fresnes le président Ben Bella, dont il fut après l'indépendance le conseiller » (*Le Nouvel Observateur,* 16 janvier 1987). Passé à l'opposition, il devait s'occuper particulièrement des « porteurs de valises » du réseau Jeanson et des détenus algériens, faisant la liaison avec les dirigeants du FLN. Rédacteur en chef de *Témoignage chrétien* de 1961 à 1962, il a adopté la nationalité algérienne pour devenir conseiller personnel du président Ben Bella puis directeur de la Jeunesse et de l'Éducation populaire. Arrêté durant deux jours après la chute de son protecteur, il réussit à s'entendre avec son successeur Houari Boumediene. Il a également été conseiller des fort peu libéraux ministres de l'Économie puis de l'Information Bachir Boumaza et de la Justice Hadj Smaïne (jamais cités dans ses biographies).

Un voile discret a couvert son changement de nationalité (réfuté dans une dépêche de l'AFP[1] lorsqu'il devint P-DG de TF1), jusqu'à ce que *Présent* (5 janvier 1991) publie un extrait du *Journal officiel de la République algérienne* en date du 9 août 1963 (p. 790) « portant acquisition de la nationalité algérienne » pour vingt-quatre personnes dont Hervé Bourges.

Il revint en France au début de 1967. Il fut alors successivement maître-assistant à Paris-II, directeur du département d'études sur l'information dans les pays du tiers-monde à l'Institut français de presse (1968-1976), directeur-fondateur de l'École supérieure internationale de journalisme de Yaoundé (1970-1976). Il se situait à cette époque dans la frange des progressistes révolutionnaires. Dans un recueil d'entretiens avec les meneurs de 1968, cet émule de Fanon expliquait alors : « Dès lors la question n'est plus de savoir si la Révolution peut s'accomplir et si le plus grand nombre la souhaite, mais quand et sous quelle forme elle s'accomplira. » Directeur de l'École supérieure de journalisme de Lille (1976-1980), il se lia avec Pierre Mauroy. Il a également été directeur du Centre de recherche sur l'information et la communication (CRIC) et directeur de *Trimédia,* revue des sciences de l'information et de la communication. Nommé en 1980 porte-parole du directeur général de l'UNESCO Amadou Mahtar M'Bow, ainsi

1. Agence France-Presse.

que directeur de l'Office de l'information du public de l'UNESCO, il a été l'un des défenseurs du NOMIC (Nouvel Ordre mondial de l'information et de la communication).

Ce tiers-mondiste marxiste a été propulsé par Michèle Cotta en 1981 à la direction de Radio-France Internationale, où il donna une orientation conforme aux options du nouveau gouvernement. En juillet 1983, il a été nommé, sur recommandation de François Mitterrand, P-DG de TF1, où il « rectifia » également la rédaction par un encadrement marxiste (Pierre-Luc Séguillon, Jean Lanzi, Alain Denvers, Jacques Decornoy, Sylvain Gouz, Michel Cardoze, Éric Rouleau, Jean Offredo, etc.). Il a occupé cette fonction (au salaire de 42 000 francs par mois en 1986) jusqu'à la privatisation de la chaîne en 1987. Quoique maintenu par le gouvernement Chirac, il estima alors qu'il avait « été écarté de la présidence de TF1 pour des raisons bassement politiciennes », parlant de « l'esprit d'intolérance, le sectarisme et la bêtise, en un mot la "dictature à tête de bœuf" que dénonçait en son temps François Mauriac » (...). Il a alors créé son propre holding, Média connection international (MCI), dont il est vice-président (et dont il détient 51 %). Il a dans le même temps pris la présidence de Canal + Afrique et est devenu P-DG de la Compagnie internationale pour la production audiovisuelle et la communication (CIPAC), contrôlée à 51 % par MCI, aux côtés de Robert Maxwell et de Gilbert Gross.

Dès le retour de la gauche, il s'est retrouvé à la tête de RMC[1] (novembre 1988). À la suite de l'éviction de Philippe Guilhaume, il a été nommé par le Conseil supérieur de l'audiovisuel P-DG d'Antenne 2-FR3 et a aussitôt reconstitué son équipe à ses côtés. La plupart de ses livres abordent des thèmes inhérents à ses combats indépendantistes et tiers-mondistes :

1. Radio Monte-Carlo.

Les Oubliés de la guerre d'Algérie

L'Algérie à l'épreuve du pouvoir (Grasset, 1967), *La Révolte étudiante* (Seuil, 1968), *Décoloniser l'information* (CANA, 1978), *Les Cinquante Afriques* (en collaboration, Seuil, 1979), *Le Village planétaire* (avec C. Nauthier, NEA, 1986), *Une chaîne sur les bras* (Seuil, 1987), *Un amour de télévision* (en collaboration, 1989).

– Annexe 5 –

PROCÈS-VERBAL DU 4 MAI 1962

Ce procès-verbal a été fourni par Mme Anton. C'est un document rare qui, à lui seul, témoigne de la réalité de la fin du conflit algérien. Nous le transcrivons en respectant sa présentation et ses tournures originales.

Commandant de la gendarmerie en Algérie
1re Légion bis groupement d'Oran, brigade d'Oran
Recherches
P.-V. n° 658/R du 4 mai 1962
Analyse arrestation de Bouali-Chaila Kaday séquestration arbitraire, assassinats.

GENDARMERIE NATIONALE
PROCÈS-VERBAL D'ENQUÊTE PRÉLIMINAIRE

Ce jour, huit mai mil neuf cent soixante-deux,
LAUDETTE, Jean, Adjudant-Chef, O.P.
Cdt les Brigades d'Oran,
HOEL, Alexandre, M.D.L. Chef, O.P.J.C.,
La Brigade des recherches
CALLEJAS, Maurice, gendarme, O.P.J.
CANOVAS, Gilbert, gendarme, O.P.J.

Et

DE BARGAS, Joseph, gendarme, O.P.J.

... de la brigade des Recherches d'Oran,

Vu les articles 17 à 19 et 75 du Code de procédure pénale, rapportons les opérations suivantes que nous avons effectuées agissant en uniforme et conformément aux ordres de nos chefs :

– PRÉAMBULE –

Le quatre mai mil neuf cent soixante-deux, à seize heures, s'est présenté à notre brigade un Officier du 1/27e Régiment d'Artillerie, conduisant un individu FSNA qu'il avait appréhendé au cours d'un contrôle « patrouille mobile » vers 10 heures, alors que ce dernier effectuait des contrôles et fouilles des véhicules civils circulant avenue de Sidi-Chami à Oran.

Au moment de son arrestation, il était vêtu d'une tenue de toile kaki, coiffé d'un calot vert et blanc avec une étoile.

Il s'agit du nommé CHOUALI-CHAILA, Kaday, né le 20 mai 1936 à Oran.

– ENQUÊTE –

Procédant à l'enquête, nous, gendarme DE BARGAS, entendons : CHOUALI-CHAILA, Kaday, né le 20 mai 1936 à Oran, alias « Si Naceredine », demeurant à la Cité Sanchidrian, 6 rue Agathe à Oran, fils de feu Abdelkader et de Chouali-Chaila Zahya, célibataire, qui nous déclare à huit heures le 5 mai 1962 :

... « Hier 4 mai 1962, vers 10 heures, lorsque les militaires m'ont appréhendé, je réglais la circulation sur le VO n° 9 au Petit-Lac. J'étais vêtu d'une tenue militaire de toile kaki avec insigne FLN et coiffé d'un calot vert et blanc frappé de l'étoile et du croissant. Dans l'organisation FLN, je suis Chef de la Police sous les ordres du responsable ATTOU, qui me paye 30 000 anciens francs par mois.

… « Mes fonctions au sein de cette organisation consistent :

1) À soigner les malades, en qualité d'infirmier.

2) Je m'occupe de la Police du Petit-Lac avec mon équipe, je surveille la fouille des véhicules et des occupants de passage dans mon quartier, en qualité de Lieutenant.

Pour ma part, j'ai appréhendé une dizaine d'Européens, que j'ai conduits au Centre médical du Petit-Lac, auprès de ATTOU.

Parmi ceux-ci il y avait :

MATINEZ, 50 ans – LOPEZ, 35 ans, HERNANDEZ, 32 ans – MACIA, 39 ans – GARCIA, 40 ans – FERNANDEZ, 27 ans – LOPEZ, 30 ans – GIL, 55 ans – MARSIA, 45 ans.

… « Ces FSE[1] ont ensuite été dirigés par l'Adjoint de ATTOU, un nommé « Si Kaddour », au centre d'interrogatoire, 23 rue Général-Brossard.

… « Pour ma part, j'ai assisté à l'interrogatoire de deux autres Européens nommés LOPEZ, 35 ans, et GARCIA, 27 ans, au centre sis 23 rue Brossard à Oran.

… « Les victimes étaient vêtues uniquement de leur pantalon et d'un maillot de corps. Elles ont subi les sévices suivants :

– Nombreux coups de cravache sur diverses parties du corps, par le Chef « Nourredine », arrosage d'eau à l'aide d'un tuyau, par « Si Mahamed », tortures à l'électricité par « Si Aïssa ». J'ai assisté à ces supplices en tant que membre de la police du FLN. Les victimes criaient de douleur.

… « Il existe à la Cité des 4-Chemins, rue 7 n° 220, les "abattoirs" tenus par Lahcène Lahouari et son équipe.

… « Tous les gens ont été contrôlés et appréhendés par Belahcène Lahouari dans le secteur de l'autoroute et la cité des 4-Chemins, et ont été directement dirigés aux "abattoirs".

1. Français de souche européenne.

... « Là, ils ont été étranglés ou égorgés par Belahcène Lahouari, sans pitié, puis jetés dans la Sebkraa du Petit-Lac.

... « Je n'étais pas présent lorsque ces victimes ont été tuées, mais c'est Belahcène lui-même qui nous faisait part de ses méfaits.

... « Je compte environ vingt personnes au sexe masculin, assassinées par Belahcène Lahouari et son équipe, suivant les dires de ce Chef.

... « Toute l'organisation FLN de la région dépend de l'ALN.

... « Chacun profite de la situation, suivant son rang et son autorité. Attou a été récemment battu et blessé très sévèrement par des officiers de l'ALN pour sa conduite.

... « Le centre médical du Petit-Lac est tenu par le Docteur NOUVION, 50 ans. Je connais aussi le Professeur JHANNOT, 22 ans, qui doit instruire les jeunes musulmans.

Le 5 mai 1962, à 9 heures.

Lecture faite par moi de la déclaration ci-dessus, j'y persiste et n'ai rien à ajouter, à y changer ou à y retrancher.

(A signé au carnet de déclarations).

Vu les articles 63 à 65 du Code de procédure pénale,

Pour les nécessités de l'enquête, nous estimons devoir retenir CHOUALI-CHAILA, Kaday, au bureau de la brigade. Cette mesure de garde à vue prend effet le 4 mai 1962 à 8 heures. Le 5 mai 1962, CHOUALI-CHAILA a bénéficié d'un temps de repos à la chambre de sûreté de notre Brigade.

À 14 heures, nous procédons à une seconde audition de CHOUALI-CHAILA, Kaday, qui déclare :

... SI[1]. Les hématomes, ecchymoses et blessures que je porte à la tête, aux poignets et au corps proviennent des coups que

1. Suspect interrogé.

j'ai reçus de la part de ATTOU et de l'ancien Fidaï Boudena Kadda.

... « Ils m'ont frappé pour mon manque d'énergie au sein de l'organisation FLN.

... « SI. Je ne connais pas la destination des gens appréhendés par notre organisation. Je me contentais de conduire nos prisonniers au Chef ATTOU, et il m'arrive souvent d'assister aux interrogatoires.

... « "Mohamed Ben Kadda" alias Djen (Démon-Diable) demeurant au n° 10 de la cité du Gai-Logis est le chef "Fidaï" tueur de la région, cité des Oliviers et du Gai-Logis.

... « Le chef des "abattoirs" a 5 hommes sous ses ordres : qui sont : KADDOUR-TAYEB-KOUIDER et AISSA et le FLN KADER. Ils sont tous armés de PM 9 mm.

... « Je sais qu'une vingtaine de FSE et une dizaine de FSNA[1] ont été tués par l'équipe de Belahcène Lahouari. Ces chiffres ne sont qu'approximatifs.

... « J'ignore si des militaires français ont été appréhendés par notre organisation et s'ils ont été tués ou relaxés.

... « Le 5 mai 1962 à 14 h 30.

Lecture faite par lui de sa déclaration, y persiste, n'a rien à y changer, à y ajouter ou à y retrancher.

A signé au carnet de déclarations.

... En raison des indices graves et concordants qui dans l'état actuel de l'enquête existent contre CHOUALI-CHAILA, Kaday, de nature à motiver son inculpation pour « séquestration arbitraire et complicité d'assassinats », le 5 mai 1962 à 16 heures, nous portons ces faits à la connaissance de M. le Procureur de la République d'Oran. Ce magistrat nous fait part de nouveaux textes permettant une garde à vue de quinze jours.

1. Français de souche nord-africaine.

... Procédons à une fouille à corps de CHOUALI-CHAILA, Kaday, lequel n'a été trouvé porteur d'aucun objet dangereux ou susceptible de servir à la manifestation de la vérité.

... Le 5 mai 1962, à 19 heures, nous procédons à une nouvelle audition de CHOUALI-CHAILA, Kaday, qui déclare :

... « Le 27 avril 1962, entre 12 et 13 heures, avenue de Sidi-Chami j'ai arrêté une dizaine d'Européens, je ne connais pas leur nom. Ils étaient dans deux voitures, il y avait une Simca grise où il y avait 5 personnes, rien que des hommes âgés de 25 à 50 ans. Nous avions mis des pierres en travers de la route. Nous étions 6 policiers et la foule que j'évalue à 50 personnes toutes musulmanes. La foule possédait des pierres, des bâtons ainsi que des couteaux. Mais les policiers et moi étions armés de Beretta 9 mm avec chargeurs pleins. Ces PA[1] n'avaient pas de numéro.

... « C'est cette Simca qui est arrivée la première sur le barrage. La foule commença à jeter des pierres et à casser les vitres de celle-ci au moment où est arrivée une autre voiture, marque Versailles, chargée aussi de 5 occupants européens. Entre-temps étaient passées d'autres voitures conduites par des musulmans, que nous avions après contrôle laissées partir.

... Cette Versailles a fait également l'objet de jets de pierres de la part de la foule. Les occupants ont été « massacrés » aussi. Je suis monté au volant de la Versailles en repoussant le chauffeur. Un de mes policiers, Mohamed Ben Driss, 22 ans, demeurant Blec 15 n° 25 au Petit-Lac, a pris place à bord de la Versailles.

... Nous avons regagné la SAU (Petit-Lac) poussés par la foule et escortés par nos policiers. Les occupants des voitures n'avaient fait l'objet à ce moment que de coups de pierres.

1. Pistolets automatiques.

... Nous avons fait entrer les 10 occupants dans la salle de la SAU. La foule est restée dehors. Elle voulait entrer dans le bureau, avec mes policiers, je l'ai empêchée.

... « KADOURI Mohamed, Chef Fidaï, était là avec son équipe.

... « Nous avons dû sortir les Européens des voitures en les tirant par les bras. Ils ne marchaient plus, ils étaient presque morts à la suite des jets de pierres.

... « Nous les avons allongés les uns sur les autres en tas, dans le bureau ils respiraient encore. KADOURI les a fouillés et leur a enlevé les portefeuilles qu'il a gardés. J'ignore ce qu'il en a fait. C'est alors que le grand patron ATTOU chef Secteur du Petit-Lac est arrivé. Il a fait venir une infirmière nommée Kheira, elle leur a pratiqué les premiers soins (mercurochrome). Par la suite nous les avons conduits tous les 10 au Centre Médical. Ils sont restés là UNE SEMAINE, lorsqu'ils ont été mieux ATTOU les a interrogés, leur demandant s'ils faisaient partie de l'OAS. Évidemment ils ont dit non et ATTOU les a relâchés, mais la foule venue nombreuse autour du centre les a immédiatement lynchés à mort à coups de pierres et de couteaux.

SI. Je l'ai vu, j'étais présent.

SI. La foule a embarqué les 10 cadavres dans une camionnette 203 Peugeot bâchée, et les ont conduits à la SEBKRAA du Petit-Lac. J'ignore l'endroit exact.

SI. Les noms que je vous ai donnés dans ma première déclaration sont faux, car je n'ai pas vu leur véritable identité et je ne leur ai pas parlé.

SI. Je sais que de nombreux Européens ont été ainsi lynchés par la foule et qui même ont été conduits morts au Petit-Lac. Des femmes et même des enfants sont morts ainsi. Les véhicules de ces victimes sont gardés par nous et les pièces de certains servent pour réparer les autres.

... « Avant les 10 Européens dont je viens de vous parler, j'en ai attrapé d'autres dans les mêmes conditions.

… « Je me souviens plus particulièrement de 4 Européens dans 2 véhicules, l'un une Dauphine rouge, l'autre une Simca Aronde ancien modèle. Ils avaient été eux aussi massacrés par la foule à coups de pierres avenue de Sidi-Chami. Eux aussi ont été amenés à la SAU du Petit-Lac par moi et mes hommes dans le but de les torturer à la cravache. Dans le bureau de la SAU, le nommé Mohamed les a arrosés à l'eau. Nous ne les avons pas attachés car ils étaient assommés et saignaient de la tête. Nous les avons mis torse nu et moi je les ai frappés avec une cravache (nerf de bœuf).

… « Cette arme est actuellement dans mon bureau de la SAU. Durant un quart d'heure, KADOURI et moi les avons frappés.

SI. Si je les ai frappés ainsi c'est parce que : « C'ÉTAIT DES PIEDS-NOIRS ».

SI. J'ai reconnu que c'était des pieds-noirs, parce que l'un d'eux avait un cachet OAS imprimé à l'encre bleue dans le dos. Les autres n'avaient rien, mais comme ils étaient ensemble, je les ai frappés aussi.

… « Après les avoir frappés, j'ai sorti mon Beretta 9mm, ainsi que KADOURI, et j'ai tiré deux balles dans la tête à bout portant sur deux d'entre eux. KADOURI a tiré de la même manière sur les deux autres Européens.

… « Puis nos hommes ont embarqué les cadavres dans la camionnette Peugeot 203 n° 374 EX 9G ou 394 EX 9G, qui se trouve encore à l'heure actuelle au Petit-Lac. Kaddouri a pris le volant et est parti avec six hommes armés de Beretta.

… « C'est Kadouri qui a pris là encore les portefeuilles.

… SI. J'ignore l'identité de ces victimes.

SI. Je sais que sur les 10 premiers, 4 ont été égorgés par la foule, mon camarade Abdelkader Ben Moumenn demeurant à la Cité des Oliviers me l'a dit et d'ailleurs ils étaient armés de couteaux et de haches. Sur les 4 autres, UN seul a été égorgé par Kadouri.

… « C'est tout ce que j'ai fait depuis deux mois que je suis au Petit-Lac. Il y a d'autres groupes qui comme moi font la chasse avec la foule musulmane aux Européens.

… « J'ignore combien ils peuvent en avoir tué. J'en ai vu 4 égorgés par BELKACEM Lahouari aux 4-chemins, comme je vous l'ai déjà dit. R 7 le n° que je vous avais donné est faux, car je l'ignore. Belahcène en a égorgé 20 environ. La pièce où ont eu lieu les égorgements est grande. Les 4 corps étaient dans le fond de la pièce face à la porte. Cette pièce est éclairée par une ampoule. Les murs de cette pièce sont peints en rouge, avec une bande noire, près du plafond qui est blanc.

… « Au moment de mon arrestation par les militaires je n'étais pas armé. J'avais laissé mon revolver au bureau.

… « Je sais aussi que ATTOU a torturé à l'électricité une musulmane enceinte sous les yeux de son mari. Il a aussi emprisonné des musulmans.

Le 5 mai 1962, à 20 h 20.

Lecture faite par moi de la déclaration ci-dessus, j'y persiste et n'ai rien à changer, à y ajouter ou à y retrancher.

(A signé le carnet de déclarations.)

Le 7 mai 1962, à notre brigade, nous, gendarme CALLEJAS, entendons :

ANTON Yvon, né le 5 février 1951 à ORAN, qui nous déclare à 11 h 15 en présence de sa mère Mme ANTON Françoise :

Le mardi 17 avril 1962, je me trouvais dans le véhicule de mes parents et avec eux, lorsque passant avenue de Sidi-Chami, en direction de la Sénia, un FSNA nous a lancé une pierre sur notre 4CV Renault grise. Plus loin une voiture genre Aronde camionnette, couleur bleu sale, toute rayée (peinture enlevée), venant dans notre direction de marche nous a dépassés et s'est mise en travers, nous barrant la route. Mon père qui conduisait a dû immobiliser notre voiture pour éviter la collision.

Il y avait là une foule de gens FSNA parmi eux, certains étaient porteurs de haches. Un FSNA s'est adressé alors à nous, nous ordonnant de descendre.

Mon père a mis pied à terre, ainsi que ma mère tandis que je descendais de voiture. J'ai fait le tour du véhicule vers l'arrière pour descendre ma petite sœur Joëlle âgée de trois ans et demi. À ce moment précis j'ai remarqué la disparition de mon père. Ma mère était amenée par deux musulmans qui la poussaient vers la route principale du Petit-Lac. Voyant cela, avec ma petite sœur, j'ai suivi ma mère et ses gardes du corps, et les ai rejoints à l'hôpital du Petit-Lac. Nous avons été placés dans une pièce où il y avait un tas de longes. Nous avons été libérés le soir même sous la conduite d'un gendarme mobile.

Parmi toutes les photos que vous me présentez, je reconnais formellement l'une d'elles qui représente le portait du chef fellagha qui est venu nous rendre visite au Centre Médical du Petit-Lac (MOUEDDENE Ali alias BENAOUCEUR, alias SI OMAR). Je n'ai plus revu mon père.

Le 7 mai 1962 à 12 heures.

Lecture faite par moi de la déclaration ci-dessus, j'y persiste et n'ai rien à y changer, à y ajouter ou à y retrancher.

(L'intéressé, mineur, n'a pas signé le carnet de déclarations.)

Même jour, même lieu, nous, gendarme CALLEJAS, nous entendons :

ANTON Françoise, née DE LA CRUZ, le 1er novembre 1929 à ORAN, demeurant Cité Jean-de-la-Fontaine, Bt C2 et rue du Président-Fallières à ORAN, qui nous déclare à 12 h 10 :

Le 17 avril 1962 dans la matinée, je me trouvais dans le véhicule 4CV Renault n° 729 DB 9G conduit par mon époux. Mes deux enfants se trouvaient sur la banquette arrière. Nous roulions sur l'avenue de Sidi-Chami en direction de la Sénia. Il était 8 h 15 environ, lorsque au milieu de cette artère un

FSNA nous lancé une pierre et mon mari a accéléré. Cent mètres plus loin, une camionnette tôlée genre Simca ou Juvaquatre, de couleur bleu sale toute rayée et blanc, nous a doublés et s'est mise en travers de la route. À bord de ce dernier véhicule il n'y avait qu'un seul FSNA d'une trentaine d'années, brun, portant une moustache.

Mon mari a dû arrêter notre voiture pour éviter le pire.

La foule musulmane s'est alors précipitée sur nous. Du côté gauche de la voiture, un FSNA a frappé la portière, intimant l'ordre d'ouvrir, ce que j'ai fait.

Il a alors jeté toutes les affaires et paquets que je tenais sur mes genoux et a fouillé le véhicule. Sur son ordre, j'ai mis pied à terre. J'ai été immédiatement isolée du reste de la voiture. Deux musulmans m'ont prise par la main et m'ont entraînée à vive allure vers leur hôpital. La foule se montrait haineuse et voulait me battre. Durant ce trajet j'ai vu un groupe de musulmans qui entraînaient mon mari et le frappaient violemment. À ce moment-là, un camion GMC militaire est passé sur le terre-plein devant l'hôpital, et les militaires m'ont regardée. Je leur ai fait signe « au secours », les appelant désespérément, car j'avais alors les mains libres. Le camion a marqué un net ralentissement. Les militaires m'ont regardée et sont repartis. Avant d'entrer dans l'hôpital j'ai tourné la tête et ai vu mon mari à terre et des Arabes qui s'acharnaient sur lui.

Puis on m'a fait entrer dans une pièce, avec mes deux enfants qui me suivaient librement.

Vers 13 heures un gendarme mobile sans arme est arrivé et j'ai été libérée avec mes deux enfants et dix FSE qui étaient détenus dans un autre local de l'hôpital.

Au moyen d'une Jeep et de deux half-tracks, nous avons été dirigés sur le PC du commandant HUGON avenue de Sidi-Chami, puis au lycée Ardaillon chez des gendarmes mobiles. À 17 heures enfin j'ai pu rejoindre mon domicile.

Durant mon séjour à l'hôpital, des fellaghas du Petit-Lac,

plusieurs chefs FLN et des infirmières sont venus me rendre visite. Ils m'ont dit que je ne risquais rien, qu'ils m'avaient placée là pour ma sécurité.

Parmi les photos que vous me présentez, je reconnais formellement l'une d'elles qui représente le portrait du Chef Fellagha qui m'a parlé, « MOUEDDENE Ali » alias BENAOUMEUR, alias SI OMAR.

Je reconnais l'individu que vous me présentez et que vous dites se nommer CHOUALI-CHAILA. Ce dernier était parmi la foule et les individus qui m'ont arrêtée. Je l'ai revu dans la cour de l'hôpital fellagha.

Ce jour-là, vers 12 heures, l'un des membres FLN de cet hôpital, un Européen d'origine métropolitaine âgé de 25 ans environ (BITSCH René) est venu prendre son repas avec les autres malfaiteurs.

Je l'ai supplié de me donner des nouvelles de mon mari. Il est sorti et quelques minutes après il est revenu me disant que mon époux se portait bien et qu'ils l'interrogeaient.

J'ai vu un docteur européen âgé de 60 ans environ aux cheveux blancs (docteur NOUVION) qui s'occupait des malades. J'ai conversé avec lui quelques secondes. Il m'a dit qu'il était là depuis deux mois, mais ne m'a pas révélé son identité.

Je n'ai plus revu ni mon mari ni notre véhicule.

Je n'ai su qu'il y avait des Européens prisonniers en même temps que moi que lorsque nous avons été conduits ensemble vers le PC du commandant HUGON. Il y avait alors 10 hommes, mes deux enfants et moi-même.

Je précise que les membres du FLN ne m'ont pas interrogée. Je n'ai pas subi de sévices de leur part.

Le 7 mai 1962, à 13 heures.

Lecture faite par moi de la déclaration ci-dessus, j'y persiste et n'ai rien à changer, à y ajouter ou à y retrancher.

(A signé au carnet de déclarations.)

Après avoir confronté Mme ANTON Françoise avec CHOUALI-CHAILA, Kaday, nous recueillons une nouvelle déclaration de ce dernier à 14 heures :

J'ai vu la dame européenne ici présente que vous dites se nommer Mme ANTON, au centre médical du Petit-Lac, en conversation avec BENAOUMEUR alias SI OMAR (en réalité MOUEDDENE Ali).

Ce dernier est le grand chef pour tous les quartiers d'ORAN. Il est sous les ordres de XXX.

SI. L'individu qui conduit une fourgonnette Renault blanche et une 403 noire avec poste de radio, sur l'avenue de Sidi-Chami et au Petit-Lac est le fidaï BOUGENA Kadda. C'est certainement lui qui a provoqué l'arrêt de la 4CV de M. ANTON. D'ailleurs il correspond au signalement donné par Mme ANTON. Il porte une moustache. Il loge au Gai-Logis.

Je n'ai pas vu M. ANTON mais j'ai appris par les membres de mon organisation que cet Européen avait été tué par eux et son corps a dû être jeté à la SEKKRAA, car tous les morts sont conduits là-bas.

Parmi les photos que vous me présentez, je reconnais formellement trois d'entre elles, qui représentent les portraits de :

1) Un individu au visage noir portant de grosses moustaches, qui conduit une VL genre américaine. Je ne connais ni son nom ni sa fonction au sein de l'ALN (TENAZET ABDELKADER « SI KOUIDER »).

2) ZAAF Djillali, recherché par les forces de l'ordre, actuellement au maquis de l'ALN. Il habitait à Sanchidrian, près de mon domicile.

3) Le grand chef « SI OMAR » précédemment désigné alias « BENAOUMEUR » (MOUEDDENE Ali).

Depuis que je travaille pour le FLN, c'est-à-dire depuis le cessez-le-feu, j'ai eu l'occasion de connaître les différents locaux de l'organisation qui sont installés ainsi qu'il suit :

– À la cité des 4-Chemins rue 7, les « Abattoirs » tenus par Belahcène Lahouari.

– Deux bureaux à la cité des Oliviers sans adresse précise.

– Le centre médical du Petit-Lac situé en bordure du VO n° 9 où se trouvaient Mme ANTON et le docteur NOUVION.

– La SAU du Petit-Lac où les gens subissaient les sévices de KADOURI, BEN MOHAMED et son équipe.

– Le grand centre où les FSE sont habituellement emprisonnés sis 23, rue Général-Brossard. Ce lieu est dirigé par « SI NOURREDINE ».

J'ai remarqué devant le local un nombre important de véhicules volés ou appartenant aux FSE prisonniers.

Je sais qu'il existe d'autres locaux dits « 2e bureau » mais je ne connais pas les adresses exactes car je ne me suis pas rendu sur place. Néanmoins ils sont situés au douar Monréal, au douar de la Gare à La Sénia, à Chollet, à la cité Petit, rue Mohamed-Bey en ville nouvelle et rue des Amandiers au faubourg Lamur.

Le 7 mai 1962, à 15 heures.

Lecture faite par moi de la déclaration ci-dessus, j'y persiste et n'ai rien à ajouter, à y changer ou à y retrancher.

(A signé au carnet de déclarations.)

– CLÔTURE DU PROCÈS-VERBAL –

En conséquence, les faits relatés ci-dessus constituant des infractions prévues par les articles 295-296-302 et 303 du Code Pénal nous adressons le présent procès-verbal contre CHOUALI-CHAILA, Kaday.

– EXPÉDITIONS –

La première : avec copie, à M. le Procureur de la République à ORAN.

La deuxième : à M. le Préfet de Police à ORAN.

La troisième : aux Archives.

Fait et clos le 8 mai 1962.

L'adjudant-Chef LAUDETTE, O.P.J. – Le M.D.L. Chef HOEL, O.P.J.

Le gendarme CALLEJAS, O.P.J. – Le gendarme CANOVAS, O.P.J.

Le gendarme DE BARGAS, O.P.J.

– RENSEIGNEMENTS DIVERS –

IDENTITÉ DE L'INCULPÉ

CHOUALI-CHAILA, Kaday, né le 20 mai 1936 à ORAN, fils de feu Abdelkhader et de CHOUAILA Zahya, célibataire, demeurant à ORAN, cité Sanchidrian, condamné à 5 mois de prison pour CBV en 1961, connu sous le nom de « Si Nacereddine ».

(Identité au fichier de notre Groupement, il ne fait l'objet d'aucune recherche.)

NOTA : Deux copies destinées à la commission mixte du cessez-le-feu État-Major Mixte : 2e Bureau au SAOR à ORAN, ont été établies.

– Annexe 6 –

CHRONOLOGIE DES ÉVÉNEMENTS D'ALGÉRIE

1954

Janvier – Mise sur pied du CRUA.

7 mai – Chute de Diên Biên Phu.

1er juin – Réunion des « 22 » au Clos-Salembier, à Alger.

1er août – Proclamation de l'autonomie de la Tunisie à Carthage.

1er novembre – Attentats terroristes dans le Constantinois et en Kabylie. Création du FLN au Caire.

5 novembre – Dissolution du MTLD de Messali Hadj et arrestation de ses membres en Algérie. Pierre Mendès France, président du Conseil, et François Mitterrand, ministre de l'Intérieur, affirment : « L'Algérie, c'est la France. »

1955

25 janvier – M. Jacques Soustelle est nommé gouverneur général de l'Algérie en remplacement de M. Roger Léonard.

6 février – Chute du gouvernement Mendès France.

23 février – Second ministère Edgar Faure.

25 mars – Arrestation de Rabah Bitah.

31 mars – Vote de la loi sur l'état d'urgence (Aurès-Kabylie).

2 avril – L'Assemblée nationale adopte le projet de loi sur l'état d'urgence en Algérie.

Avril – Devant le faible succès de son insurrection, le FLN adopte la stratégie de la terreur par des exactions devant provoquer la crainte et la répression.

Avril – Conférence de Bandoeng.

26 avril – Arrivée du général Parlange dans le Constantinois.

24 mai – Assassinat de l'administrateur de Guentis, Maurice Dupuy, près de Tebessa, avec plusieurs hommes de son escorte.

20 août – Massacres d'El-Halia dans le Philippevillois : 150 Européens, 30 musulmans et 20 militaires sont assassinés. La répression fera 2 000 morts. Le FLN a réussi à enclencher son cycle terrorisme-répression.

30 août – L'état d'urgence est étendu à toute l'Algérie.

12 septembre – Dissolution du Parti communiste algérien.

26 septembre – Déclaration de 61 élus musulmans de l'Assemblée algérienne demandant la reconnaissance de la nationalité algérienne.

30 septembre – L'ONU inscrit la question algérienne à l'ordre du jour. La délégation française quitte la séance.

Automne – Arrivée des renforts militaires en Algérie.

1er octobre – Offensive rebelle en Oranie occidentale.

Novembre – Création des SAS.

29 novembre – Chute du gouvernement Edgar Faure.

23 décembre – Démission des élus de l'UDMA. Ils demandent une République algérienne.

1956

1er février – Investiture du socialiste Guy Mollet, favorable à la reconnaissance de la « personnalité algérienne ».

2 février – Départ de M. Jacques Soustelle. Nomination du général Catroux. Manifestation de sympathie des pieds-noirs lors du départ de Soustelle.

6 février – Violentes manifestations à Alger lors de l'arrivée

de Guy Mollet. Le général Catroux démissionne. Il est remplacé par le socialiste Robert Lacoste.

8 février – Note 412/7 créant officiellement les unités supplétives nommées « harkas » et composées de musulmans volontaires : les harkis.

12 mars – L'Assemblée nationale vote les pouvoirs spéciaux.

20 mars – Indépendance de la Tunisie.

12 avril – Premiers contacts officieux entre les représentants de la France (Gorse et Begarra) et du FLN (Khider) au Caire. Sans résultats.

22 avril – Ferhat Abbas rejoint le FLN au Caire.

18 mai – 20 rappelés français tombent dans une embuscade à Palestro. Ils sont massacrés et mutilés de façon horrible. Grosse émotion en France.

19 juillet – Rencontre secrète à Belgrade entre les chefs FLN Kiouane, Khider et Yazid avec les émissaires socialistes Commin et Harbault. Elle échoue.

20 août – Congrès de la Soummam, où les chefs de la rébellion élaborent la charte de l'indépendance de l'Algérie et du Sahara. Création du CNRA et du CCE.

30 septembre – Le terrorisme urbain s'intensifie à Alger ; bombes au Milk-Bar et à la Cafétéria (Alger).

16 octobre – Arraisonnement du bateau *L'Athos* transportant des armes pour le FLN.

22 octobre – Interception du DC-3 de Royal Air Maroc dans lequel se trouvaient Ben Bella, Khider, Boudiaf, Aït-Ahmed et Lacherat. Massacre de Français au Maroc.

5 novembre – Intervention anglo-française de Suez.

1er décembre – Le général Raoul Salan devient commandant en chef en Algérie.

5 décembre – Dissolution des conseils municipaux et généraux.

24 décembre – Assassinat d'Amédée Froger, maire de Boufarik, président des maires d'Algérie et farouche opposant de l'abandon. De graves incidents marquent ses obsèques.

1957

6 janvier – Devant la croissance des attentats terroristes, qui tuent des dizaines d'innocents, la 10e division parachutiste est chargée du maintien de l'ordre à Alger. Le général Massu dispose de tous les pouvoirs de police. Début de la « bataille d'Alger ».

9 janvier – Guy Mollet propose une offre inconditionnelle de cessez-le-feu, l'égalité des droits, un collège unique, une large autonomie et le maintien des liens indissolubles avec la France.

16 janvier – Attentat au bazooka contre le général Salan.

26 janvier – Bombes au bar « l'Otomatic » et au « Coq hardi » à Alger.

29 janvier – Échec de la grève générale ordonnée par le FLN.

10 février – Attentats au stade d'El-Biar et du Ruisseau.

23 février – Arrestation de Ben M'Hidi.

Printemps – Bataille d'Alger ; début d'implantation des barrages sur les frontières du Maroc et de la Tunisie.

21 mai – Chute du gouvernement Guy Mollet.

26 mai – Assassinat par le FLN d'Ali Chekkal, ardent défendeur du rapprochement franco-musulman.

28 mai – Massacre du village de Melouza où 300 musulmans et leurs familles sont assassinés et mutilés par le FLN. Vive émotion internationale.

11 juin – Arrestation de Maurice Audin.

2 juillet – Le sénateur John Kennedy critique la présence française en Algérie. Vive réplique de Robert Lacoste. Le ministre Bourgès-Maunoury démissionne.

8 octobre – La mort d'Ali-la-Pointe marque la fin de la « bataille d'Alger ». En dix mois les paras ont démantelé les réseaux FLN et rétabli la sécurité.

3 novembre – Ministère Félix Gaillard.

Décembre – Premières livraisons de pétrole d'Hassi-Messaoud. Violents combats dans l'Est-Constantinois.

25 décembre – Purge FLN : assassinat d'Abane Ramdane, au Maroc, par Boussouf.

1958

31 janvier – Adoption de la loi-cadre : l'Algérie est partie intégrante de la République française. La France reconnaît la « personnalité algérienne », les droits de chaque communauté devant être respectés. Le FLN la rejette.

Janvier à mai – Bataille du barrage dans l'Est-Constantinois.

7 février – Incidents à la frontière tunisienne. Bombardement par l'aviation française du camp FLN de Sakiet-Sidi-Youssef en Tunisie.

8 février – Premier départ de Philippeville du pétrole saharien.

20 avril – Démission du gouvernement Gaillard ; crise ministérielle en France.

29 avril-1er mai – Bataille de Souk-Ahras. Mise hors combat de rebelles.

9 mai – Le FLN annonce publiquement l'exécution en Tunisie de trois prisonniers français. L'opinion française s'indigne.

12 mai – Ministère Pierre Pflimlin.

13 mai – Prise du gouvernement général par la foule algéroise menée par Pierre Lagaillarde. Création d'un Comité du salut public présidé par le général Massu.

15 mai – Le général Salan lance pour la première fois « Vive de Gaulle ».

16 mai – Les foules musulmanes et européennes fraternisent dans de grandes manifestations au nom de l'Algérie française.

1er juin – Discours de De Gaulle sur le Forum d'Alger devant 150 000 personnes : « Je vous ai compris » et « 10 millions de Français à part entière ». À Mostaganem, devant plusieurs dizaines de milliers de Français musulmans, il s'écrie : « Vive l'Algérie française ! »

20-29 août – Voyage en Afrique noire et à Madagascar du général de Gaulle. Il indique que les territoires d'Outre-Mer pourront choisir entre la communauté avec la France ou l'indépendance dans la sécession.

19 septembre – Création du GPRA reconnu par onze États ; Ferhat Abbas devient son premier président.

28 septembre – Référendum en métropole et en Algérie, partie intégrante de la France.

3 octobre – Annonce du plan de Constantine pour la modernisation de l'Algérie.

23 octobre – De Gaulle propose au FLN dans une conférence de presse la « paix des braves ». Le FLN refuse.

19 décembre – Départ du général Salan ; Paul Delouvrier est nommé délégué général. De Gaulle accorde au général Challe, le nouveau commandant en chef des forces d'Algérie, 60 000 harkis de plus pour ramener la paix.

21 décembre – De Gaulle est élu président de la République et de la Communauté.

1959

8 janvier – Ministère Michel Debré.

13 janvier – Mesures de clémence du général de Gaulle en faveur des condamnés politiques du FLN

6 février – Début du plan Challe en Oranie.

28 mars – Mort d'Amirouche (Wilaya 3) et de Si Haouès (Wilaya 6).

4-9 avril – Premiers attentats FLN en métropole.

18 avril – Plan Challe dans l'Algérois.

29 avril – Les propos de De Gaulle sur « L'Algérie de papa, c'est fini » au député d'Oran Pierre Laffont provoquent une vive émotion.

5 au 12 juillet – Opération « Étincelles » dans le Hodna.

Fin juillet – Début des opérations « Jumelles » en Grande-Kabylie.

Début août – Première tournée des « popotes » militaires en Algérie par de Gaulle.

16 septembre – Discours du général de Gaulle sur l'autodétermination. Pour la première fois il offre à l'Algérie de se séparer de la France.

19 septembre – Constitution d'un « Rassemblement pour l'Algérie française » présidé par Georges Bidault.

10 novembre – De Gaulle lance un appel au cessez-le-feu et renouvelle son offre d'autodétermination.

28 novembre – Ben Bella et ses compagnons de captivité sont désignés comme négociateurs du FLN. Demande repoussée.

Décembre – Le FNF d'Ortiz se manifeste à Alger. Échecs de l'ALN aux frontières tunisienne et marocaine. Le nombre de fellaghas en Algérie ne cesse de diminuer.

1960

22 janvier – Le général Massu est remplacé par le général Crépin à la suite d'une interview dans laquelle il critiquait la politique algérienne de De Gaulle.

24 janvier-1er février – Révolte des Français d'Algérie : semaine des « barricades d'Alger » qui se terminera par une fusillade entre les forces de l'ordre et les pieds-noirs, faisant 20 morts français.

29 janvier – De Gaulle affirme que rien ne lui causerait plus de joie que de voir les musulmans d'Algérie « choisir, entre telle et telle solution, celle qui serait la plus française ».

13 février – Explosion de la première bombe atomique française au Sahara.

24 février – Découverte du réseau de soutien français au FLN, le réseau Jeanson.

3 au 5 mars – Deuxième tournée dite des popotes de De Gaulle en Algérie. « Algérie algérienne liée à la France. »

7 mars – Communiqué officiel écartant la solution de « francisation » définie comme « un retour à la domination directe pratiquée par la métropole depuis la conquête ».

Mars – Acquittement général du procès des Barricades.

23 avril – Départ du général Challe remplacé par le général Crépin. On estime alors qu'il ne reste plus à l'ALN que 26 000 hommes (réguliers et auxiliaires).

10 juin – De Gaulle reçoit Si Salah, chef de la Wilaya 4, à l'Élysée, venu se rendre. De Gaulle rejette leur offre.

14 juin – De Gaulle ne présente plus que la solution « Algérie algérienne en union avec la France et dans la coopération des communautés ».

16 juin – Création du Front de l'Algérie française (FAF).

25-29 juin – Entretien secret de Melun avec les émissaires du GPRA Boumendjel et Ben Yahia qui se solde par un échec.

Juillet – Le corps de Si Salah est retrouvé en Algérie.

11 août – Deux soldats du contingent, Le Gall et Castera, prisonniers à Tunis, sont fusillés.

5 septembre – Discours de De Gaulle : « L'Algérie algérienne est en route. » Elle se fera contre la France ou en union amicale avec la France. Ouverture du procès Jeanson.

6 septembre – Manifeste de 121 intellectuels français en faveur du FLN.

15 septembre – Discours du général Salan, qui a pris sa retraite à Alger. Convoqué à Paris, il se voit interdire de retourner en Algérie.

29 septembre – Assassinat de Raoul Zevaco, directeur de *L'Écho d'Alger* depuis le retrait d'Alain de Serigny.

6 octobre – La Chine s'engage à aider le GPRA et l'URSS le reconnaît.

19 octobre – Déclaration du sénateur John Kennedy favorable à l'indépendance de l'Algérie.

3 novembre – Procès des « barricades d'Alger ».

4 novembre – De Gaulle annonce le fond de sa pensée : « La République algérienne existera. »

24 novembre – M. Morin remplace Paul Delouvrier.

9-12 décembre – Dernier voyage de De Gaulle en Algérie ;

les manifestations musulmanes préparées en faveur du Général sont prises en main par le FLN et tournent à l'émeute à Alger et à Oran (123 morts).

15 décembre – L'ONU reconnaît à l'Algérie le « droit à l'indépendance ».

30 décembre – Le maréchal Juin annonce qu'il votera « non » au référendum de janvier.

1961

6-8 janvier – Référendum sur l'autodétermination : 79, 6 % de « oui ».

Février – Création de l'OAS en Espagne par Jean-Jacques Susini.

1er février – Le général Gambiez devient commandant en chef.

20 février – Rencontre secrète entre Georges Pompidou, délégué du général de Gaulle, et les représentants du FLN Boumendjel et Boulharouf en Suisse.

2 mars – Fin du procès des barricades. Tous les inculpés sont acquittés.

2-5 mars – Contacts secrets en Suisse entre Boulharouf et de Leusse.

17 mars – Annonce de pourparlers entre le gouvernement français et le FLN à Évian.

31 mars – Le maire d'Évian, Camille Blanc, est tué par une charge de plastic.

11 avril – Conférence de presse de De Gaulle : l'Algérie sera libre. Il parle d'un « État algérien souverain ».

21 avril – Le 1er REP entre dans Alger. Début du putsch. Les généraux Salan, Challe, Jouhaud et Zeller prennent le pouvoir à Alger.

26 avril – Échec du putsch. Les partisans de l'Algérie française commencent la lutte clandestine.

20 mai-13 juin – Premiers entretiens d'Évian avec Louis Joxe et Krim Belckacem.

25 mai – De Gaulle décide une trêve unilatérale jusqu'au 10 août.

29-31 mai – Procès Challe et Zeller : 15 ans de réclusion.

7 juin – Le général Ailleret remplace Gambiez.

18-22 juillet – La base de Bizerte est attaquée par les Tunisiens. Rapide bataille qui écrase ces derniers (600 morts).

20-28 juillet – Entretiens au château de Lugrin.

5 août – Première émission pirate de l'OAS à Alger.

27 août – Réunion du CNRA[1] à Tripoli ; Ben Khedda est nommé nouveau président du GPRA.

Automne – Nombreux attentats FLN et OAS en Algérie. Intervention contre l'OAS des polices parallèles appelées « barbouzes ».

8 septembre – Attentat contre de Gaulle à Pont-sur-Seine.

17 octobre – Manifestations des Algériens à Paris. La police intervient violemment : probablement plus de 100 morts.

Novembre – Débat sur l'« amendement Salan » à l'Assemblée nationale.

1962

Janvier-mars – Nombreux attentats OAS en France et en Algérie. Attaque du PC des barbouzes : 33 morts.

8 février – Manifestation anti-OAS à Paris ; la police charge, 8 personnes meurent étouffées dans la station de métro Charonne.

10-19 février – Rencontre entre le gouvernement (Louis Joxe, Robert Buron, Jean de Broglie) et le FLN aux Rousses.

18 mars – Signature des accords d'Évian qui débouchent sur l'indépendance de l'Algérie, Sahara compris.

1. Comité national révolutionnaire algérien.

19 mars – Annonce officielle du cessez-le-feu. Christian Fouchet nommé haut-commissaire. Installation de l'exécutif provisoire. Début du massacre des harkis.

23 mars – Insurrection de Bab-el-Oued, quartier populaire d'Alger. Siège et occupation du quartier par les gendarmes mobiles : 70 civils tués.

25 mars – Arrestation du général Jouhaud à Oran.

26 mars – Fusillade de la rue d'Isly. L'armée française tire sur la foule des Français d'Algérie venue témoigner sa solidarité aux 70 000 habitants de Bab-el-Oued bouclés par les forces de l'ordre (80 morts, 200 blessés).

26 mars – Allocution télévisée de De Gaulle, qui prédétermine le résultat du référendum. « Si, comme tout le monde le croit, l'Algérie choisit de devenir indépendante. »

29 mars – Mise en place de l'Exécutif provisoire.

30 mars – Création du Conseil national de la résistance (CNR) sur l'initiative du général Salan.

7 avril – Arrestation du lieutenant Roger Degueldre.

8 avril – Référendum en France sur l'indépendance de l'Algérie. 90 % de « oui » chez les votants.

14 avril – Ministère Georges Pompidou.

20 avril – Arrestation du général Salan à Alger.

Mai – Nombreux attentats meurtriers de l'OAS en France et en Algérie. Les attentats et assassinats du FLN provoquent la panique de la population européenne : début de l'exode massif vers la France.

16 mai – Note de Louis Joxe interdisant aux officiers le rapatriement de leurs harkis.

24 mai – Le haut tribunal militaire condamne Salan à la réclusion perpétuelle. Fureur de De Gaulle.

25 mai – Réunion du CNRA à Tripoli.

5 juin – Le général Jouhaud, depuis sa prison, demande l'arrêt de l'action de l'OAS.

17 juin – Accords OAS-FLN entre Susini et Mostefaï à Alger.

26 juin – Éclatement du GPRA.

28 juin – Exécution de Roger Piegts et du sergent Albert Dovecar. Condamnation à mort de Roger Degueldre.

1er juillet – Référendum sur l'indépendance. 99,5 % de « oui ».

3 juillet – Indépendance officielle de l'Algérie.

5 juillet – Massacre de 2 000 Européens à Oran. Exode de toute la population européenne.

6 juillet – Exécution du lieutenant Degueldre au fort d'Ivry.

15 juillet – Directive secrète de Louis Joxe demandant de renvoyer en Algérie les harkis débarqués en métropole.

22 août – Note du général Ailleret interdisant le rapatriement des harkis et de leurs familles.

13 septembre – Arrestation du colonel Bastien-Thiry.

1963

11 mars – Le colonel Bastien-Thiry est fusillé au fort d'Ivry. Estimation du génocide des harkis et de leurs familles : 100 000 à 150 000 morts.

BIBLIOGRAPHIE SÉLECTIVE

ALLAIS Maurice, *L'Algérie d'Évian,* Éditions Jeune Pied-Noir (1999)

BOURGES Hervé, *L'Algérie à l'épreuve du pouvoir,* Éditions Grasset (1967), *Une chaîne sur les bras,* Éditions du Seuil (1987)

FAIVRE Maurice, *Les Archives inédites de la politique algérienne,* Éditions de l'Harmattan (2000)

GUERRE Louis, *Un soldat dans la nuit,* Éditions des Écrivains (2001)

GUIFFRAY R., *On m'appelait Boulhaya,* Éditions France-Empire

HORNE Alistair, *Histoire de la guerre d'Algérie,* Éditions Albin Michel (1981)

ISRAËL Gérard, *Le Dernier Jour de l'Algérie française,* Éditions Robert Laffont (1972)

LECLAIR M.L., *Disparus en Algérie,* Éditions Jacques Grancher (1986)

MALLARDE Étienne, *L'Algérie depuis,* Éditions de la Table ronde (1975)

MONNERET Jean, *La Phase finale de la guerre d'Algérie,* Éditions de l'Harmattan (2000)

OULD AOUDIA Jean-Philippe, *Un enlèvement en Kabylie,* Éditions Tirésias (1996)

OUVRAGE COLLECTIF, *Algérie 1954-1962,* Éditions FNACA-GAJE

OUVRAGE COLLECTIF, *Appelés en Algérie,* Éditions La Collection du Patrimoine (2001)
OUVRAGE COLLECTIF, *Témoignages,* Éditions FNACA (1985)
PEYREFITTE Alain, *Faut-il partager l'Algérie ?* Éditions Plon (1961), *C'était de Gaulle,* Éditions Fayard (2000)
SOUSTELLE Jacques, *L'Espérance trahie,* Éditions de la Table ronde (1967)
TITRAOUI Taouès et COLL Bernard, *Le Livre des harkis,* Éditions Jeune Pied-Noir (1991)
VINCENT Guy, *Képi bleu,* Éditions Jeune Pied-Noir (1988)
YACONO Xavier, *De Gaulle et le FLN,* Éditions de l'Atlanthrope

INFORMATIONS SUR LES ASSOCIATIONS

FNACA, Fédération nationale des anciens combattants en Algérie-Maroc-Tunisie, 37-39, rue des Gâtines, 75973 Paris Cedex 20.

JEUNE PIED-NOIR, BP 4, 91570 Bièvres.

SOUVENIR DES FRANÇAIS DISPARUS D'ALGÉRIE, 591, rue Raphaël-Dubois, 83500 La Seyne-sur-Mer.

UNC, Oswald Calégari, président de la Commission nationale des anciens prisonniers du FLN et familles des disparus, place Émile-Drouël, 88700 Rambervillers.

REMERCIEMENTS

Aux témoins, pour leur confiance et le temps qu'ils m'ont consacré, qu'ils acceptent mes remerciements et l'expression de ma gratitude.

À Oswald Calégari, pour son aide précieuse, ses conseils avisés et pour la confiance qu'il m'a témoignée. Qu'il trouve ici la certitude de mon amitié.

À Taouès Titraoui et Bernard Coll, magnifique couple de combattants. Sans eux, je serais passé à côté de l'essentiel. Pour le temps consacré et les précieux conseils, qu'ils acceptent ma considération et mon amitié.

À Tamara Couval, infatigable et précieuse collaboratrice. À Huguette Maure, l'amour de ma vie littéraire. À mon ami et éditeur Michel Lafon pour la confiance qu'il n'a cessé de me témoigner.

Et à toutes celles et tous ceux qui m'ont soutenu et encouragé durant cette longue et difficile enquête.

TABLE DES MATIÈRES

Direction littéraire
Huguette Maure
assistée de
Marie Dreyfuss *et* Maggy Noël

Impression réalisée sur CAMERON par

BRODARD & TAUPIN
GROUPE CPI

La Flèche

pour le compte des Éditions Michel Lafon
en janvier 2004

Imprimé en France
Dépôt légal : janvier 2004
N° d'impression : 22361
ISBN : 2-84098-910-7
LAF 289